O MUNDO CRISTÃO

MARTIN MARTY

O MUNDO CRISTÃO
UMA HISTÓRIA GLOBAL

Tradução
Daniel Estill

© 2008 by Martin E. Marty
Todos os direitos reservados

Esta tradução foi publicada mediante acordo com Modern Library,
um selo do The Random House Publishing Group, uma divisão da Random House, Inc.

Todos os direitos desta edição reservados à
EDITORA OBJETIVA LTDA.
Rua Cosme Velho, 103
Rio de Janeiro — RJ — Cep: 22241-090
Tel.: (21) 2199-7824 — Fax: (21) 2199-7825
www.objetiva.com.br

Título original
The Christian World: a Global History

Capa
Sérgio Campante

Imagem de capa
Latinstock / Henglein and Stuts / Corbis

Preparação
Diogo Henriques

Revisão
Fatima Fadel
Ana Grillo
Rita Godoy

Editoração eletrônica
Abreu's System Ltda.

CIP-BRASIL. CATALOGAÇÃO NA PUBLICAÇÃO
SINDICATO NACIONAL DOS EDITORES DE LIVROS, RJ

M352m

Marty, Martin
    O mundo cristão: uma história global / Martin Marty;
tradução Daniel Estill. – 1. ed. – Rio de Janeiro: Objetiva, 2014.

    Tradução de: *The Christian World: a Global History*
    278p.   ISBN 978-85-390-0625-0

    1. Catolicismo 2. Igreja Católica – História. 3. Cristianismo
I. Título.

14-14774   CDD: 282.09
                           CDU: 282

PARA MEUS NETOS E BISNETOS,
CIDADÃOS GLOBAIS EM FORMAÇÃO

Sumário

Introdução: Olhando para baixo, olhando para trás   9

Cronologia   13

1. Os primórdios judaicos   19
2. O primeiro episódio asiático   47
3. O primeiro episódio africano   69
4. O primeiro episódio europeu   91
5. O segundo episódio europeu   121
6. O episódio latino-americano   153
7. O episódio norte-americano   173
8. O segundo episódio africano   203
9. O segundo episódio asiático   225
10. Episódios inacabados   245

Glossário   251

Agradecimentos   265

Índice   267

Introdução

OLHANDO PARA BAIXO, OLHANDO PARA TRÁS

Dois milênios após o nascimento de Jesus Cristo, a fé de 2 bilhões de pessoas ao redor do globo recebe o seu nome. Contar sua história em duzentas páginas, ou duzentos volumes, força os historiadores a escolher distâncias adequadas e perspectivas apropriadas para a tarefa. Trata-se de uma história marcada por constantes turbulências; portanto, é conveniente encarar a cristandade global como se observa uma tempestade tropical. Tipicamente, os pesquisadores analisam as tempestades, sobretudo furacões, de quatro pontos de vista. Estudar uma grande perturbação de ventos e chuva a distância, pela câmera de um satélite, proporciona um tipo importante de conhecimento. Mais de perto, voando em segurança dentro do próprio olho do furacão, os aviões de monitoramento do clima disponibilizam um segundo tipo de informação. Em seguida, os especialistas bem informados, responsáveis por atividades em terra — meteorologistas, médicos, profissionais da comunicação de massa, sacerdotes e socorristas —, oferecem imagens ainda mais próximas. Em quarto lugar, os sobreviventes capturados no caminho do furacão são os que correram os maiores riscos e os que mais têm a contar sobre suas inúmeras e diversificadas experiências.

Minha perspectiva aqui combina informações e relatórios principalmente a partir do segundo e do terceiro desses pontos de vista. O primeiro, deixamos para aqueles filósofos e teólogos que trabalham com teorias vastas e não com narrativas íntimas. Quanto à quarta abordagem, repórteres locais e historiadores desse um terço cristão da humanidade — e de seus milhões de ancestrais — precisam lidar com detalhes demais para que possam ser incluídos em duzentas ou 2 bilhões de páginas. Assim, abordo o

10 • Introdução

assunto rapidamente, com a tentação de falar mais sobre métodos e escopo, porém ciente de que isso reduziria o espaço para a história em si.

Um tema provocante, tão óbvio que é fácil esquecê-lo, fornece o fio, ou o núcleo desta versão da história. O cristianismo, como seu ancestral, o judaísmo, e seu primo, o islamismo, são ferozmente devotados ao Deus Único. Ao contrário das outras duas principais crenças monoteístas, ou dedicadas ao Deus Único, essa é a única que dá testemunho e advoga a fé na figura humana da qual advém seu nome. Judeus e muçulmanos não concederam o estatuto divino a figuras primordiais como Moisés ou Maomé, mas, para os cristãos, Jesus Cristo é diferente. Dando testemunho, pondo-se a seu serviço, depositando esperanças e propagando globalmente uma visão desse Deus-Homem, ou Homem-Deus, é o que dá ao cristianismo seu caráter e força distintivos.

A afirmação de que Jesus era divino *e* humano sempre desconcertou os observadores céticos e inspirou os inimigos, mas era atrativa para crentes que então o viram em condições de ser o mediador entre Deus e os homens. Esses homens eram vistos como naturalmente alienados de Deus, mas capazes de serem redimidos ao se identificarem com ele. Em um dos mais antigos documentos da fé, um missivista chamado Paulo concordou que Jesus Cristo era um "escândalo para os judeus, loucura para os pagãos" (I Coríntios 1:23),* o que significava que ele era um problema praticamente para todo mundo.

Atualmente, algumas pessoas, mesmo em nações onde os cristãos são maioria, ainda consideram as afirmações sobre ele escandalosas. Assim, orar para Deus em nome de Jesus Cristo é ofensivo em muitos ambientes cívicos, tais como aqueles criados por legislações direcionadas para as escolas públicas francesas ou norte-americanas numa América cada vez mais pluralista. Em tais ocasiões e em tais lugares, alguns cristãos ofendidos tornam-se agressivos e tentam forçar o nome dele sobre cidadãos de diversos credos, ou de nenhum. Os historiadores relatam como os cristãos, ao longo dos séculos e em diferentes situações, negociaram seus caminhos diante de ataques externos ou de divisões no interior de suas fileiras. Tanto

---

* Todas as citações foram retiradas da 43ª edição da *Bíblia Sagrada*, Editora Vozes e Editora Santuário, 1982. (N. E.)

o que é visto como potencial para o bem quanto tentações para o mal se relacionam à interação do divino e do humano em Jesus Cristo, conforme a interpretação de seus seguidores.

O bem resulta da devoção dos fiéis ao amor humano e divino de Deus em Jesus Cristo. O mal normalmente tem sido evidenciado quando os devotos acompanham sua fé de alegações de exclusividade. Isso muitas vezes os leva a adotar ações arrogantes, ameaçadoras e cruéis contra aqueles que não compartilham o mesmo credo. Em nome de Jesus Cristo, os fiéis narraram parábolas simples e desenvolveram dogmas complexos, fomentaram a guerra e fizeram a paz, envolveram-se em atos de piedade e justiça, e agiram de forma impiedosa ou injusta. Apesar de ser possível contar essa história em variações praticamente inumeráveis, monitorar a cena da distância escolhida e ficar de olho nesta linha de crença permite ao historiador selecionar aspectos significativos da história, num esforço de satisfazer as curiosidades.

"Tornar-se global", o que significa tentar manter um foco amplo sobre o cristianismo por todo o mundo, como faz a narrativa deste livro, significou desconsiderar algumas ênfases convencionais. A maioria dos escritos sobre a história do cristianismo no mundo ocidental concentra os relatos na Europa e na América do Norte, mas, aqui, esse foco precisa compartilhar o espaço. Essas disputas de território não resultam de qualquer viés ideológico contra a Europa ou a América do Norte. Em vez disso, considerar as experiências cristãs em um ambiente intercontinental ajudará a fundamentar a compreensão do passado e as abordagens futuras dos fiéis de todo e qualquer lugar.

CRONOLOGIA

Não inclui figuras-chave; suas datas acompanham os nomes no texto.

até 14 d.C.	César "Augustus", imperador de Roma
29?-33?	Crucificação de Jesus
c. 49	Primeiro Concílio, em Jerusalém
c. 50? 57?	Paulo escreve cartas, primeiro aos gálatas
60?-100?	Evangelhos de Marcos, Mateus, Lucas
64	Incêndio em Roma, Nero persegue os cristãos, Pedro executado?
c. 67	Paulo executado em Roma
81-96	Imperador Domiciano, Grande Perseguição
84	Cristãos expulsos da sinagoga
c. 120	Auge do gnosticismo
144	Excomunhão de Marcião
c. 155	Justino Mártir escreve a primeira apologia
c. 156?	Montano prega, reúne seguidores
c. 178-200	Irineu, bispo de Lyon
200	Tertuliano convertido ao montanismo
201	Abgar, rei de Edessa, convertido
226-651	Segunda Dinastia Sassânida
250	Décio, outra Grande Perseguição
258	Cipriano, bispo de Cartago, martirizado
270	Antão no Egito, monasticismo do deserto
c. 280	Tirídates da Armênia convertido por Gregório, o Iluminador
303	Imperador Diocleciano, nova perseguição
306	Constantino é nomeado imperador

311	Donatismo herético divide o cristianismo africano
312	Constantino "convertido" em batalha
313	Constantino-Licínio, Édito da Tolerância
313	Concílio de Arles, ameaça ao donatismo
c. 315	Eusébio, bispo de Cesareia
325	Concílio de Niceia condena Ário
330	Constantino nomeia Constantinopla como a Nova Roma
346	Morre Pacômio, outro importante fundador da ordem monástica no Egito
363	Morre Juliano, o "imperador apóstata" anticristão
364	Basílio torna-se bispo de Cesareia
c. 371	Gregório de Nazianzo e Gregório de Nissa, bispos
374	Ambrósio torna-se bispo de Milão
381	Primeiro Concílio de Constantinopla (agora sobreposto a Roma)
382	Papa Dâmaso nomeia os livros do cânone bíblico no concílio
386	João Crisóstomo famoso por suas pregações na Antioquia
386	Jerônimo muda-se para mosteiro de Belém, onde traduz
390	Ambrósio excomunga Teodósio I pelo massacre
395	Agostinho, bispo de Hipona, principais escritos
410	Saque de Roma pelos "bárbaros" godos
416	Concílio de Cartago condena pelagianismo
431	Concílio de Éfeso condena Nestório
451	Concílio da Calcedônia sobre as "duas naturezas de Cristo"
455	Papa Leão enfrenta os vândalos, que conquistam Roma
460	Morre Patrício, missionário na Irlanda
496	Batismo de Clóvis, rei dos francos
527-565	Imperador Justiniano, reconquista na África e na Itália
532	Hagia Sophia reconstruída por Justiniano, em Constantinopla
c. 540	Bento de Núrsia oferece "Regra" em Monte Cassino
c. 542-575	Fundação das igrejas monofisistas no leste de Edessa
c. 563	Columba e seguidores irlandeses fundam o mosteiro de Iona

O mundo cristão • 15

590-604	Papa Gregório I
597	Agostinho de Cantuária enviado a Kent pelo papa
622	Primeiro ano do calendário muçulmano, Hégira para Meca
632	Morte de Maomé
638	Árabes muçulmanos conquistam Jerusalém
643-656	Conquistas árabes, Egito, Iraque, Síria e assim por diante
664	Sínodo de Whitby, na Inglaterra, ritos celtas substituídos por romanos
711-716	Árabes continuam a conquistar, agora na Espanha
716	Bonifácio (Winfred) inicia a missão frísia
726	Início da polêmica iconoclasta na Igreja Oriental
732	Árabes derrotados por Carlos Martelo em Poitiers
768	Carlos Magno torna-se regente do reino dos francos
800	Carlos Magno coroado imperador do Sacro Império Romano
843	Ícones restituídos para as igrejas das quais tinham sido removidos
863	Cirilo e Metódio iniciam a missão eslava
909	Fundado o mosteiro reformista de Cluny
988	Batismo de Vladimir de Kiev, conversão da Rússia
1054	Cisma entre Oriente e Ocidente, condenações
1073	Gregório VII se torna um papa decisivo
1076-77	Gregório excomunga o Sacro Imperador Romano Henrique IV, que faz penitência
1095	Anselmo, teólogo e bispo da Cantuária
1099	Vitória dos cruzados, "reconquista" de Jerusalém
1123	Primeiro Concílio de Latrão
1130	Dois papas eleitos em disputa
1159	Cisma em Roma, dois papas, conflito com o imperador
1187	Saladino captura Jerusalém
1198	Inocêncio III é entronizado, outro papa importante
1209	Francisco de Assis estabelece as regras para seus frades
1215	Concílio de Latrão IV, define a eucaristia
1216	Fundação dos dominicanos

16 • *Cronologia*

1244	Muçulmanos alcançam a vitória final em Jerusalém
1252	Inquisição papal é estabelecida, Gregório IX
c. 1253	Tomás de Aquino ensina em Paris
1281-1924	Fundação do Império Otomano, que dura mais de oitocentos anos
1302	Bonifácio VIII, bula *Unam Sanctum*, papa sobre o secular
1327	Morre Mestre Eckhart, místico alemão
1348-49	A peste negra devasta a Europa
1375	John Wycliffe inicia a reforma na Inglaterra
1378	Grande Cisma, Urbano VI, Clemente VII
1415	Concílio de Constança, concílio sobrepõe-se ao papa, Jan Hus é queimado
1431-49	Concílio da Basileia
1453	Constantinopla cai sob domínio dos turcos otomanos
1479	O papa aprova a "Inquisição Espanhola"
1492	Isabel e Fernando expulsam os muçulmanos da Espanha
1493-94	Alexandre VI divide as "novas terras" entre Espanha e Portugal
1498	Savonarola, reformador, queimado em Florença
1506	Papa Júlio começa a construção da basílica de São Pedro, em Roma
1509	Erasmo começa a criticar as instituições romanas
1517	Lutero publica 95 teses reformistas
1519	Cortés ataca os astecas no México
1519	Reformas de Ulrico Zuínglio em Zurique
1521	Lutero excomungado, debates em Worms
1522-23	Inácio de Loyola desenvolve os *Exercícios espirituais*
1524	Os franciscanos começam a trabalhar no México
1525	Execução do líder anabatista Thomas Müntzer
1529	Protestantes recebem seu nome na dieta de Speyer
1534	Ato de Supremacia na reforma inglesa
1536	João Calvino chega a Genebra para a reforma
1537	Papa Paulo III defende os direitos dos índios nas Américas
1542	Francisco Xavier começa a trabalhar na Índia
1545-63	Concílio de Trento

1552	Bartolomé de Las Casas imprime seu ataque sobre o tratamento dos índios
1553	O "unitarista" Miguel Servet é queimado em Genebra
1555	Paz de Augsburgo: governantes determinam a religião
1560	John Knox funda a Igreja Presbiteriana na Escócia
1570s	Teresa de Ávila, mística, em seu auge
1579	Jesuítas na Índia, corte mogol
1601	Matteo Ricci, jesuíta, na China
1611	Bíblia do rei Jaime
1614	Japão proíbe a adoração cristã
1620, 1630	Colônia de Plymouth na América; seguida da colônia de Massachusetts Bay
1648	Termina a Guerra dos Trinta Anos, Paz de Vestfália
1692	China permite o culto cristão
1721	Pedro, o Grande, forma o "Santo Sínodo" para controlar a Igreja
1726-60	Grande Despertamento nas colônias americanas
1792	Sociedade Missionária Batista, em Londres (William Carey)
1795	Sociedade Missionária de Londres
1799	Friedrich Schleiermacher, teologia moderna
1817	Missionário Robert Moffatt começa a atuar na África do Sul
1822	Brasil torna-se independente de Portugal
1833	A escravidão é abolida nos territórios da Grã-Bretanha
1844	Pioneiro da missão alemã John Ludwig Krapf rumo a Mombaça
1848	Revolução na Itália obriga papa a fugir de Roma
1859	*Origem das espécies* de Charles Darwin
1863	Bispo Colenso deposto por colegas sul-africanos
1865	Samuel Crowther, primeiro bispo negro na Nigéria
1868	Padres Brancos, sociedade fundada por Charles Lavigerie na África
1884	Primeiros missionários chegam para morar e trabalhar na Coreia

18 • Cronologia

c. 1885-1908	Leopoldo II da Bélgica "toma posse" do Estado Livre do Congo
1886	Martírios, igrejas católica e anglicana, Uganda
1889	Nascimento de Simon Kimbangu, fundador da Igreja profética no Congo
1889	Brasileiros separam Igreja e Estado contra Pedro II
c. 1890	Nasce o "profeta" William Wade Harris
1906	Início do pentecostalismo nos Estados Unidos
1906-07	Igreja e Estado separados na França
1908	Conselho Federal de Igrejas nos Estados Unidos
1910	Conferência mundial de missionários em Edimburgo
1918	Soviéticos decretam a separação entre Igreja e Estado
1919	Karl Barth, *Comentário à Carta aos Romanos*
1947	Fundação da Igreja do Sul da Índia
1948	Criação do Conselho Mundial de Igrejas
1949	Comunistas atacam o cristianismo na China
1962-65	Concílio Vaticano II
c. 1963	Alice Lenshina, profetisa na Zâmbia
1966-76	Revolução Cultural anticristã na China
1979	Papa Paulo VI critica extremismo da Teologia da Libertação
1980	Arcebispo Oscar Romero assassinado em El Salvador
1986	Desmond Tutu eleito arcebispo da Cidade do Cabo
1989-90	Colapso dos regimes comunistas na Europa

1.

OS PRIMÓRDIOS JUDAICOS

"Yeshuanismo" ou "Jesusismo" seriam nomes naturais para uma cultura e comunidade global devotadas a Yeshua, ou Jesus de Nazaré, dependendo se o batismo da crença favorecesse o nome hebraico ou latinizado. A designação, no entanto, é "cristianismo", e sua forma comunal não é a Igreja de Jesus, mas a Igreja cristã. Tampouco Cristo é o último nome deste Jesus, mas uma tradução da palavra hebraica ou aramaica *messias*, que significa "ungido", e se refere a alguém nomeado para uma função específica. Negligenciar ou obscurecer o significado do título Cristo aplicado a Jesus, o rabino de Nazaré, é desviar-se do ponto dos primeiros escritos sobre ele e distorcer a linha histórica desde então.

Outro mundo para se viver e suas histórias

O mundo cristão é um convite para que os leitores entrem e apreciem uma cena global, "o mundo", ao longo de vinte séculos. Ao mesmo tempo, o "mundo" cristão também diz respeito a todos os contextos aos quais os fiéis cristãos se referem e com os quais se relacionam. O "cristianismo" pode implicar instituições e ser expresso por meio de doutrinas e modos de vida, mas, em sua essência, é uma história. O filósofo George Santayana conectou "mundo" e "história" com precisão, assim como nós faremos. Em *Reason in Religion* [Razão na religião] ele observou que "todas as religiões vivas e saudáveis são marcadas pela idiossincrasia". Peça a um ateu, budista, hindu, muçulmano, judeu — ou qualquer outro — para ouvir os cristãos e ele logo identificará a sua principal "marca de idiossincrasia": a devoção por Jesus Cristo.

Ao observarem os efeitos do que escutaram, esses ouvintes notarão aquilo que Santayana instruiu seus leitores a buscar; nesse caso, isso significaria que "o poder do cristianismo consiste em sua mensagem especial e surpreendente", cujas raízes estão na história de Jesus Cristo, "e no viés que essa revelação dá à vida". Bilhões de pessoas permitiram que essa revelação as "conduzisse", para que pudessem experimentar a felicidade e a paz ou, inversamente e muitas vezes ao mesmo tempo, enfrentar a perseguição, atribulações e até mesmo a morte sob a sua luz. Santayana falou das "vistas" que uma religião como o cristianismo abre e "dos mistérios que propõe", e estes se tornam óbvios para todos que seguem a história. Agora: tomados em conjunto, formam "outro mundo para se viver; e outro mundo para se viver — quer esperemos ou não algum dia cruzá-lo inteiramente — é o que queremos dizer por ter uma religião".

COMEÇANDO PELA HISTÓRIA DE JESUS CRISTO

A "mensagem especial e surpreendente" do cristianismo começa com Jesus Cristo, portanto, se o que queremos é voltar aos primórdios, começamos pela história dele. Os primeiros cristãos eram, como Jesus, judeus. Isso significa que eram educados conforme as Escrituras Hebraicas, posteriormente chamadas de "o Velho Testamento" pelos cristãos, que releram essas escrituras com uma interpretação que lhes deu um toque "especial e surpreendente". Os fiéis tomaram as palavras dos profetas e afirmaram que eles previram Jesus, ou contaram as histórias de personagens das Escrituras, como Moisés e Elias, Noé e Jonas, vendo neles "tipos" como Jesus Cristo e sua história.

Jesus era um judeu: esse aspecto precisa ser reforçado, especialmente porque grande parte da história cristã é um embate com as significações dos judeus e do judaísmo. As duas crenças deveriam apoiar-se mutuamente, como membros da mesma família espiritual. Os antropólogos destacam o que é óbvio a respeito do parentesco: "assim como a caridade, a agressão começa em casa". Diante das afirmações assombrosas daqueles crentes arrivistas de que Jesus Cristo era o libertador de Israel havia muito prometido, o Messias, o Cristo, alguns judeus, que não o viam da mesma forma e consideravam as alegações blasfemas, expulsaram os seguidores de Jesus Cristo de suas sinagogas e os perseguiram. Por vinte séculos, os cristãos, um dia expulsos, exigiram a vingança ou, por motivos os mais variados, estabeleceram-se de forma a manter a separação, definindo-se em oposição àqueles que viviam em comunidades cuja fé lhes dera origem, enquanto tornavam-se assassinos segundo padrões para os quais quase não houve arrependimento formal ou institucional até o recente século XX.

Contar a história de Jesus de maneira certa é difícil e nenhuma interpretação única pode satisfazer a todos os 2,2 bilhões de cristãos, que estão divididos em 38 mil denominações, muitas das quais foram criadas para proteger e projetar narrativas separadas da história. Ainda assim, certos elementos da história se destacam. Para começar, as narrativas sobre Jesus Cristo foram todas escritas por seguidores, chamados discípulos ou evangelistas, os disseminadores do evangelho, da "boa-nova". Nessas histórias, ele escolheu 12 seguidores de destaque, sem dúvida para refletir as 12 tribos de Israel. Quatro livros do Novo Testamento cristão, chamados evangelhos, receberam o nome de seus três autores ou editores, que seguiram caminhos paralelos, Mateus, Marcos e Lucas; enquanto o quarto, identificado como de João, apresenta nuances e intenções diferentes. Sem serem biografias ou histórias exatas, os evangelhos são testemunhos narrativos daquilo que as primeiras comunidades prezavam e queriam preservar. Lucas conta como realizou seu trabalho, entrevistando testemunhas oculares, lendo coletâneas de documentos e lhes dando coerência em sua própria edição da narrativa. Esses evangelhos enfatizam diferentes aspectos da vida e da obra de Jesus. Lucas, por exemplo, deu atenção especial aos marginalizados — mulheres e crianças entre eles. Seu Jesus estava sempre à mesa com os excluídos e demonstrava um favor especial pelos leprosos e aleijados, e por isso desprezados, dos quais vivia cercado.

Em tempos recentes, alguns dos textos não incorporados ao que se tornou a coleção comum, ou cânone, foram descobertos em regiões que iam de Jerusalém ao Egito, onde algumas comunidades que se identificavam com Jesus resistiram por muito tempo. Outros escritos do gênero há muito conhecidos, ainda que negligenciados, receberam nova atenção. Para complicar a história um pouco mais, a maioria desses evangelhos demonstra alguma dificuldade com o judeu Jesus, humano, ou com o Jesus glorificado como a entidade a quem chamavam o Senhor. Alguns apresentam questões inteiras sobre Deus e Jesus em termos arcanos, de difícil interpretação. Não importa quais sejam as afirmações de qualquer um desses evangelhos, e quais tenham sido seus apelos aos acadêmicos e investigadores de hoje, em especial aos do próspero Ocidente, pois, para a maioria dos cristãos ao redor do globo, são os relatos contidos nos quatro evangelhos que proporcionaram o foco para sua fé, o encanto de suas histórias e o impulso para seus ministérios e serviços.

Foi por esses evangelhos que as mais recentes comunidades de fiéis aprenderam como os cristãos, todos originalmente judeus, relacionaram-

-se com o próprio judaísmo. No período em que esses evangelhos estavam sendo escritos, os romanos esmagaram uma revolta de judeus oprimidos, sitiaram a cidade e destruíram o Segundo Templo, o centro de adoração judaica. A maioria dos acadêmicos enxerga, nesses eventos traumáticos, os elementos que moldaram os evangelhos. Eles se refletem nas palavras de Jesus sobre perseguição, morte, destruição e a previsão do final dos tempos. Os evangelhos, no entanto, têm sido reverenciados principalmente por conterem a história do nascimento de Jesus, o relato do que é chamado de sua paixão ou sofrimento, de sua morte e, acima de tudo, de sua ressurreição. O enquadramento de sua vida é feito por esses eventos.

Uma vez que os cristãos dão tanto valor à figura de Jesus, é impressionante e confuso para muitos que exista tanta coisa que eles jamais saberão. A arqueologia pode descobrir artefatos passíveis de estudos, que possibilitam uma melhor compreensão da época, mas o "Jesus histórico", como alguns acadêmicos o chamam enquanto perseguem seus rastros, continuará sendo um tema de controvérsia e confusão, sempre difícil de compreender no fim das contas. Se ele era o "Senhor glorificado", será que se dizia o Filho de Deus, ou mesmo, claramente, o Ungido de Deus, o Messias? Por que os evangelhos relatam que ele, em certa ocasião, chamou a si mesmo de o Filho do Homem, uma figura vívida na imaginação de alguns judeus apocalípticos que prosperaram antes de sua época? Como ele se tornou uma figura adorada entre aqueles que valorizavam a família, enquanto sua própria família teve dificuldade em crer nele, enquanto ele mesmo, com frequência, desprezava e rejeitava os laços familiares em benefício do "Reino de Deus" que anunciava? O que ele fez dos 12 aos cerca de 30 anos, período sobre o qual os evangelhos silenciam e os pseudoevangelhos relatam histórias fantasiosas?

Algumas narrativas evangélicas relatam seu nascimento de Maria de Nazaré, que estava noiva e depois teria se casado com um carpinteiro chamado José, um homem que desaparece rapidamente após uma última aparição numa história sobre Jesus aos 12 anos de idade. E o evangelho de Lucas é o único a afirmar que Maria concebeu e deu à luz mantendo-se virgem. Mesmo os cristãos não literalistas, que não acreditam ou precisam dessa versão da história de Jesus, consideram sua origem e surgimento um tanto encobertos em mistério. Ele cresceu em Nazaré, um lugar menosprezado pelos contemporâneos.

Os evangelhos pouco falam sobre a infância de Jesus, de sua participação na vida familiar e na carpintaria de José. Pare aí mesmo, dizem os historiadores a si próprios: Maria, aqui mencionada muito rapidamente, é a segunda figura mais reverenciada e com maior número de referências da história cristã, considerada, nas palavras de um dos concílios da Igreja, "a mãe de Deus", e assim abordada pelos fiéis católicos. Como um exemplo de confiança que atendeu ao chamado divino, ela se tornou objeto de adoração ou exemplo de fé e entrega para milhões de fiéis, sendo destacada na arte e na iconografia cristãs de todos os tempos, em todos os continentes. Provavelmente, em torno dos 30 anos, Jesus foi batizado no rio Jordão por um importante profeta, ainda que idiossincrático, João, o Batista, que atraía multidões para o rio e para o deserto da Judeia. João talvez tenha em parte refletido a perspectiva de movimentos como o dos essênios, cuja linhagem espiritual preservou o que foi descoberto em nossa era e batizado como Pergaminhos do Mar Morto, que nos proporcionaram alguns relances da complexidade religiosa da época.

João, citando as Escrituras Hebraicas, indicou o caminho para que Jesus fosse o grande profeta. Logo, o próprio ministério de cura de Jesus, a realização de suas maravilhas e sua pregação atraíram as multidões e a inveja daqueles que ele ameaçava. Os textos o descrevem conclamando o povo da época a "pesquisar as escrituras", as histórias da criação e de como Deus aliou-se a seus antepassados, que muitas vezes se afastaram dessa aliança. Os profetas que havia entre eles clamavam por uma conversão, pelo arrependimento, e agora João fazia o mesmo.

JESUS COMO PROFESSOR

Na maturidade, e por cerca de três anos, Jesus pregou e curou. Ele podia ser calmo e reflexivo, mas as histórias dos evangelhos também o descrevem como apressado, lidando com urgência com sua própria mensagem. Quando a mensagem se voltava para o que seria tanto o reinado divino do presente *e* o do porvir, que ele anunciava, Jesus precisava deixar claro que, com suas palavras, não pretendia substituir a opressão romana pela lei da realeza

26 • Os primórdios judaicos

ditada por Jerusalém. Em vez disso, seu reino pertencia à esfera da ação salvadora de Deus. Para entrar nesse reino, o povo precisava de uma reviravolta, arrependendo-se de seus descaminhos e tornando-se justo e misericordioso, como ele era e como os habilitava a ser. Em breve — ele não especificava e sequer especulava exatamente quando — o mundo conforme eles conheciam seria destruído e era preciso que estivessem preparados.

Até mesmo os muitos que rejeitam as exaltações de Jesus o respeitam como professor. Em alguns níveis, esse respeito parece estranhamente posicionado. Poucos aspectos de seus ensinamentos eram originais; paralelos podem ser encontrados em autores anteriores à sua época. Alguns consideram inovador o seu mandamento de amar os inimigos, mas isso já fora antecipado nas Escrituras Hebraicas. Muitos de seus seguidores gostam de ter tudo bem fixado, todos os significados de suas histórias esclarecidos e seguros; no entanto, ele ensinava de forma a favorecer pontas soltas, paradoxos e até mesmo enigmas. Os evangelhos, feitos daquilo que alguns chamaram de "impressões da memória", um gênero literário por si só, refletem o que seus seguidores lembravam e consideraram o mais importante de suas palavras e caminhos. As imagens por vezes contraditórias que circulavam retratam um líder humilde, que podia chorar por uma cidade, assim como denunciá-la. Podia ser o consolo para uma alma faminta ou demolir as pretensões do arrogante, incluindo os líderes religiosos. Como professor e operador de maravilhas e de curas, provocou escândalos pelas companhias com que andava. Todas as parábolas que contou viravam tudo de cabeça para baixo. Que sentido sua plateia podia encontrar ao ouvi-lo sobre como, em face do reino, o pequeno tornava-se grande e o grande, pequeno, o excluído tornava-se incluído e vice-versa; o forte era visto como fraco e o fraco, forte, e todos deviam mudar para se transformar em criancinhas. Ele favorecia as crianças, que considerava exemplares da vida no reino. O romancista francês moderno Georges Bernanos, pela voz de um padre fictício, disse que as palavras de Jesus, segundo as quais a não ser que uma pessoa se transformasse e se tornasse uma criança ela não participaria do Reino de Deus, foram as mais aterrorizantes já enviadas aos ouvidos humanos. Jesus também demonstrou uma atenção especial pelas mulheres, em geral negligenciadas ou mesmo desprezadas pela cultura da época. Sua própria mãe amada, Maria, e seus irmãos não possuíam direitos privilegiados no reino, enquanto os pobres malcheirosos e etnicamente marginalizados eram tratados como pertencentes ao lugar.

JESUS, O JUDEU, E O REINO DE DEUS

Essas ações e mensagens que acabamos de destilar dos evangelhos sugerem que Jesus deve ter perturbado os mantenedores da boa ordem, inclusive aqueles dentro dos estabelecimentos religiosos. Um grupo de pessoas, denominados fariseus, de boa reputação, especialmente por si mesmos, por seguirem escrupulosamente a lei, mas mal-intencionados em seus juízos, aparece no imaginário cristão como críticos e até mesmo inimigos de Jesus, de tal forma que alguns, sabendo que as brigas de família com frequência são as mais veementes ou violentas, questionaram se o próprio Jesus não seria um fariseu ou se teria sido educado por eles. Se esse fosse o caso, ele também teria sido um fariseu com uma diferença, pois, segundo as palavras preservadas nos evangelhos, ele os via como mais preocupados com princípios e políticas do que com os indivíduos. Ele mesmo violou alguns desses princípios e políticas ao curar pessoas durante o sabá, uma vez que a cura era trabalho e o trabalho era proibido entre os guardiões do legado da lei divina.

Jesus, que ensinava como os rabinos ensinam, por meio de perguntas, foi, em primeiro lugar, um rabino para os autores dos evangelhos e para alguns dos personagens de seus livros. Os estudiosos judeus, séculos mais tarde, obtiveram um quadro inicial do ritual na sinagoga a partir de uma história sobre como Jesus pregou numa delas. Seu principal ministério, no entanto, era no mundo profano — a palavra "profano" (*pro-fano*) significando aquilo que está do lado de fora dos limiares, neste caso, do lado de fora do templo. Ele gastou muita energia treinando um grupo de pessoas chamado de os Doze — um número escolhido para refletir as 12 tribos de Israel, para as quais seu ministério se dirigia. Ensinou-os a rezar, simplificando a adoração ao longo do percurso a ponto de ela deixar de ter qualquer custo financeiro. Ninguém precisava investir em animais ou incenso para as ofertas do templo. Poderiam fechar a porta de seus quartos e orar efetivamente, melhor do que os fariseus, que chamavam a atenção para suas preces. Os fiéis deviam servir aos pobres e famintos, aos despidos e aprisionados, e, ao fazer isso, seriam considerados servidores de Jesus.

28 • *Os primórdios judaicos*

Os evangelhos incluem três capítulos normalmente chamados de o Sermão da Montanha, no qual Jesus pregou uma mensagem radical. Matar sempre fora errado; mas, agora, até mesmo odiar era violar a lei divina. Os atos de adultério sempre foram errados. Agora, o olhar luxurioso, mesmo que não concretizado em ato, ou o simples desejo eram violações do que Deus desejava das pessoas. Jesus podia emitir julgamentos trovejantes, para depois ensinar uma prece íntima em que seus fiéis poderiam tratar Deus como "Abba", Pai, Papai, Paizinho. E ele pregava um caminho de não violência, de não matar, de dar a outra face a quem os agredia, de amar os inimigos e de buscar o Reino Divino enquanto permitia-se que as preocupações se extinguissem e o amanhã cuidasse de si mesmo. Alguns leitores associaram certos discípulos de Jesus aos zelotas, membros de um movimento revolucionário, mas o peso dos evangelhos está sobre Jesus, rigoroso e conciliador ao mesmo tempo.

Um aspecto de seu comportamento especialmente ofensivo para muitos era o fato de andar na companhia de gente que deveria ser mantida a distância. Jesus foi muitas vezes flagrado dando as boas-vindas publicamente a coletores de impostos odiados e trapaceiros, além de prostitutas, proibidos de sentar à mesa. Juntava-se a estrangeiros, como um sírio ou uma samaritana, ou um soldado romano, mas não a Herodes, o rei dos judeus, a quem se referia com desprezo como "aquela raposa". Coerente, ele anunciou o Reino de Deus, assinalando a atividade soberana do Deus poderoso e a atividade salvadora de um Deus condescendente. Toda essa pregação, ensinamentos, curas e exemplos eram atividades subversivas aos olhos dos respeitáveis. A história de como e por que ele ofendeu os líderes religiosos com tamanha intensidade que eles o desejaram morto admite muitas explicações. O trato destes com as autoridades da ocupação romana sempre foi uma questão delicada, e a ambiguidade de Jesus na lida com César podia perturbar o delicado equilíbrio; ou a ênfase na perturbação poderia ser mencionada como uma ameaça por judeus inimigos.

Esse homem de Nazaré pregou a paz e a justiça radical, demonstrando confiança nos propósitos de Deus. Ao menos três dos evangelhos, no entanto, o mostram curioso acerca do futuro, quando perguntou: "Quando o Filho do Homem vier, encontrará fé na terra?" Tudo isso ocorreu em face da lei dos opressores. Uma família de reis nomeados Herodes, que aparecem de maneira proeminente na história dos cristãos primitivos, governava por meio do sofrimento e como agente dos romanos. O foco espiritual do judaísmo era o Templo em Jerusalém, mas na maioria do território, a sinagoga, uma casa de oração e estudo, compelia à devoção. As leis sagradas das Escrituras Hebraicas e muitas interpretações de rabinos governavam a vida diária das pessoas entre as quais Jesus ministrou seus ensinamentos. Os interesses e as seitas judaicas competiam na Judeia, a parte sul do ministério de Jesus, e na Galileia, ao norte, onde ele morava. Lemos a respeito de membros de partidos ou movimentos, escrupulosos fariseus, saduceus "modernistas", mesmo os revolucionários zelotas, cujas influências eram poderosas na cultura circundante.

Era uma cultura bastante misturada. Por exemplo, os primeiros documentos sobre o Jesus falante do aramaico foram escritos em grego. Governantes romanos e seus coletores de impostos oprimiam o povo, a quem a revolta era sempre tentadora, mas, em geral, vã. Era alta a expectativa de que o messias, o ungido de Deus, viria para resgatar Israel. Ainda assim, as pessoas tinham suas vidas para viver, peixes por pescar, campos por cultivar, crianças a alimentar, a morte por temer e leis a seguir.

Jesus dirigiu-se a seu mundo virando tudo de pernas para o ar, indicando que o reverso das expectativas comuns era o caminho divino. Uma canção atribuída a Maria quando ela ouviu a mensagem de um anjo segundo o qual daria à luz aquele que "salvaria o povo de seus pecados" foi uma reviravolta e tanto: os ricos seriam expulsos de mãos vazias e os pobres e famintos ficariam plenos de coisas boas. Deus dispersaria os orgulhosos e derrubaria os poderosos de seus tronos. Jesus foi coerente. As histórias sobre ele o mostram conversando com pessoas abastadas, mas ele prefere sentar à mesa com os desprezados e os coletores de impostos, prostitutas e outros tipos não respeitáveis. No Evangelho de Lucas, ele favorecia especialmente as mulheres, os aleijados e os marginais. Contam que as multidões foram até ele e reconheceram seu caráter "especial". Exatamente do que isso se tratava foi e é objeto de debate: seria o Messias, o Ungido de Israel? O rei dos judeus? O Filho de Deus? Deus? Um operador de maravilhas? Um professor gentil? Um subversivo? Ele sempre evitou respostas diretas a perguntas como essas, mas fica claro que, nas narrativas dos evangelhos, ele se via como a esperança de Israel.

30 • Os primórdios judaicos

Alguém falou nas "impressões da memória" que Jesus deixou, proclamou e que circularam em histórias de testemunhas oculares e foram repassadas para as duas gerações seguintes nos evangelhos. Apesar de todas as formas que ele usava para admoestar, denunciar e julgar as autoridades, assim como seus próprios seguidores, preguiçosos e acomodados, sua mensagem geral era de amor, o que era visto como uma mensagem divina nele incorporada. Além disso, segundo esses evangelhos, ele reduziu os mandamentos a dois: o amor a Deus e o amor ao próximo. Podia repudiar os ouvintes, mas atraía-os como aquele que convidou os trabalhadores e os oprimidos a nele encontrarem repouso. Prometeu jamais abandoná-los, sempre estar com eles. Esse era o Reino de Deus agora anunciado e exemplificado.

Com todos aqueles relatos de apelo às massas e curas milagrosas nos evangelhos, os problemas com as autoridades foram inevitáveis. Ele não aspirava ao governo: "Meu reino não é deste mundo." No mundo volúvel do remoto posto avançado chamado Israel, os representantes locais da autoridade romana eram considerados secundários e até mesmo desdenhados. Diversos partidos entre os judeus — de maneira lamentável, rotulados pejorativamente como "*os* judeus" no evangelho de João — o viam como um desafiante de suas autoridades e consideravam blasfemas algumas de suas ideias. Em um movimento significativo nas histórias do evangelho, Jesus foi para Jerusalém para encarar a aclamação popular das multidões e, numa reviravolta súbita, o abandono pela maioria do povo quando enfrentou um julgamento sob o governo de Pôncio Pilatos. O representante de Roma entregou-o ao povo para ser crucificado. A crucificação, que significava que o condenado era amarrado ou pregado a uma cruz e exposto às intempéries e aos insultos das multidões, era uma forma comum de punição capital entre os romanos. Era reservada sobretudo para os zelotas, revolucionários ou criminosos do pior tipo.

O Jesus dos evangelhos previu sua morte e pareceu encaminhar-se para ela voluntariamente, apesar de, aproximando-se do fim, duas histórias assustadoras darem um toque de realismo ao quadro geral. No jardim de Getsêmani, na noite antes de morrer, ele orou para que o cálice de seu sofrimento lhe fosse tirado — não foi —, e, quando próximo à morte na cruz, ouviram-no pronunciar uma frase do salmo 22: "Meu Deus, meu

Deus, por que me abandonaste?" Os cristãos jamais acharam necessário chegar a um acordo formal — o tipo de coisa que um dogma estabelece — sobre o significado da crucificação. Todos eles identificaram o acontecimento com temas das Escrituras Hebraicas. Alguns viram, e veem, sua morte como a punição pelos pecados de todos. Outros acreditaram ser Jesus o substituto de si mesmos, uma vez que mereciam a punição divina por seus malfeitos. Outros se ativeram a temas das Escrituras para demonstrar que, com sua morte, na verdade ele triunfou, vencendo a morte, o demônio e o pecado. Sem jamais serem específicos, os cristãos concordaram que essa morte foi "para eles" e "para salvá-los". E como sua fé identifica os pecadores que acreditavam em Jesus como seus assassinos, foi uma ironia selvagem que tantos, ao longo dos anos, tenham torcido esse fato para pôr a culpa em outros, especialmente "os judeus", uma culpa que é uma das raízes do antijudaísmo cristão, a maior mancha de sua história.

De qualquer modo, os evangelhos o mostram profetizando sua morte, uma oferenda pelos demais, sacrificando-se pelo bem de suas vidas. Jesus fez sua última ceia com os discípulos, no que os relatos dos três evangelhos coincidem com o de Paulo, e então foi traído por Judas, um desses discípulos, preso, levado a um sacerdote e às autoridades romanas, nesse caso representadas por Pôncio Pilatos, que ordenou a crucificação. Os judeus não podiam efetuar execuções, assim Pilatos e Roma, portanto, cooperaram. Os evangelhos contam a história em detalhes vívidos, descrevem o julgamento, a deserção dos discípulos, a começar por Pedro, como Jesus foi açoitado, sua caminhada até o monte em que foi pregado a uma cruz, assegurando assim que seria amaldiçoado divinamente conforme as Escrituras. Ele morreu, foi enterrado e, a não ser por algumas mulheres da família e poucos outros, abandonado, enquanto um de seus gritos de questionamento na cruz refletia seu próprio sentimento de agonia e misterioso abandono — por Deus.

Nas narrativas evangélicas, foram essas mulheres fiéis que, tendo esperado um dia devido ao sabá, que não permitia tais trabalhos, foram ao sepulcro para completar o tratamento cerimonial de seu corpo. Nessas mesmas histórias, elas encontram a tumba vazia.

Essa história especial, surpreendente e, sim, verdadeiramente idiossincrática prossegue com os relatos de que "no terceiro dia", o domingo seguinte à sua morte na sexta-feira, ele "ressuscitou" e apareceu para elas fisicamente, mas agora em diferentes formas. Mostrou-se "na partilha do pão" numa pousada, com dois acompanhantes que não o reconheceram durante uma longa caminhada. Apareceu entre os discípulos, quando as portas estavam fechadas. Ao mesmo tempo, no evangelho de João, mostrou seus ferimentos para um discípulo cético, chamado Tomé. Comeu com algumas testemunhas da ressurreição e depois as deixou após quarenta dias, num evento chamado Ascensão, ainda comemorado quarenta dias após a festa da ressurreição, a Páscoa. Dez dias mais tarde, o Espírito Santo, conforme a promessa de Jesus, apareceu entre eles no Pentecostes — outra data ainda observada anualmente pelos cristãos — e, como resposta, os discípulos tornaram-se parte de uma comunidade duradoura que acabou sendo chamada de "a Igreja cristã", o núcleo do cristianismo que nos leva à nossa história.

Os discípulos que se acovardaram, fugiram e afirmaram viver sem esperança agora se reencontraram, convencidos pelo testemunho daqueles que haviam "visto o Senhor". Uma refeição sagrada, como a que ele compartilhara na noite anterior à sua morte, deveria se tornar o lugar onde ele disse que estaria presente, assim como estaria quando batizassem os recém-chegados à sua fé. Prometeu que estaria presente quando dois ou mais se reunissem em seu nome. Ainda que o Jesus adulto jamais tenha deixado a Palestina, logo os discípulos estavam viajando por toda a Ásia Menor e pela Síria, atraindo novos seguidores, evidentemente de diversas classes sociais. Lemos sobre escravos que foram convertidos e que depois converteram seus mestres e donos para a fé. Há também relatos de ricos e proeminentes recém-convertidos. Ser perseguido, o que significava sofrer pela fé em Jesus Cristo, longe de ser um impedimento para as conversões, tornou-se uma atração para os candidatos ao batismo. Em Jerusalém, enquanto sofriam com os ataques de romanos e judeus, os fiéis resistiram até 70 d.C., quando a cidade foi destruída. Alusões a alguns eventos, e frequentes citações cifradas nos evangelhos, refletem essa situação de uma cidade destruída e do que começava a se configurar em duas crenças separadas.

A linha de demarcação deixou os fiéis que acreditavam em Jesus Cristo como o Messias de um lado e os que o rejeitavam de outro. Da mesma forma, aqueles que seguiram Jesus alegavam estar livres de muitas das restrições das leis judaicas. Daqueles anos decisivos, as histórias sobre Jesus, suas palavras e as reflexões dos seguidores sobreviveram numa coletânea de escritos que os fiéis chamam de Novo Testamento. Esses textos apareceram principalmente na primeira ou segunda geração após a sua morte. Um século ou mais depois, os fiéis os reuniram e estabeleceram os textos como partes de um "cânone", ou relato padrão dos princípios. Globalmente, os cristãos ainda adoram essas escrituras ao lado da única Bíblia de Jesus, as escrituras judaicas, que eles traduziram para bem mais de mil línguas e dialetos. Os fiéis estudam e oram baseados nesses textos, que foram usados para julgar, inspirar ou consolar uns aos outros; eles ainda debatem seus significados.

O QUE OS CRISTÃOS TINHAM E TÊM EM COMUM

O que, perguntam os estudiosos, os fiéis e seguidores de Jesus, a princípio em três continentes — e depois em todos eles —, tinham e têm em comum? Suas pesquisas revelam diferenças chocantes e debates violentos, onde quer que tenham surgido comunidades cristãs. Entre esses lugares, a Palestina asiática, onde tudo começou; Antioquia, na Ásia, onde o movimento recebeu seu nome; e o norte da África, para onde logo se espalhou e cruzou o Mediterrâneo. O que tinham em comum pode ser reduzido a uma fórmula minimalista que admite numerosas variações: *"Jesus, o homem, é o Senhor glorificado."*

Essa fé em Jesus Cristo deixou os fiéis com dois problemas profundos, que sempre inspiraram debates e levaram a facções e cismas. Os cristãos, com seu legado judaico, jamais puderam conceber ser outra coisa que não monoteístas. Nada que pudessem dizer sobre Jesus ousava desviá-los da fé no Deus único. Ainda assim, falavam de Jesus em termos divinos. Para complicar as coisas, eles o ouviram prometer uma Presença Divina, a quem vivenciaram como o Espírito Santo. Não é verdade que a mais sucinta declaração de seu foco os deixa não com um, mas com três deuses? Um pesquisador asiático moderno perguntou se isso não significaria que estavam sendo regidos por um comitê de três pessoas. Igualmente perturbador para as mentes dos primeiros cristãos, mas não para seus corações, era o problema que surgia de sua crença de que os humanos eram "outros" em relação a Deus. Assim, se Jesus de alguma forma era Deus, ponderaram, também poderia ser, de alguma forma, humano? Quase seis séculos se passaram

34 • *Os primórdios judaicos*

para que os fiéis, em seus concílios, chegassem a credos não inteiramente satisfatórios. Os detalhes jamais alcançaram um acordo universal, tampouco podiam ser facilmente comunicados a todos os públicos.

Encontramos os cristãos nos dois milênios seguintes ponderando sobre aspectos do significado e da vida de Cristo. Alguns encontraram problemas em concordar com a declaração da crença de que ele era verdadeira e integralmente humano. A maioria tinha que condenar o antigo grupo que se separou, chamado de docetistas (*dokein* = parecer), para quem Jesus Cristo apenas *parecia* humano. Os docetistas e seus sucessores espirituais se escandalizavam ao pensar que o Deus-entre-eles seria ignorante sobre o futuro final dos tempos e, pior ainda, teria mau cheiro nas axilas e a necessidade de assoar o nariz, ou que poderia chorar por simpatia, ou por agonia. Ele era divino, e uma divindade não "faz" essas coisas. A maioria, no entanto, aceitou os escritores do credo e, com base nas histórias dos evangelhos, que ele era verdadeiramente "o homem Jesus, o judeu". Para outros, a afirmação exatamente oposta, de que o rabino Jesus foi e é o "Senhor glorificado", levantava problemas. Essa afirmação tornou-se o grande divisor, que também separou os cristãos de todos os outros.

Um dos mais antigos hinos do Novo Testamento, talvez nascido de um círculo de crentes judeus helenizados, ou escrito pelo apóstolo Paulo, reúne os dois conceitos: Jesus Cristo...

> *apresentando-se como simples homem, humilhou-se, feito obediente até a morte, até a morte na cruz. Pelo que também Deus o exaltou. (...) E toda língua proclame, para glória de Deus Pai, que Jesus Cristo é o Senhor. (Filipenses 2:7-11)*

É claro que nem "toda língua" *confessa* qualquer coisa do tipo, mas os fiéis que o fazem são atores no drama do cristianismo. Acreditar no "Senhor glorificado", como fazem os cristãos, criou mais confusão do que a conversa sobre o "Jesus humano". Os fiéis insistiriam que não iriam, não *poderiam* falar dele como falavam se não acreditassem que a morte não havia tido a última palavra sobre ele, como acontece com todos os outros humanos. Os críticos desses fiéis disseram que eles simplesmente *queriam* crer, ou pensar que acreditavam que ele havia renascido. Talvez fossem coniventes ou tolos iludidos, talvez simplórios traumatizados que haviam passado por uma experiência psicológica que incluía a figura, ressurgida após a morte, de alguém por cuja presença renovada eles ansiavam.

Mais extravagantemente, alguns fiéis consideraram que Jesus ter ressuscitado significava que os corpúsculos apodrecidos de um cadáver deveriam ter sido revivificados. Paulo, o mais antigo e influente escritor, não afirmava isso, mas falou de Jesus como tendo ressuscitado com um "corpo espiritual". Tampouco as outras testemunhas falaram da biologia e da física de revivificação. Paulo pregou que o que quer que tenha acontecido, Deus operara algo "novo", sem precedentes e único. O Deus que havia produzido a criação original agora trouxera uma Nova Criação. Tal crença surpreendente levou Paulo e outros a começar a levar sua mensagem para os confins de seu mundo conhecido, enquanto seus sucessores por fim a transportaram para todo o globo, muitas vezes sob grande risco entre populações hostis.

O cristianismo, como outras crenças, produziu efeitos dúbios, sua comunidade muitas vezes constituindo-se de curandeiros que mataram e de assassinos que curaram. Em nome de Jesus, os fiéis engajaram-se em atos humildes de misericórdia e justiça. Também em nome de seu Senhor glorificado, os cristãos muitas vezes dedicaram-se a atos violentos de poder e domínio. A história que se segue aqui mantém essa tensão e contradição sempre em perspectiva ao traçar os caminhos do cristianismo em termos globais. Na época de Jesus, ninguém falava ou poderia falar de forma compreensível sobre qualquer coisa global. O primeiro uso prático moderno de globos teria que esperar até depois de 1492. Mas mesmo sem terem o conceito de global na época de Jesus, alguns de seus discípulos puseram-se a caminho para enfrentar todo o mundo habitado e deles desconhecido. Esses fiéis tinham que sobreviver e alguns evidentemente eram adeptos do comércio e familiarizados com as movimentadas rotas comerciais. Muitas vezes podiam combinar a busca pelo ganho com a meta de ganhar convertidos.

As cartas de Paulo, a primeira fonte

Os historiadores gostam de traçar as jornadas dos missionários a partir dos primeiros textos. Nesse caso, estudam as cartas de Paulo, judeu como Jesus, originalmente chamado Saulo de Tarso. Ele ouviu um chamado para decla-

36 • Os primórdios judaicos

rar que a história do ungido de Deus, que pertenceu aos judeus, não pertencia apenas a eles. Paulo viajou com essa mensagem, ao menos figurativamente levando-a na bagagem e carregando na memória as mesmas Escrituras seguidas pelos judeus. Além dessas Escrituras, ele pode ter se apoiado em fragmentos de escritos e certamente em trechos de reminiscências orais sobre Jesus. Esses fragmentos estavam a caminho dos evangelhos, as narrativas reflexivas sobre o Jesus humano, o judeu que era o Senhor glorificado dos fiéis.

É estimulante e, para muitos, surpreendente começar a narrativa global não pelos evangelhos, mas pelas cartas que Paulo escreveu para reuniões de judeus e não judeus. Aqueles que mais tarde reuniram a sequência de livros do cânone do Novo Testamento colocaram os quatro evangelhos primeiro, seguidos das cartas de Paulo e de outros. Portanto, seria natural que as pessoas achassem que essas narrativas fossem os textos mais antigos. Alguns críticos repudiaram Paulo, pois seus escritos tinham estilo e intenções diferentes dos evangelhos. Acusam-no de ter complicado, e até mesmo traído, as histórias do "simples Jesus", um homem amável que curava e era a figura espiritual da Galileia. Esses críticos gostam de isolar Jesus naquele mundo simples e então reverenciar seus ensinamentos como aplicáveis em toda parte.

Enquanto Paulo viajou de maneira quase imprudente, vimos que Jesus jamais pôs os pés fora da Palestina, mais tarde chamada de "a Terra Santa", uma área que não chega a ser maior do que a grande Los Angeles, ou outras áreas metropolitanas do mundo. Apenas uma única — e evidentemente posterior — inclusão em um dos evangelhos oferece algumas linhas nas quais se ouve Jesus Cristo demonstrar uma intenção de que sua mensagem fosse levada a "todas as nações". Uma expressão sagaz condensando sua missão e maneira: "Jesus de Nazaré passou todo o seu ministério com doze judeus para salvar toda a [preencha a lacuna, por exemplo: América, ou África]." O homem de Nazaré permaneceu perto de casa.

Isso jamais ocorreu com Paulo. Após seu chamado para o apostolado — outros denominam o evento de sua conversão —, toda a lógica de sua vida o levou a transportar a fé. Agora, ele proclamou, o Criador que havia conclamado e se aliado a um povo específico, os judeus de Israel, com Jesus Cristo queria tornar possível a todos os povos que se juntassem a essa aliança pela fé no Jesus humano. Paulo foi enfático — fazia tudo enfaticamente — ao afirmar que Deus, sendo Deus, jamais poderia revogar uma aliança e que, portanto, o pacto com Israel se mantinha. Depois de Jesus Cristo e, de alguma maneira, "através" dele, "todo Israel será salvo", proclamou o apóstolo. Agora a companhia renovada de fiéis era parte de um novo povo específico, mas o que o tornava peculiar não era o fato de que precisavam ser judeus, mas o de acreditarem em Jesus Cristo.

Paulo, que se autoidentificava como um judeu de Tarso, na Síria, era bem estudado nas doutrinas e leis judaicas. Ele escreveu que a princípio se sentiu tão radicalmente ofendido pelas palavras de Jesus que passou a perseguir e ajudar na matança daqueles que voltaram a se reunir após Jesus ser morto e, como diziam, ter se erguido novamente. Então, contra todas as expectativas, experimentou o chamado — fato que Paulo deixou para ser detalhado por outros. Ele seria um apóstolo dessa fé, primeiro para os judeus, mas também entre os gentios. Paulo jamais viu Jesus com olhos físicos, como o viram os discípulos, todavia afirmava que, de alguma maneira, vira Jesus *de fato*, e que este o havia convocado para representá-lo em toda parte como o Senhor glorificado. Seu maior objetivo era chegar à Espanha, simbolicamente no final da terra, e ele fez muitas paradas ao longo do caminho, cruzando cerca de 13 mil quilômetros mapeáveis.

JUDEUS, CRISTÃOS E PAGÃOS

A maioria dos cristãos da primeira geração eram judeus que continuavam a se considerar como tal e a frequentar as sinagogas normalmente. O judaísmo de sua época era transportável, e, ao migrar, os judeus levaram sua fé para muitas partes do Império Romano. Ainda assim, para todos eles, apesar de anunciada como "uma luz para as nações", tratava-se de uma fé específica para um povo especificamente escolhido. Jerusalém pode ter se mantido como o foco físico de adoração em suas vidas até o ano 70, e eles podem ter peregrinado para lá, mas muitos também se sentiam culturalmente em casa entre povos antigos de outras regiões.

Paulo estabeleceu muito de seus vínculos com o judaísmo ao encontrar aqueles judeus "dispersos", uma vez que eles eram "a diáspora". Esses vínculos o favoreceram, pois ele podia ir a suas sinagogas e lá encontrar públicos capazes de apreciar suas lições. Paulo foi ainda mais favorecido pelo fato de o judaísmo ser uma religião lícita no Império. Essa designação permitiu aos cristãos, erroneamente identificados como judeus, contar com certa proteção contra os ataques dentro do Império Romano. Em terceiro lugar, a maioria dos judeus dessa diáspora também escrevia e falava grego, uma língua cosmopolita que proporcionava aos cristãos os meios de comunicação com outras pessoas que o hebraico e o aramaico não teriam possibilitado.

Ao mesmo tempo, a situação era *in*feliz para Paulo, pois a maioria dos judeus que ele encontrou levantava o debate sobre o judaísmo com ele e com outros apóstolos, mas não era convencida por suas afirmações e compromissos. A questão para eles era a crítica de Paulo por vê-los usando a Lei de Deus para definir suas vidas e servir como instrumento para conquistar o favor divino. A última coisa que a maioria dos judeus queria ouvir era que seus homens, todos circuncidados, deveriam aceitar os incircuncisos, aqueles que não portavam a marca física da aceitação da aliança. A maioria dos judeus repudiava a nova alegação de Paulo e de outros fiéis de que Jesus cumprira a lei por eles. Daquele momento em diante, era-lhes dito, os povos poderiam se tornar parte da Nova Criação e da aliança, graças à atividade inspirada pela graça de um Deus amoroso. Esse Deus, que ao erguer Jesus dos mortos glorificou o Jesus crucificado, agora lidaria com o povo através dele e em seu nome. Compreensivelmente repugnados e enfurecidos em muitas sinagogas, alguns elementos reagiram com fúria. Em algumas ocasiões, perseguiram Paulo e sua companhia para fora da cidade, às vezes apedrejando-os ou pedindo às autoridades romanas que os varressem do caminho. Ouvir os cristãos denominando-se "o novo Israel", como faziam alguns, compreensivelmente enfurecia "o velho Israel", que agora começava a ser considerado incompleto por muitos mensageiros de Jesus e, portanto, visto como uma obstrução aos desígnios de Deus para os humanos.

Quando, no ano 70, um general, que mais tarde se tornou o imperador Tito (39-81), derrotou os rebeldes judeus e queimou o templo, eles ficaram arrasados. Como a maioria dos cristãos depois seguiu seu próprio caminho, muitos desenvolveram uma tradição de hostilizar os judeus, uma atitude que parecia contraditória entre fiéis que seguiram e adoraram um judeu. Como na maioria dessas contendas, havia reciprocidade. Os primeiros conflitos eclodiram quando os judeus expulsaram os seguidores de Jesus Cristo das sinagogas, por não compartilharem a crença de que Jesus fosse o Messias. Postos para fora, os fiéis foram expostos à lei romana e, desprotegidos, tornaram-se objeto de assédio e perseguição. Os problemas também surgiram em outra frente. Nem todos os fiéis estavam em conflito constante com a opressão do governo romano e seus governantes, e alguns até serviram no exército. O próprio Paulo orientou os fiéis a obedecer à autoridade maior, o que significava ver César como o representante de Deus. A despeito desse apelo, embates trágicos aconteceram. Alguns seguidores queriam ser leais a Jesus Cristo *e* a César. Outros se sentiram impelidos a cumprir rituais imperiais que exaltavam César, comprometendo assim a aliança com Cristo. Para os cristãos, aceitar a autoridade civil era uma coisa, outra era rejeitar os deuses e rituais romanos. Outras seitas, entre as quais algumas judaicas, podiam aceitar a palavra final da autoridade civil para o ordenamento da vida, mas os cristãos jamais poderiam fazer isso. A perseguição muitas vezes se seguia à não aceitação, pois, aos olhos dos romanos, os cristãos não tinham deuses e portanto eram considerados ateístas e subversivos.

Os cristãos, por sua vez, dividiram-se sobre como deveriam lidar com os pagãos, muitos dos quais viviam em torno deles numa sociedade que chamaríamos de pluralista. Um século antes da era cristã, certo Máximo de Tiro havia estimado que cerca de 30 mil deuses eram reverenciados na época. Diante dessas práticas de adoração, o pensador cristão Teófilo de Antioquia, no século II, insistiu numa ruptura completa com os adoradores de deuses. Nenhuma política única podia reivindicar um monopólio ou representar uma solução final. Após 130, um apologista ou defensor intelectual, o viajado Justino Mártir (c. 100-165), construiu todas as pontes que conseguiu para uma cultura mais ampla. Ele viu o cristianismo como a realização do que os melhores filósofos pagãos vinham buscando. Em seu *Diálogo com Trifão*, rompeu totalmente com os judeus e pode ter sido o primeiro a acusá-los de serem os assassinos de Cristo. Enquanto isso, seu trabalho como construtor de pontes entrou em colapso em 165, quando Justino, apesar de todos os seus esforços de aproximação, afastou-se das autoridades e foi condenado à morte.

De Jerusalém para o resto do mundo

Jerusalém, onde os membros da família de Jesus obviamente estavam entre os líderes, manteve-se como uma base cristã até sua queda para Tito, em 70. Os textos bíblicos nos contam que Tiago, chamado irmão de Jesus, e Pedro, outro seguidor para quem Jesus às vezes se voltava, evidentemente lideraram uma facção que desejava manter muitos dos modos da velha aliança. As cartas de Paulo mostram que ele se desviou de seu caminho para neutralizar e acalmar os defensores de Jerusalém enquanto fazia uma oferenda pelos pobres, que existiam em grande quantidade na cidade sofredora. Finalmente, segundo o livro bíblico dos Atos, também escrito por Lucas, ele teve que discutir frente a frente com eles, como mais tarde gostava de fazê-los lembrar. Os relatos do Novo Testamento sobre os eventos que ocorreram quando visitou Jerusalém ou os encontros com seus seguidores na estrada diferem, mas, por instáveis que fossem as tréguas e matizados os acordos, Paulo e seus partidários escolheram se tornar livres para levar adiante a missão entre os gentios incircuncisos. Ao partir para viajar por todos os lugares, Paulo esperava fazer isso sem se indispor com os judeus que acreditavam em Jesus.

Paulo tentou viajar para "todos os lugares", começando pelas cidades principais do que se chamava Ásia Menor. Seus próprios relatos revelam um trajeto quase que integralmente urbano. Os fiéis reuniram-se em centros como Éfeso, distante dos vilarejos e fazendas da Judeia ou das colinas da Galileia de Jesus. Éfeso era coroada de altares e coberta com imagens dos deuses. É recorrente que acadêmicos questionem como exatamente a fé se espalhou por esses lugares e rapidamente se voltem para a questão das classes sociais, tentando estabelecer quais eram as mais abertas aos esforços dos emissários cristãos. Alguns estudiosos que tendem a romancear o passado assinalam que as cartas de Paulo referem-se igualmente a conhecidos que eram escravos convertidos e a órfãos e viúvas entre os seguidores necessitados. É claro que esses também se encontravam entre mulheres e homens de posses e proeminentes. O próprio Paulo era um artesão e homem de negócios, um fabricante de tendas para as elites, acredita-se, e, onde quer que trabalhasse, enviava seus cumprimentos para os anfitriões ou colegas trabalhadores, significativamente incluindo aí as mulheres. As autoridades civis pareciam se aborrecer mais com as conversões de mercadores e de pessoas bem situadas.

O viajante Paulo e diversos associados raramente permaneciam por muito tempo, mas seus movimentos tampouco pareciam atabalhoados. As cartas do apóstolo sugerem que em alguns locais ele permaneceu por várias estações, e que com afeto e gratidão saudava seus anfitriões ao lado de outros convertidos quando lhes escrevia de longe. Considerando-se o que se sabe sobre a posição marginal das mulheres em muitas dessas culturas, chega a ser espantoso ver a quantidade de nomes de mulheres que aparece nas cartas. Algumas delas aparecem com os maridos, mas outras são nomeadas sozinhas. Claramente estavam envolvidas com os trabalhos na linha do que Paulo chamou de apostólico, uma palavra que sinalizava elas terem sido "enviadas". Paulo, numa carta aos fiéis em Corinto, insistiu que as mulheres deveriam cobrir as cabeças ao profetizar. Nessa mesma carta, também lhes pedia determinadamente que se mantivessem em silêncio nos encontros públicos com homens e fornecia algumas razões teológicas para justificar quais mulheres, segundo ele, deveriam ser excluídas de profetizar e ocupar funções.

Paulo era ambivalente em suas atitudes com relação às heranças espirituais do judaísmo. Enquanto sua mensagem principal tinha a ver com a maneira como Deus lidava com os povos, ele também detalhava o que isso significava para as pessoas. Perdido, carregado de culpa e à beira do desespero enquanto dizia ter estado "submetido à lei", escreveu que, graças ao amor de Deus, ao humilde servidor humano do Deus da autodoação, Jesus Cristo, ele agora vivia pela fé naquele a quem chamava de o Filho de Deus. Tal fé tornou-se um tema principal na mensagem pregada por Paulo entre a companhia crescente de mensageiros de Jesus Cristo e novos fiéis. O ingresso nessa companhia se dava pelo batismo com água, um ritual adotado de algumas práticas judaicas e agora realizado em nome do "Pai, do Filho e do Espírito Santo", o filho sendo Jesus.

Paulo não detalha o ato, mas escreveu que, pelo batismo, mergulhados na água, os novos fiéis foram "enterrados" com o Cristo morto. E, ao sair da água para a fé, eram novas criaturas no Cristo ressurreto, membros do povo de Deus. Esse ritual, mais tarde chamado de sacramento, permanece em quase todas as agremiações cristãs e é um dos poucos elementos prescritos que, ainda que praticado de diferentes maneiras, algumas bem criativas, muitas vezes exaustivas, é aceito entre as fronteiras das comunidades cristãs.

Paulo também forneceu o mais antigo relato de uma ceia sagrada comum. Uma vez que suas referências explícitas aos eventos da vida de Jesus são em geral esparsas, é apropriado reproduzir suas palavras:

> Porque recebi do Senhor o que vos transmiti: O Senhor Jesus, na noite em que foi entregue, tomou o pão, e, depois de dar graças, partiu-o e disse: "Isto é o meu corpo, que se dá por vós; fazei isto em memória de mim." E, do mesmo modo, depois de cear, tomou o cálice, dizendo: "Este cálice é o Novo Testamento no meu sangue; todas as vezes que o beberdes, fazei-o em memória de mim." Pois todas as vezes que comerdes este pão e beberdes este cálice, anunciareis a morte do Senhor, até que ele venha. (1 Coríntios 11:23-26)

Esta passagem é de extrema importância, uma vez que aponta para o outro ritual realizado por praticamente todos os cristãos, de todas as partes. Não podemos aqui entrar nos detalhes controversos, mas é possível observar que a maioria dos comungantes disse experimentar naquela refeição a presença viva do Jesus humano como o Senhor glorificado.

Citar a última linha de Paulo também aponta para uma ênfase entre os primeiros fiéis, Paulo inclusive. Este Jesus retornaria. Os primeiros textos não concordam em todos os detalhes, e o próprio Paulo procurou diversas formas de indicar a expectativa desse retorno. Crer que isso aconteceria em breve impeliu-o a trabalhar com zelo e pedir aos demais que espalhassem a mensagem. Como tantos de seus leitores e seguidores, ele foi capaz de viver com a expectativa de que essa história terminaria em breve *e* ao mesmo tempo viveu com a necessidade de se dedicar a atividades práticas no mundo de Deus, por mais tempo que essa espera pudesse levar.

Naquele ínterim, alguns fiéis começavam a adquirir um bom nome, pois eram generosos uns com os outros, e com outros de fora de seu próprio círculo. Um missivista converteu o comentário de observadores de fora num quase slogan: "Veja como amam uns aos outros!" Ao acompanhar a história dos agentes que acreditavam que o Jesus humano era seu

Senhor glorificado, veremos que haverá muitos momentos em que aquele amor é obscurecido por sentimentos de rancor e ódio entre os fiéis ou contra os outros. Em alguns momentos, a face de Deus, conforme a proclamavam, aparecerá feroz e reprovadora. O Jesus que se humilhou será invocado por aqueles que buscam e alcançam o poder, entre eles alguns cruzados, inquisidores, imperialistas, os ricos egoístas e, frequentemente, líderes do alto escalão das comunidades cristãs. Ao mesmo tempo, muitas vezes a mensagem, a experiência e os efeitos do amor se mantiveram suficientemente vivos para reter a atração do círculo de fiéis e de seu Senhor glorificado, e as histórias a seu respeito ainda envolventes.

O rastro de Paulo encerra-se no silêncio. Sabemos, por suas cartas, que ele ofendeu as autoridades, foi preso e passou a depender dos aliados para que escrevessem por ele e colocassem suas cartas em circulação. Ele conseguiu chegar a Roma, então capital do Império e futura base do poder dos cristãos. Como obviamente não poderia escrever sobre a própria morte e nenhum de seus colegas deixou textos sobre o assunto, restam-nos as tradições e lendas sugerindo que, muito provavelmente, ele foi subjugado pelas forças de Nero (37-68), assim como o discípulo Pedro. O corrupto imperador tolerava muitas seitas, judeus e outros, contanto que seus seguidores também deixassem uma dose proverbial e simbólica de incenso nos altares civis, mas os judeus, ainda sob proteção especial, e os cristãos, desprotegidos, não se dispunham a isso, vendo idolatria em tais atos. As histórias que circulam dizem que Nero desejava encobrir sua responsabilidade por um incêndio em Roma e, em busca de bodes expiatórios, identificou e executou cruelmente os cristãos.

OS DISCÍPULOS DE JESUS E O MUNDO

Raramente, muito raramente, Jesus demonstrou algum interesse específico pelo resto do mundo ou em levar a mensagem da aliança e de sua glorificação para outros lugares. No entanto, o evangelho de Mateus termina com algumas linhas que alguns críticos afirmam ser um acréscimo posterior, mas que a maioria dos fiéis, em todas as eras, receberam como um autêntico mandamento e promessa, coerentes com o ministério de Paulo e com os apóstolos viajantes antes que essas linhas fossem preservadas e sua

44 • Os primórdios judaicos

escritura tornada pública como uma determinação para a expansão global:

> Todo o poder me foi dado no céu e na terra; ide, pois, fazei discípulos meus todos os povos, batizando-os em nome do Pai e do Filho e do Espírito Santo, ensinando-os a observar tudo quanto vos mandei. E eis que estou convosco todos os dias até o fim do mundo. (Mateus 28:18g-20)

O momento em que a incumbência de "tornar-se global" começa a ser seguida aparece num segundo documento de Lucas, um livro geralmente chamado de "Atos dos Apóstolos". Seu relato sobre o chamado de Paulo difere em muitos pontos das próprias referências dele e reflete a tradição das histórias que crescem entre os seguidores que ouviram as aventuras de Paulo. Os primeiros 12 capítulos, no entanto, tratam dos discípulos em Jerusalém, com destaque para Pedro, que se torna o porta-voz dos demais. Por um lado, os Atos contam a história de como um helenista chamado Filipe partiu para converter os vizinhos desprezados, os samaritanos, considerados mestiços e meio salvos pelos judeus "verdadeiros". Em outra história, um eunuco, tesoureiro de uma corte na África, estava em Jerusalém para uma festa, na qual não podia entrar por sua condição, e lia um rolo de pergaminho dos profetas. Filipe transmitiu-lhe a palavra de Jesus Cristo. A história do testemunho cristão na África havia começado.

Pedro é descrito como um líder da igreja de Jerusalém, mas visto nos Atos como recebedor de uma visão que lhe ensinou que ninguém é "puro" e que também ele deveria participar do esforço de levar o evangelho aos gentios. Numa ocasião, ele e Paulo se desentenderam, mas os Atos os mostram chegando a um acordo sobre a necessidade de os gentios serem circuncidados para fazer parte da aliança. Escritos posteriores atribuídos a Pedro, presumivelmente compostos por pessoas de sua escola ou círculo, são um tanto desdenhosos de Paulo, mesmo quando o elogiam.

Embora judeus em sua maioria, os seguidores e apóstolos de Jerusalém tinham muita dificuldade em se aproximar de outros judeus. Tragicamente, como vimos, os dois grupos de crentes seguiram caminhos separados quase que desde o princípio. Tiago, o irmão de Jesus, foi martirizado no ano 62. Enquanto os líderes judeus reagiam contra a autoridade romana, os seguidores de Jesus Cristo foram pegos entre eles e odiados por ambos. Os líderes judeus lutaram pela sobrevivência, mas as fronteiras que estabeleceram excluíram os cristãos. Os cristãos que desejavam mesclar o judaísmo de sua época com a nova versão da fé foram pegos no fogo cruzado, desmoralizados ou exauridos — e desapareceram. O fato de os cristãos terem visto tanto no Velho Testamento o que eles chamavam de um "tipo", ou um prenúncio de Cristo, afastava os judeus que estavam satisfeitos com suas interpretações e continuariam a aguardar por seu Messias, o Ungido, que os cristãos afirmavam ser Jesus. Para aqueles que viram a diferença entre judeus e cristãos como tão radical que constituíram duas religiões, temos o caso curioso de uma religião tomando conta de todo um cânone de outra, e interpretando-o de tal forma que a "outra" não se reconhece no retrato, ou foi excluída dele. Um conflito interminável e trágico teve início, ironicamente em nome de alguém que os cristãos vieram a chamar de o Príncipe da Paz.

2.

O PRIMEIRO EPISÓDIO ASIÁTICO

Hinduísmo, jainismo, budismo, sikhismo, confucionismo, taoismo e xintoísmo são religiões asiáticas em todos os catálogos e atlas. Os estudiosos das religiões mundiais agora encontram motivos para reexplorar mais uma, o cristianismo. Chamar o cristianismo de uma religião asiática provocará olhares de desprezo em muitos ocidentais simpáticos à "espiritualidade oriental" e que desconsideram ou desdenham do cristianismo. O primeiro episódio de presença cristã começa com Jesus, Paulo e companhia na Ásia, onde, por centenas de anos, a comunidade de fiéis foi ampla e cheia de vida. Os cristãos asiáticos gostam de lembrar aos demais que Jesus nasceu na Ásia, ainda que a antiga Ásia possa ter conotações diferentes das modernas. Os seguidores do "Caminho" foram chamados de "cristãos" pela primeira vez em Antioquia, na Síria, o que significava Ásia.

A história desse primeiro episódio asiático antecipa a posterior presença global, pois ajuda a reconhecer que o cristianismo se situou em três continentes nos séculos anteriores. Os fiéis dentro de cada uma dessas esferas geográficas trouxeram dádivas especiais e apresentaram problemas particulares durante as interações dentro de seus *oikoumene*, a palavra grega para "todo o mundo habitado". E, apesar dos ardores da viagem e da dificuldade de se comunicar rapidamente através das distâncias, muitos deles eram caminhantes e comerciantes que trabalhavam a leste de Antioquia, pela rota da seda, cruzando as atuais repúblicas da Ásia Central, Mongólia e China. Alguns deles permaneceram nesses lugares e se estabeleceram em cidades-oásis, onde suas histórias foram incorporadas às narrativas sobre as culturas, guerreiros, dinastias e impérios asiáticos. Em segundo lugar, esquecido em muitos relatos dos primórdios do cristianismo, está o fato de que episódios decisivos ocorreram na Ásia Menor onde, sim, mesmo esse nome próprio é um lembrete de que os locais eram asiáticos. Entre as invenções espirituais que prosperaram lá e em outros pontos da Ásia, encontram-se doutrinas, credos, modos de governo, arquitetura das igrejas, além de refinamentos do monasticismo e do misticismo, todos de origem cristã.

Os cristãos nos mundos asiáticos

Exilados ou fugindo de Jerusalém em torno do ano 70, muitos dos seguidores de Jesus mudaram-se para a Síria. O livro bíblico dos Atos permite um olhar sobre como as primeiras crônicas relatam a propagação da fé. Barnabé, um judeu rebatizado ("filho do encorajamento"), foi enviado de Jerusalém para a proeminente cidade de Antioquia para ajudar a reunir judeus e helenistas. Entre eles, o testemunho era mais importante do que o raciocínio. "Grande foi o número dos que receberam a fé e se converteram para o Senhor", depois que esse "homem bondoso, cheio do Espírito Santo e de fé", exortou-os (Atos 11:20-24). Barnabé encontrou Paulo em Tarso, na Síria, e o levou para Antioquia, onde, "por um ano inteiro, reuniram-se na igreja e ensinaram um grande número de pessoas", agora chamadas de "cristãos".

A Síria foi um local estratégico. É muito provável que o evangelho de Mateus tenha sido difundido a partir de lá. O hebraico e o aramaico falados na Palestina deram lugar ao siríaco, lá e para o leste. Logo após o ano 150, um assírio convertido chamado Tatiano (185 d.C.) assentou e harmonizou as histórias e os ditos dos quatro evangelhos num único pacote, o Diatessarão. Ele era um vegetariano rigoroso e, por isso, em sua tradução, João, o Batista, não podia comer os gafanhotos suculentos como fazia o original, mas apenas o prato de acompanhamento, mel. O Diatessarão foi o pergaminho comumente usado pelos disseminadores da fé, que por dois séculos se deslocaram de Edessa para outras partes da Ásia. Os estudiosos identificam a influência siríaca por todo o caminho até a Índia, China, Mongólia, incluindo paradas na Pérsia e na Mesopotâmia.

Antioquia, a terceira maior cidade do Império Romano, resultou numa boa sede, próxima o bastante de Jerusalém, de onde os migrantes fiéis partiram para exercer sua influência. O orgulho local e a abundância de talentos, no entanto, logo levaram os sírios a declarar independência cultural. Esse movimento forçou-os a conceber ou selecionar formas de governar; portanto, eles tomaram emprestado e refinaram uma tarefa e um título para supervisores, *episkopoi* em grego, ou bispos. Também precisaram marcar sua posição numa cultura elevada predominantemente grega, e homens como Teófilo de Antioquia, igualmente em torno de 170, empenharam-se em demonstrar como o legado das Escrituras Hebraicas, a Bíblia de Jesus, continha mais verdade do que a poesia ou a filosofia gregas.

César ou Cristo na Ásia

Apesar dos argumentos eloquentes de Teófilo e outros que se dirigiram diretamente às elites e da reputação de generosidade dos cristãos e cristãs comuns para com os outros, "César" logo voltou-se contra "Cristo", como Nero fizera em Roma. O governo decidiu partir para a extinção das famílias de fiéis. Sete cartas com datas em torno do ano de 110, escritas por Inácio de Antioquia (c. 35-107), mencionam que outros o "precederam no martírio (...) da Síria a Roma, pela glória de Deus". Inácio, que afirmava ter o dom da profecia do Espírito Santo para o seu ofício, também ajudou a definir a doutrina. Ele atacou os docetistas, um grupo de fiéis que afirmava que Jesus apenas *parecera* ser humano. Os antioquenos que o seguiram fizeram o mesmo, enfatizando a plena humanidade de Jesus. A questão do episcopado e da doutrina levantada por Inácio não afetou o mundo de Domiciano (51-96), que se sentou no trono do Império que Nero pouco antes encharcara de sangue. Para ele, os cristãos pareciam subversivos, com uma religião que não era suficientemente romana. O povo do imperador Trajano (53-117) levou Inácio para Roma e o executou, proporcionando-lhe o martírio que ele buscava. Mortes como essa aumentavam o fascínio do cristianismo, e, apesar de Antioquia ficar longe de Roma, histórias assim ajudavam as assembleias a prosperar na Ásia.

Edessa foi uma terceira parada no percurso pela Ásia, ao norte de Damasco e a leste de Antioquia. Era a segunda cidade mais importante depois de Antioquia e dava passagem para boa parte da Ásia. Os cristãos cosmopolitas que se sentiam em casa neste centro de comércio afirmavam que o apóstolo Tadeu fora seu fundador, mas haviam se afastado mentalmente de Jerusalém, da mesma maneira como eram independentes de Roma. Por um tempo, escaparam da perseguição sob o regime de um monarca árabe. Edessa, absorvida pelo Império em 241, quando os sassânidas saíram vitoriosos, ficou assim espremida entre dois impérios. As elites de lá

52 • *O primeiro episódio asiático*

falavam grego, mas muitos buscavam a Pérsia, pela filosofia, e miravam as estrelas e os astrólogos em busca de sinais, enquanto o povo comum continuava a adorar divindades da Babilônia, da Grécia e do mundo árabe. A mensagem dos cristãos sobre Jesus Cristo tinha que ser adaptada para um número crescente de culturas.

Os cristãos avançam para o Oriente

Enquanto a maioria dos primeiros cristãos, necessitando de um teto, reunia-se e orava em casas e em espaços públicos alugados, os cristãos de Edessa podem ter sido os primeiros a erguer uma igreja pública. Muitos acreditam que foi a partir deles que surgiram as igrejas na Armênia e na Geórgia, ao norte, na Pérsia, ao leste, e depois na Índia e na China, ainda mais para o oriente. A maioria dos agentes do evangelho de lá transportou a ênfase antioquena no caráter inteiramente humano do Jesus divino. Um sinal de seu cosmopolitismo era o fato de que os cristãos de lá, ao prosperarem durante o período da "Paz Parta", juntaram-se aos judeus para estudar a Bíblia, em geral mantendo uma boa relação com eles. Uma figura curiosamente importante perto do final deste governo foi o filósofo, poeta e astrólogo Bardesanes, ou Bar-Daisan (154-222), que encorajou o rei Abgar IX (195-214) a ser amistoso com os cristãos. Nascido de exilados persas e convertido em torno dos 20 anos, ele procurou persuadir outras pessoas a aceitar a fé. Não tendo tudo espiritualmente ordenado e ainda absorvendo a mistura religiosa local de Edessa, incluindo a astrologia por ele favorecida, concedeu mais ao destino como um equivalente mais fraco de Deus do que os ortodoxos permitiam. Quando mais tarde os bispos perceberam-no muito próximo de outras crenças, alguns até proibiram a leitura de seus trabalhos, e ele praticamente desapareceu das histórias cristãs. Ainda assim, Bardesanes exemplificou a amizade com judeus, chineses, indianos, persas, gregos, árabes e com outras crenças e comunidades. Conectou-se com eles pelo conceito de Logos. Isso significava que Jesus, cujo corpo era um fantasma, ainda era o único pensamento e palavra de Deus, cujo caminho podia incorporar todas as crenças sem exigir que tradições significativas tivessem que ser rechaçadas pelos fiéis. Excomungado, ele fugiu para a Armênia.

Artaxes I (que governou de 226 a 241), fundador da dinastia sassânida, reviveu a então moribunda religião do zoroastrismo, ordenando que as fogueiras sagradas, uma marca especial daquela fé, fossem novamente acesas segundo o ritual. As tradições de tolerância foram então substituídas por esforços fanáticos para fundir a coroa e a fé de Zoroastro. Seguiu-se a perseguição dos cristãos. Na Sexta-feira Santa de 344, segundo a tradição, os fiéis tiveram que assistir à decapitação — promovida por Sapor II, que governou de 309 a 379 — de cem líderes cristãos, antes de eles mesmos serem mortos. Um historiador chamado Sozomeno (c. 400-c. 450) reconheceu que só a "Grande Perseguição" entre 339 e 348 ceifou centenas de milhares de vidas, apesar de os historiadores modernos julgarem esses números exagerados. A maioria dos historiadores também considera como lenda um típico relato do final do século III, cuja crônica foi incluída num livro sobre os atos dos mártires na Síria. Era a história de uma bela mulher que, forçada a se casar com um xá, rejeitou o marido e governante em nome de sua fé e pagou o preço mais alto. Os Atos contam que sua face estava radiante no final e sua boca "tomada pelo riso" enquanto era despida, açoitada, torturada e exibida nua pelas ruas. Os detalhes podem ser lendários, mas tratamentos desse tipo eram bastante comuns.

Os cristãos saíram-se melhor mais ao norte, na Armênia, onde as igrejas prosperaram entre o mar Negro e o Cáspio. O sucesso dos primeiros missionários entre os governantes foi tanto que a Armênia, segundo alguns, tornou-se o primeiro estado oficialmente cristão. As origens se perdem nas lendas, mas entremeadas numa rica tradição. Os cristãos armênios remontam suas memórias a Gregório, o Iluminador (c. 240-332), um parta cujos pais mudaram-se para a Armênia, que ele deixou por um tempo, durante o qual se converteu. Nessa história, ao retornar por volta do ano 300, Gregório foi jogado num poço por trinta anos, pois se recusou a prestar sacrifícios aos deuses pagãos. Como devem terminar tais histórias, um milagre aconteceu: Gregório foi retirado do poço para curar o enfermo rei Tirídates III (238-314) e o converteu. Sejam quais forem os grãos de verdade dessas histórias, elas refletem a profundidade e extensão das conversões de muitos armênios, que logo produziram sua própria tradução da Bíblia, o que os ajudou a moldar a comunidade e, por fim, a própria Armênia. Gregório é lembrado como o "apóstolo dos armênios".

O EXTREMO ORIENTE

Depois, vem o que para os ocidentais é o Extremo Oriente, mais convencionalmente visto como Ásia do que os lugares desse continente mais próximos ao Mediterrâneo. A maior curiosidade concentra-se na entrada do cristianismo na China. Antigas histórias da presença cristã lá, há muito vistas com desconfiança, receberam alguma confirmação em vestígios arqueológicos. Mais notável foi a descoberta, em 1625, de um grande monumento de 781. Fala de um agente cristão, chamado Alopen, que visitou a China sob a dinastia Tang, em 635. Os resquícios dessa civilização indicaram que a biblioteca do imperador era praticamente equivalente à maior coleção de livros do mundo, em Alexandria, no Egito. O imperador Tai-tsung (até 649), que colocou Alopen para traduzir os escritos cristãos, promoveu a tolerância de sua fé e até mesmo ajudou os cristãos a construírem um local de adoração. Segundo um decreto de 638, ele declarou que os cristãos deveriam ser tolerados juntamente com os taoistas e budistas.

Dois grandes grupos cristãos estavam presentes na época em que esse monumento foi concluído, e um deles designava a si mesmos de nestorianos. Eles afirmavam que no Cristo Encarnado havia duas pessoas distintas, uma divina e outra humana. Os nestorianos eram os preferidos da dinastia Tang e representados por um padre, enquanto que o outro grupo, chamado de ortodoxos, era liderado por um acadêmico e construtor de monumentos. A influência dos nestorianos diminuiu quando a dinastia Tang se desfez, mas alguns adeptos permaneceram por muito tempo na Ásia central. Em referências de mil anos depois de Cristo, podemos ler sobre locais cristãos em 15 centros urbanos. Novamente, contra todas as expectativas, números e inimigos, os cristãos nestorianos mantiveram-se ativos por muito tempo.

Frustrando-se ao longo das rotas da seda, os nestorianos encontraram uma nova oportunidade no norte da China, onde houve um grande número de conversões. Os números podem não ser confiáveis, mas a afirmação de que 200 mil keraitas buscaram o batismo junto aos nestorianos após 1009 dá certa medida da influência cristã entre eles. Muitos que talvez não sejam familiarizados com os keraitas e outros povos da Mongólia podem entender a trama ao saberem que um jovem protegido por um desses cristãos batizados, Temujin, cresceu para se transformar em Gengis Khan (c. 1162-1227), que, embora nunca tenha se tornado cristão, jamais fez questão de persegui-los. Suas conquistas, de Beijing, através do Irã (Pérsia) e Rússia, são tão conhecidas quanto a história de sua tolerância ao cristianismo é desconhecida. Seu filho Kublai Khan (1215-1294) também manteve uma relativa tolerância aos cristãos. Ambos se mantiveram devotos do xamanismo, mas nenhum dos dois foi um inimigo jurado do cristianismo como foram tantos sassânidas.

Se a história até esse ponto sugeriu a existência de uma forte congenialidade entre os cristãos e os mongóis xamanistas, é preciso registrar a história oposta, no caso de Timur, o Grande (1336-1406). Também conhecido como Tamerlão, o violento guerreiro sobrepujou a Pérsia em 1379 e matou, igualmente, cristãos e muçulmanos em Déli. Era tão cruel e eficiente em opor-se aos dissidentes que acabou por extinguir os últimos nestorianos e jacobitas, outro ramo cristão, aonde quer que suas forças chegassem. Alguns cristãos que diziam pertencer à linhagem do apóstolo Tomé sobreviveram na costa de Malabar, na Índia, e outros poucos resistiram numa cidade no alto do rio Tigre. Nesse período, limitamo-nos a falar em "resistência". Quando os grandes centros cristãos do Oriente, de Jerusalém e de Antioquia, caíram sob os muçulmanos e, mais significativamente, quando a capital do Império oriental, Constantinopla, foi submetida pelos turcos muçulmanos em 1453, o primeiro milênio e meio do episódio asiático chegou ao fim.

ÁSIA OCIDENTAL, ÁSIA MENOR

Essa história asiática precisou lidar com a expansão geográfica para o leste a fim de acompanhar migrações, conversões e perseguições. Esses acontecimentos constituem os aspectos externos da existência dos cristãos. É a vida interna das comunidades cristãs da Ásia ocidental que chama mais atenção devido à sua influência sobre o cristianismo global posterior. Tendo notado uma necessidade de as igrejas asiáticas inventarem formas de organizações tais como o episcopado, ainda mais importante para nós é registrar a ânsia por definição e os conflitos dos cristãos no esforço de se organizar. O cristianismo asiático foi um solo fértil na produção de declarações de fé chamadas credos, modeladas por teólogos e que ganharam forma nos concílios oficiais. A necessidade surgiu em parte devido à cisão inicial entre cristãos e judeus a partir de questões de fé sobre o Jesus humano como Senhor glorificado em relação ao judaísmo das sinagogas. Esse judaísmo era igualmente monoteísta, é claro, mas a maioria dos judeus não aceitava o lugar ou o papel de Jesus como divindade suprema.

Cristãos e judeus novamente

Essa parte da história nos leva de volta aos primórdios, ao ano 70, quando o templo de Jerusalém foi destruído. Décadas mais tarde, após esmagarem uma revolta messiânica liderada por Simão bar Kochba entre 132 e 135, os romanos exilaram os judeus. O templo era insubstituível, mas os locais de encontro para estudo, as sinagogas, eram portáteis e se tornaram cenários de debates e locais para encontros entre judeus e cristãos. Lá, os pensadores cristãos se opunham aos judeus por terem rejeitado Jesus como seu messias. Acusações extravagantes e letais se seguiram: de que os judeus foram os assassinos de Cristo; de que seus filhos deveriam sofrer pela crença de que seus ancestrais haviam matado Jesus; de que a tradição e a lei judaicas não precisavam mais ser seguidas. A liderança judaica respondeu reafirmando o legado de suas práticas e descartando o questionamento cristão. A leitura comum das Escrituras Hebraicas manteve a união esporádica de alguns, como vimos em Edessa, e alguns cristãos tentaram seguir a lei judaica por pouco mais de um século. Ainda assim, a brecha aumentou e os cristãos, quando mais tarde assumiram o poder no Império, perseguiram os judeus.

Alguns legados do judaísmo marcaram os esforços de cristãos no Oriente para elaborar seus próprios modos. Com Teófilo de Antioquia eles se basearam em figuras como Abraão e Moisés para mostrar a superioridade do testemunho bíblico sobre a filosofia grega. Um desafio contrário à ortodoxia emergente surgiu com Marcião (c. 110-160), um rico armador que chegou à vida adulta como um cristão ortodoxo, mas foi excomungado em torno de 144 e declarado herético, o que, segundo qualquer padrão da época menos o dele próprio, de fato era. Seu movimento, que começou na Armênia, Arábia e em vilarejos em torno de Damasco, espalhou-se rapidamente, durante dois séculos, e ideias surgidas de lá resistiram até os tempos modernos. Ele apegou-se aos escritos de Paulo e levou suas interpretações ao ponto de o antijudaísmo virar seu tema principal. Marcião propôs uma disjunção radical entre o Velho e o Novo Testamento, assim como entre o seu Jesus e o Jesus que fora revelado como receptivo à fé de Israel. Seu Jesus revelou o Deus verdadeiro, que, segundo Marcião, era desconhecido até a chegada de Jesus. O Deus do Velho Testamento, para ele, fora o demiurgo, não um demônio, mas tampouco um deus. Paradoxalmente, Marcião foi uma força criativa em sua época por não ter havido talvez nenhuma outra pessoa a forçar os demais cristãos a pensarem tanto sobre a natureza do mal e o significado de Jesus Cristo.

Diante dos desafios, os cristãos acusados pelos judeus de terem dois deuses precisaram deixar mais claro seu comprometimento com o monoteísmo. O palco estava montado para a elaboração dos credos, que são afirmações condensadas da fé para complementar as histórias bíblicas. Teófilo muito fez para dar início ao esforço. O Deus invisível, defendia ele, estava presente como Logos, ou Palavra, no Jesus humano. Paulo de Samósata (200-275), outro bispo de Antioquia, acrescentou um refinamento em torno de 260. Vale a pena ressaltar seu estilo executivo, pois demonstra como a Igreja estava crescendo e se tornando mais complexa, e como seus líderes cada vez mais ambicionavam o poder. Paulo contratou dois secretários para o trabalho, projetistas de móveis que desenharam um trono alto para ele e uma câmara isolada para orações, e protegeu-se com um guarda-costas. O bispo agarrou-se ferozmente à asserção de que Jesus era inteiramente humano, argumentando que ele não chegara ao mundo como o Logos divino ou Espírito, apesar de ter vindo para ser ungido como tal. Os críticos ouviram o bispo dizer que "Jesus veio de baixo", não nasceu como Logos, pelo Espírito Santo. Ele recusou-se a dizer que Jesus "desceu do alto", como outros bispos diriam. Mesmo assim, também levantou questões urgentes que outros bispos não tiveram escolha a não ser debater.

Foram-lhe feitas acusações de que ele abusava do cargo, de que era imoral e que ensinava a doutrina errada de Jesus Cristo. Os críticos dispararam primeiro, condenando-o e o depondo num sínodo em 268. Surpreendentemente, os cristãos em conflito apelaram ao imperador Aureliano, que demonstrou saber do crescente poder dos cristãos, mas conhecia

58 • *O primeiro episódio asiático*

os próprios limites e encaminhou o julgamento para os bispos. Apesar de novamente condenarem Paulo, sua ênfase na humanidade de Jesus e no Logos divino sobreviveu para influenciar os antioquenos contra os esforços alexandrinos (do Egito) de lidar com a questão da divindade ou humanidade de Jesus. Ainda que Paulo e outro teólogo, Sabélio, não tenham vencido as contendas, eles marcaram seu ponto: que Jesus era totalmente humano, e que ninguém ousou negar sua carne humana. Ajudaram a definir a agenda para os concílios posteriores.

IMPERADORES COMO DEFINIDORES

Para enquadrar a história dos concílios, o foco deve primeiro se voltar para as histórias imperiais, uma vez que o poder do imperador teve um papel definidor para a doutrina. A mais significativa reviravolta na administração da vida cristã em muitos séculos ocorreu nos mais distantes confins ocidentais da Ásia e influenciou as comunidades cristãs de todos os lugares, por todos os séculos que se seguiram. O centro era Bizâncio. Toda a conversa sobre o cristianismo com foco em Edessa, Déli, Beijing e Pérsia perde a importância quando entra em cena o imperador Constantino (c. 285-337) e o domínio de seus sucessores. Até agora, a história tem sido a de bispos e teólogos, adoradores e mártires, vítimas dos poderosos ou aqueles com um olho no reino dos céus. A história cristã, no entanto, também foca — e por vezes depende de — pessoas de ação, cabeças coroadas, portadores de espadas, alguns criminosos, pessoas de olho nos reinos da terra, aqueles que rezavam e clamavam o poder do Jesus humano e do Senhor glorificado, cuja insígnia era estampada em bandeiras, armamentos e tronos.

Constantino é conhecido por ter afirmado que seu historiador favorito, Eusébio (c. 263-339), recebera uma visão, se não do reino dos céus, ao menos do paraíso. Antes de uma importante batalha em 312, contra Magêncio (278-312), um rival pelo trono, Eusébio mirou o céu — será que para ele, de alguma forma, aquele ainda seria o lar de seu outro e mais antigo deus, o Sol? —, ouviu uma voz e, numa visão, viu um símbolo, Chi--Rho, as duas primeiras letras gregas do título Cristo. A voz que ele ouviu dizia: "Sob este signo, vencerás." Como o imperador de fato venceu, creditou a graça da vitória ao sinal de Deus. Quer sua conversão tenha ou não sido completa e genuína, não cabe a nós responder: o que ele fez com isso e como usou o poder obtido de sua vitória, atribuindo-a àquele signo, foi o que gerou consequências. Até então, os reis e imperadores eram perseguidores ou, na melhor das hipóteses, toleravam ou ignoravam os cristãos. Agora, os rumos mudaram, o imperador reivindicou e exerceu o poder *para* e *através* da Igreja — da forma como ele a via e achava adequado.

Constantino precisava de uma capital e, num golpe de gênio, em 330, escolheu a pequena cidade do Bósforo chamada Bizâncio. Genial, pois era uma base de fácil defesa localizada no ponto mais oriental do Império Romano a que se podia chegar, e o mais ocidental a que os asiáticos podiam almejar. Ele batizou a em breve rica cidade com o próprio nome, Constantinopla, e gradualmente substituiu seus antigos templos por igrejas cristãs, a jamais sobrepujada Hagia Sophia coroando todas elas. Assim como o Império na Ásia Menor passou do paganismo para o cristianismo, da mesma forma, segundo os registros da época, muitos cristãos adotaram costumes pagãos, comprando encantamentos e amuletos, consultando cartomantes e misturando antigas e novas tradições religiosas. Assim, o primeiro dia da semana tornou-se "Sun-day", dia do sol em inglês, e o Natal passou a ser comemorado em 25 de dezembro, o dia da homenagem ao Sol Invencível. O poder imperial envolveu-se com a nomeação de bispos, e os bispos tornaram-se conselheiros do imperador. Quando Constantino morreu, muitas das velhas crenças demonstraram a resistência de sua força. Ele foi visto como um apóstolo tardio e deificado pelo senado. Ninguém ainda tinha feito tanto quanto ele para definir os rumos das questões civis e religiosas no mundo cristão. Quatorze séculos se passariam até que a fórmula de Constantino, uma espécie de fusão tensa de autoridade entre Igreja e Estado, viesse a ser radicalmente questionada e, em alguns lugares, lentamente deslocada.

Muitos aspectos da vida cristã escaparam ao imperador. Mestre no jogo da força, logo estava direcionando o poder imperial para o serviço da Igreja, a qual controlaria à sua maneira. Sua mãe, Helena, peregrinou à Terra Santa e afirmou ter descoberto a Vera Cruz, na qual Jesus morrera. A Terra Santa tornou-se tema de preocupação e as visitas viraram uma moda e uma paixão. Em pouco tempo, Constantino foi convidado a intervir em rixas eclesiais, e, mesmo quando não era chamado, interpunha-se pessoalmente como teólogo leigo, moderador e tomador de decisões. Logo estava estipulando formas de adoração e promovendo a doutrina verdadeira, ou seja, doutrinando seus bispos preferidos. Assim como seus predecessores pagãos privilegiaram e protegeram a religião civil, ele agora adotaria o cristianismo e trabalharia para seu êxito. Quando não havia mais ninguém a quem recorrer entre partidos em conflito, ele estava disponível, acumulando poderes, como fazia em cada uma das ocasiões. Constantino participou da invenção de uma maneira de lidar com as agendas e controvérsias religiosas quando convocou um concílio da Igreja.

Aqui, a história retorna para o desenvolvimento dos credos no cristianismo asiático ocidental. O lugar foi Niceia, na atual Ásia Menor, onde, em 325, os bispos decidiram sobre um conjunto de proposições relativas à Santíssima Trindade numa situação e contexto que observamos ao visitar Antioquia e locais do Oriente. Foi nessa situação que Ário (c. 256-336) reforçou a humanidade de Jesus numa forma diferente. Sua palavra de ordem era "gerado": se Jesus foi criado do Pai, como estabelecia a fórmula do credo, ele tinha portanto um princípio e se submetia ao Deus Pai, que não tinha princípio. Ário perdeu. Os bispos que prevaleceram, liderados pelo africano Atanásio (c. 296-373), estabeleceram como política não receber de volta à Igreja os partidários arrependidos do arianismo, reconhecendo os como hereges — e Constantino tentou intervir, igualmente sem sucesso. A grande realização do imperador foi ajudar a tornar a esfera oriental do Império mais importante do que a ocidental, e local de determinação da doutrina.

Apesar de um descendente imperial, Juliano, o Apóstata (331-363), ter se rebelado contra os acordos civis e doutrinários, a ênfase cristã prevaleceu e resistiu por séculos. Sucessivos imperadores defenderam, em teoria, a liberdade de crer ou não em Jesus Cristo. Na prática, recorriam frequentemente à coerção, e o imperador da seita dos cristãos, um dia perseguida, tornou-se um perseguidor. Em 391, sob Teodósio I (c. 346-395), a observância ao paganismo foi abolida, mas a prática resistiu fora dos círculos oficiais. Logo os imperadores ocuparam-se com a organização dos concílios para decidir e policiar suas decisões sobre a doutrina. A questão tornou-se urgente, pois o conflito afastava os cidadãos do encontro da unidade e do propósito comum, e porque muitos acharam que ensinar o erro condenaria as almas sob seus cuidados à destruição eterna.

Os concílios e credos como definidores

O instrumento pelo qual imperadores e bispos procuravam agora resolver as questões sobre a verdade usando o poder eram os concílios da Igreja, chamados "ecumênicos", pois deveriam lidar com toda a Igreja, em todo o mundo. Mais seis desses concílios se seguiram em Niceia. Um historiador atual pode sentir a necessidade de desculpar e explicar as agendas. Os teólogos capazes de refletir sobre os atuais termos gregos que traduzimos como "substância" e "essência", "natureza" e "pessoa" concluem que a simples menção das controvérsias é insatisfatória para a maioria dos leitores modernos. A vasta maioria dos cidadãos em geral provavelmente dará de ombros, virando a página rapidamente, ansiosa por retomar o ponto em que a história novamente se encontra com o mundo real. Para o bem ou para o mal, no entanto, boa parte dessa história de fato trata do que era então o mundo real.

Relatos da época falam de aldeões debatendo, por horas a fio, no barbeiro ou no açougueiro, sobre se o homem Jesus poderia ser, ou era, o "Filho de Deus" ou "Deus". Os desdobramentos levaram ao ódio e até mesmo à guerra, uma vez que os reinados poderiam depender de como se davam as votações dos credos. Debates que hoje parecem tolos e arcanos eram as questões da vida intelectual e política da época. Todo um novo vocabulário foi superimposto quase a ponto de deslocar a linguagem bíblica. O Credo Niceno resultante de Niceia obteve as assinaturas de todos os bispos, à exceção de dois. No entanto, em seguida à assinatura, os bispos já estavam emendando novamente, chegando a haver quase mais disputa sobre o que fora firmado em Niceia do que os motivos que ocasionaram o concílio. Embora fosse difícil combater o imperador vivo, Constantino, que ainda se regozijava com sua vitória, após sua morte os partidos retornaram com uma vingança — e mais concílios tiveram que ser convocados.

Outros tópicos além das duas naturezas de Cristo também eram urgentes. Eusébio de Cesareia, o historiador que se dispôs a agradar o imperador com seus relatos e análises, ajudou a inventar uma teologia para legitimar o poder, ou melhor, uma teologia para a relação entre os dois poderes.

O imperador era a imagem terrena ou temporal de Deus, enquanto a Igreja representava o paraíso entre os povos da Terra. Um partido atraente e poderoso era ainda formado pelos seguidores do alexandrino Ário, que enfatizava a humanidade de Jesus. Contra ele, em solo asiático e também de Alexandria, no Egito, e portanto da África, veio Atanásio. Por fim, Basílio, o Grande (c. 329-379), bispo de Cesareia, empenhou suas forças na derrota dos hereges e em fazer com que os bispos concordassem com mais elementos do que haviam feito antes. Seu irmão, Gregório de Nissa (c. 330-c. 395), e um colega, Gregório de Nazianzo (330-389) — trio denominado os "Patriarcas da Capadócia", devido à sua cidade natal —, junto com ele, fizeram com que as igrejas do Oriente concordassem que Jesus e o Pai eram "uma substância", mas que eram três "pessoas" distintas, Pai, Filho e Espírito. Num concílio em sequência, na Calcedônia, em 451, as questões foram finalmente "ajustadas", mas ficaram longe de agradar a todos de forma perene.

O TRIUNFO DA CRISTANDADE

A poderosa teologia imperial e a vida da Igreja levaram à independência e autoridade crescentes da Igreja Oriental. Constantinopla tornou-se o principal centro de influência e organização cristã por muitos séculos: Império e Igreja juntos determinavam as vidas dos fiéis. Constantino aprendeu que, para controlar o Império, precisava dominar a Igreja, o que significava a necessidade de atuar através dos bispos, líderes cuja dispersão os colocava em desvantagem em relação a ele. Ele e seus sucessores agiram de forma que nada que viesse deles pudesse contradizer o Império, o que significava seu próprio poder. Os imperadores precisavam da unidade doméstica para poder combater os ataques dos inimigos que os cercavam, como os sassânidas persas no século VII. Pouco a pouco, os territórios do Império no Oriente estavam sendo perdidos.

A princípio, seria de se esperar anos gloriosos seguindo-se ao triunfo da cristandade. Para dar mais brilho à superfície, anteriormente, Teodósio I proibira e começara a perseguir os pagãos, além de ter tornado o cristianismo oficial. Ninguém superou o imperador Justiniano (527-565) no favorecimento ao cristianismo. O primeiro entre os grandes governadores daquela época, este filho de camponeses, altamente educado e bem-dotado, estava determinado a abolir os vestígios do paganismo. Ele e seus líderes da Igreja tornaram-se singularmente devotos ao culto, cujo clímax era a "Liturgia Divina", uma celebração em igrejas cobertas de adornos e repletas de ícones. O ritual era aberto por procissões em grandes dias do calendário festivo. As igrejas eram construídas para representar o reino dos céus na Terra. Grandes hinistas contribuíram para a beleza da cerimônia. Quem quer que tentasse medir o cristianismo em relação à simplicidade de seu passado na Galileia e a Jesus ficaria desapontado, tanto quanto os que celebravam a glória de Cristo também se sentiam inspirados e elevados.

É fácil ver por que os agentes imperiais receberam bem as tendências, uma vez que representavam poder. A autoridade secular do Império e na cultura seria substituída pelo que pretendia ser um Estado decididamente cristão. Mas as insurreições justinianas e a rebelião irromperam na capital e uma grande destruição se seguiu. Até mesmo a grande Hagia Sophia enfrentou as tochas, sendo reconstruída mais tarde, ainda mais gloriosamente do que a original. Justiniano estava pronto para partir para o exílio, mas sua imperatriz, Teodora (500-548), aconselhou o contrário. Justiniano respondeu à incitação dela, organizou o Exército e enviou o líder militar Belisário para dar fim à rebelião, uma estratégia que levou à morte de 30 mil pessoas. Apesar de selvagem, Justiniano é mais lembrado como o codificador das leis imperiais no Código de Justiniano, de 529. Seus revisores extraíram das antigas leis qualquer coisa que representasse alguma dificuldade para os cristãos. Assim como Constantino foi o portador da espada e construtor de cidades, Justiniano empunhou a caneta e construiu as igrejas. Ele também assumiu muitas das tarefas e atraiu muitas das honras que acompanhariam os ofícios da igreja, considerando-se como o líder da Igreja, assim como do Estado.

Ninguém se enganou em achar que Justiniano estava sozinho nessa empreitada. Teodora também exerceu o poder imperial sobre a Igreja. Competente e determinada, ela se instalou num palácio em Constantinopla e o transformou num grande mosteiro para os monges que, como ela, opunham-se à fórmula das duas naturezas de Cristo acertada no Concílio da Calcedônia, em 451. Ela e seus seguidores improvisaram pequenas inserções na liturgia, frases que afirmavam suas próprias convicções teológicas. A imperatriz comandou os funcionários e a autoridade episcopal e enviou defensores, chamados monofisistas, que sustentavam que Jesus não tinha duas "naturezas", mas apenas uma. Conta-se que esse grupo ordenou 100 mil sacerdotes, principalmente do leste de Edessa. Teodora morreu em 548, mas as disputas sobre o monofisismo se mantiveram em sua sucessão.

EURÁSIA E A IGREJA ORIENTAL

O curso da Igreja Oriental foi conduzido por quatro patriarcados: Constantinopla, Antioquia, Jerusalém e Alexandria, na África. O território sobre o qual governaram incluiu a Ásia Menor, o Oriente Médio, o Egito, a Rússia, a Ucrânia, e — chamada de Igreja "grega" por muitos — a Grécia e os Bálcãs. No século VI, sob Justiniano, o Império ainda se mantinha intacto, mas um século mais tarde os muçulmanos haviam avançado tanto em suas conquistas que a ortodoxia cristã no Oriente reduziu-se a uma fé minoritária e os califados muçulmanos constituíam o governo. As próprias igrejas, que agora não passavam de uma minoria, haviam se dividido. A igreja assíria nestoriana do Oriente opunha-se e era contraposta por cinco igrejas chamadas monofisistas, que não aceitavam os termos da Calcedônia. Considerando-as em conjunto, pode-se dizer que a igreja bizantina existiu de 527 a 1453, quando Constantinopla caiu sob os turcos muçulmanos.

Por volta do século IX, ficou difícil afirmar a existência de um único Império, uma vez que Constantinopla seguiu seu próprio caminho independentemente de Roma, ou, poderíamos dizer, Roma seguiu seu caminho à parte de Constantinopla. Um dos pilares do Oriente foi a devoção aos ícones, representações de santos cristãos que, em muitos casos, tornaram-se objeto do que os críticos chamavam de idolatria. Finalmente, o imperador Leão III, em 726, decidiu atacá-los, tornando-se conhecido como o "iconoclasta", o destruidor de imagens. Naturalmente, os ícones tiveram seus defensores, nenhum maior do que João Damasceno (c. 675-749), considerado por muitos o mais profundo dos teólogos orientais. Ele descobriu uma forma de afirmar a devoção pelos ícones, mas mantendo-a fora das restrições rigorosas da idolatria e da superstição. Em 843, um sínodo condenou os iconoclastas, mas os ícones continuaram atraindo o suporte da fé nas igrejas do Oriente. Ao fim de um longo processo, que pareceu súbito apenas na década de seu ápice, um cisma ocorreu em 1054 e as igrejas ocidental e oriental — esta mantendo-se na Ásia e na Europa Oriental — se separaram; a cristandade mantém essa divisão até hoje.

Referências à Igreja da Europa Oriental apontam para um momento de dilema conceitual para os historiadores. A linha continental que divide as massas de terras da Eurásia, geralmente ao longo dos montes Urais, é tênue e móvel, e o que veio a se tornar a Igreja Ortodoxa Oriental após o cisma também se situa parcialmente na Europa. Uma vez que a forma de governo, teologia, jurisdições, liturgia e o "sentimento" das igrejas Ortodoxa e Ocidental são tão diferentes, continuaremos a vincular os ortodoxos ao legado asiático. Embora tenhamos prestado atenção aos movimentos de Istambul ou, anteriormente, Antioquia, e por todo o caminho até Pequim, na China, ou até a costa de Malabar, na Índia, a ortodoxia oriental também enviou suas missões para os eslavos, onde fez surgir as igrejas eslavas. Dois irmãos, Cirilo (827-869) e Metódio (825-884), adiantaram-se para iniciar o trabalho; um era acadêmico e o outro, governador. Em 862, Rastislau da Morávia solicitou ao imperador bizantino instrutores cristãos que pudessem falar e ensinar em línguas eslavas, e os irmãos estavam prontos a empregar o dialeto também na adoração. Seus principais esforços de conversão dos eslavos foram obstruídos e nenhum dos dois poderia imaginar que seu trabalho seria tão bem-sucedido na época em que morreram. Ainda assim, difundiram a língua, traduziram os textos gregos para o eslavo, desenvolveram o alfabeto cirílico, dessa maneira preparando os instrumentos para que seus sucessores lograssem êxito. Alguns foram para a Sérvia, onde realizaram conversões em 867. Sérvios, croatas, tchecos, búlgaros e outros reverenciaram Cirilo e Metódio como santos por séculos.

Finalmente, e de maneira dramática, esses esforços de missões no leste renderam frutos quando a princesa Olga (c. 890-969) e seu neto Vladimir (960-1015), em Kiev, foram convertidos, pouco antes de 988. A igreja de Kiev foi governada por Constantinopla, e seus líderes também optaram pela adoção das liturgias, práticas e teologia da ortodoxia bizantina. Os herdeiros desses pioneiros gostam de lembrar que Vladimir tentou manter as tradições associadas a Jesus em mente e fez muito para orientar os trabalhos voltados para os enfermos e pobres. Alguns se referem a isso como os mais avançados programas sociais do cristianismo daqueles séculos, e Vladimir foi considerado "igual aos apóstolos". Como um sinal notável, os estudiosos observam que, após ele abolir a pena capital, seus filhos se recusaram a lançar uma ação militar contra um parente que simplesmente havia tomado o poder — e foram mortos por causa disso.

Nos séculos que se seguiram, os "patriarcas" místicos entraram em cena, com destaque para são Simeão (949-1022), denominado "o novo teólogo". Simeão fundou diversos monastérios na área de Constantinopla, onde foi um abade rigoroso e um escritor eficaz de tratados espirituais. Embora não tenha abandonado a comunidade, afirmava que os indivíduos, se guiados por um forte líder espiritual, se fossem disciplinados e ascéticos, poderiam seguir suas próprias jornadas para a salvação. Um devoto da Divina Luz, escreveu ele em termos místicos que tiveram ampla influência.

Ironias abundam nas igrejas do Oriente. Submetidas ao imperador, que sempre buscou a unidade, e herdeiras dos concílios eclesiais que formularam os padrões de unidade, por séculos os líderes tiveram que lidar com o cisma e com a heresia. Cristãos ortodoxos, nestorianos e monofisistas dividiram a lealdade dos fiéis. Todavia, alguns temas reforçavam a unidade, como por exemplo a humanidade com Deus pela experiência mística, conforme defendida por Simeão e Gregório Palamas (c. 1296-1359). Ainda mais impressionante foi a aceitação disseminada da Liturgia Divina. Máximo, o Confessor (c. 580-662), resumiu bem: "A Igreja sagrada de Deus é um símbolo por si mesma do mundo sensível como tal, uma vez que possui o santuário divino como paraíso e a beleza da nave como a terra. Da mesma maneira, é o mundo uma igreja, uma vez que possui o paraíso correspondendo a um santuário e, como a nave, tem os adornos da terra." A celebração daquela liturgia muitas vezes foi o elemento inspirador e de sustentação da Igreja Oriental quando ela enfrentou, entre outras coisas, os rivais impiedosos pelos séculos que se seguiram.

Os balanços dos cristãos nas várias partes do Extremo Oriente revelariam as consequências de sua inabilidade de encontrar um líder como Constantino para defendê-los. Assim, Pérsia e China ficaram sem líderes, e as comunidades de fiéis viram-se à mercê de invasores e de uma sucessão de dinastias, sendo que não muitas foram tão tolerantes quanto alguns dos mongóis. Sem líderes, os nestorianos trabalharam entre nômades, como os keraitas. Mesmo assim, no extremo ocidente da Igreja Oriental e do Império, mártires, elaboradores de credos, liturgistas, construtores do Império e devotos dos ícones ajudaram a dar uma forma à Igreja que sobreviveria por séculos, ainda que em diferentes estilos, e também após a queda de Constantinopla, em 1453. Até então um desafio externo, os muçulmanos, munidos de espada e de uma causa, haviam conquistado e se apoderado das igrejas da Ásia e do Oriente sob seu domínio. Um episódio chegou ao fim, embora um novo estivesse começando em 1500. Essa é uma história muito diferente, que exigirá, e receberá mais tarde, uma narrativa separada.

3.

O PRIMEIRO EPISÓDIO AFRICANO

Embora os conceitos modernos de África, que incluem as terras subsarianas, difiram dos antigos, alguns iconógrafos africanos e afro-americanos contemporâneos compreensivelmente gostam de retratar o grande teólogo africano Santo Agostinho (354-430) como um homem negro, embora ninguém saiba qual era a sua aparência. Esse tipo de representação passa tão longe da realidade quanto retratar Maria ou Jesus como uma madona e filho italianos ou alemães. O semblante africano na arte ajuda a ilustrar as imaginações modernas com um sinal da influência do norte africano na formação da cristandade. A África parece distante de Roma e dos centros imperiais, mas é preciso lembrar que atravessar o Mediterrâneo até a África era menos árduo e demorado do que viajar ao extremo oriente do oceano por terra. Embora Agostinho fosse educado e tivesse passado algum tempo do outro lado do Mediterrâneo, após retornar para casa na África e lá ser feito líder, resistiu aos convites para ir embora. Ele ficava mareado mesmo no mar mais calmo, e isso ajudou a mantê-lo em casa, em sua África, onde viajou muito por terra.

Levar a mensagem de Jesus Cristo aos "mais distantes confins da terra" fez com que o movimento cristão logo chegasse à África, o continente que agora começa a se tornar um dos dois ou três centros de energia cristã vinte séculos mais tarde. Embora possa haver pouca continuidade entre a antiga igreja do norte africano e as igrejas modernas africanas ou afro-americanas, é possível entrar numa capela universitária católica na América moderna e ver a imagem de Agostinho num mosaico representado como africano, um sinal de boas-vindas aos estudantes afro-americanos. Da mesma forma, seminaristas no Quênia, ao traçar sua ancestralidade espiritual, percorrem uma longa história do cristianismo no continente.

Os antigos movimentos para a África não se restringiram à criação de meras fortificações no litoral ou postos avançados. Testemunho: seis dos mais inventivos pensadores cristãos de todas as eras, Agostinho, Tertuliano, Cirilo de Alexandria, Atanásio, Cipriano e Jerônimo, floresceram ou partiram de lá. Da África, influenciaram os outros dois continentes na sua época e continuaram a ter reflexos sobre as expressões cristãs de todos os continentes atuais. Deram origem a muitas contribuições de estilo e pensamento para exportação e adaptaram radicalmente as importações de outras partes. Exemplos do pensamento cristão foram preservados em pergaminhos e em livros, como na grande biblioteca de Alexandria, ainda que a maior parte das evidências dos antigos padrões tenha desaparecido. Ainda assim, nós nos voltamos para a África para rever e nos informar sobre algumas práticas, tais como os primeiros empreendimentos monásticos. Não temos como saber se os pioneiros Antão (251-356) ou Pacômio (292-348) tinham aparência africana, como quer que isso seja definido, mas eles eram ou se tornaram completamente africanos. Sabemos que, apesar dos perigos das viagens pelo mar e pelas rotas terrestres, os cristãos africanos representaram os princípios do que hoje chamaríamos de consciência global.

Havia três bases com presença cristã na costa norte, uma na Numídia, outra no delta do Nilo em torno de Alexandria e a terceira em Cirene, entre as duas. Seus registros proporcionam aos historiadores dados relativos a importantes figuras e temas da fé. A mais recente e longa narrativa do cristianismo estaria muito empobrecida se não soubéssemos dos feitos africanos. O próprio Novo Testamento já apontava para as raízes históricas do cristianismo africano. O relato da natividade em Mateus descreve a fuga de José, Maria e o menino Jesus para o Egito. Na história do evangelho, um homem de Cirene ajudou Jesus a carregar sua cruz a caminho da morte. O autor do Livro dos Atos, ansioso por mostrar que os judeus presentes no nascimento da igreja no Pentecostes falavam diversas línguas — "de todas as nações sob os céus" —, incluiu "Egito e partes da Líbia pertencentes a Cirene" em sua narrativa. Também de acordo com o Livro dos Atos, o apóstolo Filipe encontrou e ajudou um eunuco etíope convertido, e nos mesmos Atos, por mais duas vezes, há menções a Cirene. Nove ou dez linhas impressas num moderno Novo Testamento dão conta do continente.

A África não estava isolada do resto do Império Romano. Os mares que chamamos *Mediterraneum* — *Mare Tyrrhenum*, *Mare Africanum*, *Mare Phenicium* e *Mare Internum* — eram movimentadas linhas de tráfego, e o estilo romano de governo e vida militar dominavam a região, enquanto culturas africanas sobreviviam. Os povos e eventos cristãos na África influenciaram e foram influenciados pelas ocorrências nos dois outros continentes. Quem quiser compreender a fundação e o governo das igrejas, heresias, monasticismo e uma variedade de escolas teológicas de qualquer lugar do cristianismo antigo há de considerar bem gastos os anos de estudo sobre os traços deixados pelos fiéis na África.

Resistência do cristianismo africano

Os historiadores pouco sabem sobre os primórdios a oeste do Egito, mas quando um sínodo reuniu-se em 220 na capital cultural de Cartago, setenta bispos compareceram. Esse número duplicaria ao longo do século seguinte. A cultura púnica do entorno combinou influências dos ancestrais fenícios de alguns cidadãos com elementos africanos. Os cristãos tiveram que conviver com adoradores de divindades locais e deuses da Palestina, do Egito e de várias outras partes do norte da África. Embora soubessem que era preciso manter à distância esses seguidores, os fiéis também não tinham escolha a não ser interagir, normalmente para sua desvantagem, com os devotos da religião oficial do Império. A resistência imperial à nova fé era dispersa, a princípio, mas as autoridades locais perseguiram e mataram alguns fiéis. Nos momentos em que as perseguições se tornaram políticas gerais do Império, cristãos prontos para a morte chamaram a atenção do público, despertando o assombro, e, ironicamente, diante dos olhos das autoridades, a comunidade crescia. Uma fé pela qual as pessoas dariam suas vidas valia a pena ser observada de perto.

As comunidades cristãs prosperaram, o que significa que a maioria dos fiéis sobreviveu e trabalhou para situar a nova fé nas antigas culturas, algumas das quais eram expressões altamente letradas dos modos gregos e romanos. Seus devotos demonstraram estar confusos pela fé baseada na tradição judaica numa figura que, de alguma maneira, era tanto humana quanto divina. Como alguém poderia sustentar algo tão estranho? Tertuliano de Cartago (c. 160-220), com sua mente jurídica e rigorosa, numa frase muitas vezes mal interpretada, disse diante dos filósofos que ele acreditava no cristianismo por ser absurdo. Esse absurdo provou-se perigoso entre as forças hostis locais e imperiais. Contabilizando a morte dos cristãos, ele asseverou que o sangue dos mártires é a semente da Igreja. Sabia como era arriscado seguir Jesus Cristo, que claramente parecia ser um rival

74 • *O primeiro episódio africano*

para César. Ao mesmo tempo, Tertuliano anunciou o potencial da moral dos cristãos e explicou para o público que essa influência era necessária. Mais tarde e mais para o oeste, Agostinho de Hipona censurou a "gravidade dos males dos tempos antigos", enquanto o "fascínio pelas leis" de uns "poucos poderosos", segundo pregava, escravizava "os restantes, cansados e abatidos", que constituíam a maioria da população.

Os imperadores mais eficazes e, em geral, os melhores, como Marco Aurélio (232-282) e Diocleciano (c. 246-c. 312), mostraram-se os piores perseguidores, pois reconheciam o tamanho da ameaça ao Império que os princípios de Jesus Cristo poderiam representar. Como os imperadores estavam sendo deificados, seu domínio não tinha lugar para o cristianismo, uma das poucas seitas, entre muitas da época, cujos seguidores mantinham os dedos cruzados e as bocas fechadas quando se tratava de honrar o culto ao imperador. As perseguições, por poucas ou muitas vidas que tenham tirado — os números são sempre discutidos —, variaram em frequência e intensidade, dependendo da medida das paixões e dos temores entre os imperadores e seus súditos fiéis.

Mesmo que as contas tenham sido precisas, considerar as estatísticas pode significar o desprezo pelo custo humano dos indivíduos. Uma história muito reproduzida ao longo das eras refere-se a Felicidade e Perpétua, executadas em 203, numa época em que as autoridades queriam estancar o fluxo de conversões. Felicidade, grávida, era a escrava de leite de Perpétua, uma jovem mãe que, levada pela fé, violara os tabus da sociedade de seu pai. Quando foi julgada e se manteve firme na fé, a despeito das ameaças, foi condenada a ser despedaçada por animais na arena, diante das multidões. Enquanto aguardava na prisão, Perpétua registrou visões e deixou relatos, incluindo o nascimento da criança de Felicidade pouco tempo depois do dia da execução. Até o fim ela resistiu aos rituais exigidos por seus executores. Recusou-se a vestir os trajes que indicavam que ela era uma oferenda aos deuses e, como alguém escreveu, aproximou-se da morte com "o passo firme como o da noiva de Cristo". Quando uma novilha enfurecida arremessou as duas mães a chifradas e não as matou, um gladiador lhes deu fim com a espada. Uma vez mais, e ironicamente, seu instrumento tornou-se um virtual dispositivo de recrutamento. Os relatos dizem que gritos de louvor eclodiram entre os fiéis para celebrar "aquelas verdadeiras convidadas e escolhidas para compartilhar a glória de nosso Senhor Jesus Cristo!". Muitos citadinos foram tomados por uma fé suficientemente forte para produzir tais respostas. O cristianismo se diferenciaria cada vez mais dos demais sistemas de crenças. Na época desses martírios africanos, estava claro que, a essa distância de Jerusalém, judeus e cristãos, apesar de não se encontrarem em guerra, estavam cada vez mais afastados uns dos outros. Os gentios logo formaram uma maioria cristã entre os fiéis da África.

Alguns crentes perderam a coragem ou afastaram-se do que começava a ser visto como versões ortodoxas da fé. Ao longo dos séculos na África, os cristãos viram suas fileiras se dividirem quanto a políticas instauradas para lidar com os desvios e com o que os vencedores da batalha pela ortodoxia chamavam de heresia. Esse termo vem de *haeresis*, a palavra grega para escolha. Os convertidos potenciais certamente tinham muitas escolhas. Um cronista poderia praticamente escrever um livro didático sobre as heresias cristãs sem desviar o olhar da África. A maioria delas tinha a ver com a marca distintiva do cristianismo, conforme sinalizado pelo seu próprio nome — a condição e o papel de Cristo como o Jesus humano e o Senhor glorificado —, mas outras tratavam do lapso moral ou da hesitação em face da perseguição.

DESAFIOS PARA A ORTODOXIA EMERGENTE

Um exemplo importante foram os líderes que definiam a doutrina e direcionavam as votações para uma forma oficial do cristianismo, que precisavam se diferenciar em meio a um agrupamento de seguidores de ritos e um acumulado de filosofias que adquiriram o nome de "gnosticismo". Os estudiosos modernos que demonstraram curiosidade sobre onde e como esses movimentos tiveram início puderam se debruçar recentemente sobre suas práticas na África. Isso graças a um fazendeiro que, em 1945, foi procurar um fertilizante mas desenterrou um tesouro, a miniatura de biblioteca agora conhecida por sua localização no Alto Egito como os manuscritos de Nag Hammadi. Eles revelam como os gnósticos de antes do ano 400 viviam e o que afirmavam. Algumas vezes, como os docetistas que achavam que Jesus Cristo apenas aparentava ser humano, alguns gnósticos ajustavam suas interpretações a um elaborado sistema de pensamento como um espelho da fé no qual Jesus frequentemente desempenhava papéis muito diferentes daqueles apontados por essas "heresias". As heresias aparecem nesse momento em citações a respeito de críticos da ortodoxia que lembram aos leitores que a história é escrita pelos vencedores — e que havia muitos quase vencedores e perdedores absolutos naquela época de definição.

Um líder gnóstico de Alexandria no século II, Valentino (c. 100-c. 153), propunha-se a defender que Jesus não se levantara dos mortos em nenhuma forma corpórea. Ele e outros de sua escola de pensamento escreveram uma variedade de livros curtos, incluindo dois evangelhos padronizados segundo aqueles que foram incluídos no cânone bíblico, além de uma "revelação". A partir desses textos, é possível perceber relances de alternativas atraentes a esses escritos bíblicos que a Igreja acabou por adotar como cânone. O livro bíblico do Gênesis soa quase como trivial em comparação ao que alguns dos documentos gnósticos descreveram ao relatar as origens. Enquanto o cristianismo dominante tinha algumas coisas negativas a dizer sobre o mundo circundante — vejam-se os pioneiros monásticos que foram para o deserto se distanciar de tudo —, eles também o viram em termos positivos, como a arena em que Deus assumiu a forma humana e fez-se ativo.

A maioria dos gnósticos descreveu o mundo físico e material como mau, mas não o abandonou completamente. Próximas à elite, figuras escolhidas como "espirituais" eram vistas como agentes de Deus para levar um conhecimento secreto àquele mundo. Os ensinamentos gnósticos explicavam o que havia dado errado no cosmos. Em algumas versões, aqueles que queriam ver o mal ser propagado tinham apenas que olhar para as mulheres, uma vez que elas eram as responsáveis pelo mal e continuavam a ampliar seus domínios através dos filhos. Os gnósticos eram dualistas, para quem o Deus da Criação e da aliança era um Deus mau, ou ao menos limitado. O Deus bom pertencia ao Novo Testamento. Enquanto alguns adeptos eram ascetas, outros eram bombásticos. Carpócrates (c. 145) e Epífanes, pai e filho, juntaram-se para ensinar que Jesus era meramente um homem e forçaram os limites comportamentais em vigor argumentando que a lei de Deus demandava o comportamento promíscuo. Outro grupo, os cainitas (c. 175-225), professava que o Criador era tão mau que os humanos deveriam inverter e subverter suas leis, dedicando-se a ações licenciosas e ultrajantes. Adoravam a serpente da história do Gênesis por ter incutido conhecimento e discernimento na mente de Eva, e escolheram seguir Judas, o discípulo que traíra Jesus, no lugar do próprio Jesus.

O impulso para contrariar a história do evangelho e as explicações bíblicas com conhecimentos e disciplinas secretos sobreviveu muito além de Nag Hammadi e de Alexandria. Essa filosofia expansiva com um tom religioso influenciou sutilmente muitos cristãos, a tal ponto que em Alexandria, em certa época, a maioria manifestou conhecimentos gnósticos. Ao mesmo tempo, a carga do gnosticismo também foi usada para acusar qualquer um que discordasse da autodefinição ortodoxa, assim como os que seguiam o pensamento gnóstico usaram definições amplas e fluidas para torná-lo atraente. Alguns líderes cristãos o consideravam seu principal inimigo. Tertuliano referia-se a eles como "aquele leito de fungos venenosos".

Um segundo e importante movimento divergente foi o montanismo, importado da Ásia, uma espécie de observação rigorosa do gnosticismo. Foi concebido em torno de meados do século II pelo convertido Montano e duas profetisas, Maximila e Prisca, que se diziam veículos da voz de Paráclito, o Espírito Santo. Eles queriam que os fiéis se preparassem para o martírio e para provocar a perseguição, enquanto aguardavam a volta de Jesus. Como o tempo até esse retorno era curto, os cristãos precisavam ser brutalmente ascéticos, secos como a migalha de comida que se permitiam e tão contidos quanto seus laços matrimoniais assexuados. Quando um já idoso Tertuliano voltou-se para o montanismo, aplicou seu rigor aos demais fiéis. Como parte de sua visão de disciplina, passou a opor-se ao batismo de crianças. Tivesse ele se imposto, todas as mulheres cristãs usariam véus e não teriam voz em reuniões públicas, por pouco que essa voz fosse autorizada mesmo fora do montanismo. Se os fiéis cometessem pecados graves, não seriam perdoados. Se um cônjuge morresse, o viúvo ou viúva não poderia voltar a se casar. Tertuliano julgava severamente os cristãos que, ao recusar o montanismo, pareciam por demais acomodados ou relaxados em relação à fé. Os montanistas, condenados num sínodo em 230, tornaram-se clandestinos e continuaram a exercer sua influência até desaparecerem no século V.

Outra doutrina importada por Cartago e, portanto, pelo norte da África, foi o novacionismo, mais ortodoxo e cujos representantes apareceram em torno de 250, a tempo de complicar a situação daqueles que haviam adotado uma posição moderada para escapar da execução durante a perseguição. Alguns creditam a Novaciano († 258) ter sido o primeiro a formular a doutrina da Trindade, que se tornou a medida padrão da fé. Ele acreditava na divindade de Jesus Cristo, mas enfatizava, como Paulo fez em Filipenses, que Jesus tinha "se esvaziado" da realidade de seu ser "igual a Deus" ao se tornar humano. Os novacionistas denominavam-se os puros; todos os demais eram impuros. Enfim tolerados pelo decreto de Constantino em 326, eram um constrangimento local, também rejeitados pela maioria dos bispos africanos. Sua expressiva política de "Apenas membros fiéis" levou-os a rebatizar os convertidos para o seu movimento.

A presença dessas heresias e desvios em suas próprias e curiosas formas evidencia a vitalidade dos fiéis no norte da África. É preciso energia para questionar as formas estabelecidas e oferecer alternativas. Assim, outro grupo separatista, os donatistas, foi estabelecido por membros autodescritos como "puros", à semelhança dos novacionistas. Eles surgiram após 312 para atacar os que consideravam condescendentes na Grande Perseguição. Enquanto reuniam ensinamentos dos líderes africanos, também atormentaram a Igreja africana por quase um século. Os donatistas queriam que tudo na igreja fosse espiritualmente alinhado, ordenado, reservado e purificado. Obtiveram a vantagem numa disputa de determinação e tornaram-se o grupo autodesignado para legislar sobre todos os demais. Os sacramentos não eram válidos se quem os administrasse não estivesse, a seus olhos, em estado de graça. Por algum tempo, com o fato de a perseguição ter-se tornado um atrativo, provavelmente dominaram as igrejas africanas, mas num sínodo em Arles (314) foram condenados. Ainda assim, não desapareceram. Quando os donatistas passaram por fim a ser perseguidos, usaram o estandarte do sofrimento para conquistar outros convertidos que estavam prontos para a disciplina rigorosa, dispostos até mesmo a morrer. Alguns donatistas fizeram escolhas tolas e arriscadas na vida civil, mas no final foram a majestade e o zelo da investida de Agostinho, o bispo de Hipona, que os levaram à derrota.

Outra heresia veio mais tarde, novamente importada para a África, que então proporcionava uma espécie de lâmina de Petri para o crescimento de seitas exóticas. Com o gnosticismo perdendo parte do apelo, os interessados encontraram uma alternativa atraente no maniqueísmo, cujos seguidores avançaram da Pérsia para o norte da África com bastante alarde e causaram inquietação suficiente para que o imperador Diocleciano agisse para extinguir seus incêndios. Incendiários de fato, gerando calor bastante para, por algum tempo, atrair até mesmo o apaixonado Agostinho de Hipona, que mais tarde se desconverteu e dedicou suas energias a opor-se e extingui-los. Mani afirmava ter tido uma revelação que colocava a luz contra a escuridão e oferecia uma explicação para o bem e o mal. Ele manteve algum espaço para Jesus em sua trama, pois Jesus podia incorporar a luz e cuidar das almas dos convertidos, mas ficou longe de dar o papel principal ao Jesus humano que era o Senhor glorificado. Assim como os maniqueístas dividiram radicalmente os mundos do bem e do mal, da luz e da escuridão, também traçaram a linha entre duas fileiras de adeptos. Os iniciados, que se viam como os eleitos, mantinham segredos, não comiam derivados de carne e se disciplinavam para manter os prazeres terrenos a distância. Num círculo maior em torno desse enclave rígido, estavam todos os demais crentes, cidadãos regulares, agricultores, vendedores e gente comum.

FORMAS DA IGREJA AFRICANA PARA EXPORTAÇÃO

Lidar com as consequências das perseguições foi uma questão central, levada a cabo por Cipriano de Cartago (c. 200-258), que viera galgando os escalões do serviço civil daquela cidade proeminente. Até que sua conversão para o cristianismo destruiu todas as suas ambições de riqueza e poder. Ele era tão convincente que, apesar de não passar de um recruta, foi feito bispo quase que na mesma hora, em torno de 250. Cartago, como vimos, não escapou da espada dos perseguidores, e Cipriano recuou, o que, por algum tempo, lhe valeu a reputação de covarde, quase um traidor. Um ano depois, quando as coisas se acalmaram, ele deixou o esconderijo e, como era de se esperar, lutou por um tratamento generoso dos crentes que haviam caído em erro.

Nessa questão dos retornados ao rebanho, Cipriano precisou ser generoso, não só por interesse pela própria alma, mas para pôr em prática o que aprendera com sua experiência. Do seu ponto de vista em desenvolvimento, a Igreja era necessária para a salvação, portanto precisava ser receptiva. Ele propôs que "ninguém poderia ter Deus como Pai se não tiver a Igreja como mãe". Não queria excluir as pessoas fracas — ele mesmo uma delas? — da órbita da atenção divina. Como parte de seu esforço para manter as facções unidas naqueles dias estressantes, escreveu um trabalho sobre *A unidade da Igreja Católica*. Embora previsivelmente leniente com os retornados, era muito rigoroso com os limites da Igreja e exigiu o rebatismo daqueles que haviam se desviado da norma da fé.

Na época de Cipriano, algumas comunidades cristãs haviam adquirido formas complexas. Os discípulos ou apóstolos originais haviam partido há muito, suas supostas sepulturas tendo se tornado locais de veneração. Nas reuniões locais, havia anciões ou "presbíteros" e "bispos", ou seja, os encarregados da supervisão. Para alguns de seus sucessores, eles tinham um papel claramente definido e estipulado, ou regulado. Aos olhos dos demais, eram compromissos de ofício mais práticos e funcionais de alguns dentre os batizados, todos eles sendo "ministros", de alguma forma. No século II, alguns afirmavam que, a não ser que um bispo fosse indicado, abençoado e reconhecido por alguém que tivesse passado pela mesma autorização, numa linha contínua até os apóstolos, não poderia batizar ou administrar a Ceia do Senhor, ou supervisionar. Tais argumentos sobre a autoridade e autorizações, que receberam respostas diferentes em diferentes partes da Igreja, resistiram através dos séculos.

Se os líderes africanos estavam preparando as pedras fundamentais do edifício do cristianismo, Cipriano seria lembrado como o bispo que colocou a pedra "Governança" no lugar. Ele deixou as fundações teológicas mais profundas para seus colegas enquanto cuidava das engrenagens da vida da Igreja. Por um lado, precisava restringir os rígidos seguidores de Tertuliano e semelhantes, enquanto de outro dedicava-se a convocar e liderar os concílios dos bispos para que trabalhassem pela unidade — líderes de um tipo difícil de encontrar, considerando todas as facções em cena. Ao mesmo tempo que foi um mestre dos negócios e da administração das igrejas ao seu redor, foi também um pastor. Quando a peste chegou a Cartago, ele se fez disponível, aconselhando e consolando. É difícil ilustrar o desenvolvimento da Igreja governada pelos bispos sem reconhecer suas contribuições. Seu trabalho chamou a atenção das autoridades e, durante a gestão e a perseguição de Valeriano (c. 200-c. 260), ele pagou por suas convicções, primeiro sendo banido e depois com a morte por decapitação.

GIGANTES DO CRISTIANISMO AFRICANO

Basta de atenção à heresia num único continente, pois a África também gerou e nutriu variadas ortodoxias que moldaram as vidas e o pensamento de crentes em dois outros continentes. Entre os primeiros está Tertuliano, que já é uma figura familiar para nós. Se era irritante, também foi influente, uma vez que seus termos em latim proporcionaram boa parte do vocabulário técnico de muitos crentes por quase dois milênios. Seus encontros com as heresias o afiaram como definidor, e ele exerceu uma influência intelectual, embora fosse, à sua maneira, como vimos, um anti-intelectual. Pensando em símbolos geográficos relativos à razão e à fé, ele fez uma pergunta que respondia a si mesma com desdém: "O que Atenas tem a ver com Jerusalém?" Sua pergunta perpassava um século de diálogos com a filosofia grega. Alguns se opunham a essa filosofia, outros viam nela uma antecipação de Jesus Cristo entre os pagãos, e outros ainda a usaram como ferramenta para expor a fé cristã. Nesses debates, Tertuliano era o antifilósofo. Outros cristãos poderiam misturar e combinar elementos da fé em Jesus Cristo com o pensamento dos filósofos, mas ele nada teria a ver com isso. Ainda assim, ele acreditava que aqueles a quem chamava de pagãos reconheciam a presença de Deus. Ao responderem a ela de alguma forma, provavam que eles, e todas as pessoas, eram "naturalmente cristãos".

De todos os africanos, nenhum fez mais para tratar do tema do Jesus humano como o Senhor glorificado do que Cirilo de Alexandria, eleito em 412 para ser um dos quatro patriarcas da Igreja Oriental. Sua intenção — executada com paixão — era derrubar os nestorianos, que encontramos na Ásia. Cirilo iniciou uma guerra de documentos contra eles na forma de anátemas, maldições formais e fundamentadas, 12 das quais lançadas contra o próprio Nestório, que contra-atacou com outras 12 de sua própria autoria. Quando o Concílio de Éfeso foi convocado para tratar do assunto em 431, foi Cirilo quem recebeu maior apoio e forçou a deposição de Nestório. Um intelectual com instintos de lutador de rua para quem o adjetivo "implacável" pode muito bem ter sido inventado, Cirilo estava decidido a estabelecer que Jesus Cristo era uma única unidade viva, não dividida, como professavam os nestorianos. No processo, ele foi tão longe ao enfatizar essa unidade que os críticos o acusaram de liderar no caminho da declarada não ortodoxia monofisista. Ele sempre se posicionou contra Atanásio, e os outros líderes de Constantinopla, como pessoas que fracassaram em desenvolver uma visão rica da humanidade de Jesus.

Reconhecendo, celebrando ou lamentando as influências africanas sobre o cristianismo primitivo e a fé global de nosso tempo, seria difícil encontrar dois antigos pensadores cristãos mais influentes do que Orígenes e Agostinho. Orígenes (185-254) foi o gigante acadêmico de Alexandria, o centro cosmopolita ao leste, enquanto Agostinho passou décadas como bispo e teólogo em Hipona, não exatamente uma província, mas tampouco uma metrópole, no oeste. Orígenes corria riscos e era um extremista, como evidencia sua tentativa de ser martirizado com o pai, Leônidas, em 202. Sua mãe frustrou sua decisão escondendo suas roupas, e assim ele não ousaria desafiar as autoridades em praça pública. Uma viúva rica subsidiou sua educação, o que o levou a se tornar diretor da escola catequética de Alexandria. Viajou para Roma e encontrou uma casa em Jerusalém. O bispo Demétrio de Alexandria (189-232), que anulou sua ordenação como padre e o equivalente a um título acadêmico, considerava o erudito um selvagem rigoroso, o que, em alguns aspectos, ele era. Para conter seus instintos e ser coerente com as palavras do evangelho de Mateus 19:12, Orígenes castrou a si mesmo.

Um gênio das línguas, o pio erudito produziu tratamentos paralelos das Escrituras em hebraico e grego, e escreveu centenas de sermões e tratados. Um defensor da ortodoxia, não venceu todas as batalhas doutrinárias, principalmente devido à devoção às ideias platônicas, que o levaram a considerar a preexistência das almas e a salvação um dom para todos. O sábio até mesmo deixou evidências de que conhecia Buda. Os ortodoxos acabaram por condená-lo, mas não extirparam, nem poderiam, as crenças acadêmicas da filosofia grega que ele ajudou a introduzir na teologia sistemática, na qual foi pioneiro. Entre seus legados, diversos termos centrais usados pelos bispos nos debates sobre as naturezas divina e humana de Jesus Cristo, em discussões nos concílios asiáticos. Ele foi o primeiro a usar o termo *theanthropos* para indicar a natureza divino-humana de Cristo.

Orígenes refletiu, escreveu e atuou menos *como* africano do que Agostinho. Como tantos de seus contemporâneos, também foi perseguido e, em 254, martirizado.

Coroando o episódio africano está Agostinho, normalmente identificado como "Agostinho de Hipona", o nome da cidade indicando alguma coisa do provincianismo africano do local onde viveu esse titã nascido de linhagem berbere, em Tagaste. Sua mãe, Mônica, entrou para a galeria dos grandes cristãos graças à influência de suas orações pelo filho desencaminhado, que experimentou as tentações do mundo antes de finalmente converter-se à fé, como descreve classicamente em suas *Confissões*. Que ele recebeu uma educação soberba é evidente pela abrangência e detalhe de seus escritos. Em busca da sabedoria, ele experimentou o maniqueísmo e seguiu-o por quase uma década. Sob uma excelente tutela, no entanto, passou a desconfiar do dualismo radical do fascínio de Mani pela força do mal. Depois de provar os prazeres do aprendizado clássico e amostras das filosofias, ele estava maduro para a conversão. O jovem havia adiado o batismo, como tendem a fazer os dissipadores e os cautelosos, acreditando que o rito lavava os pecados cometidos até aquele momento, deixando que as violações subsequentes perseguissem o pecador. Sua conversão, como ele a descreve, ocorreu em Milão, onde ouviu a voz de uma criança num jardim insistindo que ele lesse uma passagem difícil na carta de Paulo aos romanos.

Mônica morreu antes de Agostinho voltar para a África, em 388, onde ele permaneceu até morrer, em 430. Ele teria sido feliz na semirreclusão de uma cela monástica que preparou em Tagaste. O jovem adulto não teve escolha, no entanto, pois foi praticamente forçado pelos líderes que o admiravam a se tornar padre, e, poucos anos depois, foi nomeado bispo da cidade costeira de Hipona. Agostinho precisou reunir todo o seu poder moral e intelectual para despertar os apáticos hipônicos e combater os zelosos heréticos. Como bispo, precisou lidar com as forças civis e, com isso, refletiu sobre os caminhos de Deus pela cidade humana, uma reflexão materializada em seu clássico *A cidade de Deus*. Nessa obra, ele fala da queda de Roma e das acusações contra os cristãos por terem levado a cidade ao declínio.

Na vida eclesiástica, ocupou-se combatendo as diversas heresias, incluindo uma ainda não mencionada e que tratava diretamente da cristolo-

84 • *O primeiro episódio africano*

gia. Os seguidores do monge britânico Pelágio (c. 352-420?) invadiram a diocese de Agostinho para espalhar os ensinamentos de que os humanos tinham uma habilidade de cooperar para alcançar o status correto diante de Deus. Contrapondo-se aos pelagianos, Agostinho desenvolveu visões drásticas da impotência humana e do mal, postulando-as contra a graça de um Deus amoroso. Seu próprio registro de sucesso era tão misturado e confuso quanto suas visões da natureza humana. Ele ajudou a triunfar sobre os oponentes na questão do batismo das crianças, que ele defendia, ao contrário dos pelagianos. Eles acreditavam que os humanos, como seres livres, tinham que fazer boas escolhas em liberdade. Agostinho os combateu, até ver sua cidade invadida por vândalos e ter que consolar a si mesmo, em meio à destruição, com o testemunho que vivera e apresentara sobre como Deus operava em meio à confusão da história.

Agostinho também tratou da fé em Jesus Cristo como a marca da verdade. Aproveitando-se do fato de que os crentes se salvam pela graça através da fé em Jesus Cristo, ele declarou que tal graça só poderia ser encontrada dentro da Igreja. Seu pupilo, Fulgêncio de Ruspe (c. 462-c. 533), um ariano que também atuou no norte da África, era mais radical: "Não há dúvida de que não só todos os idólatras, mas também todos os judeus, hereges e cismáticos, que morrem fora da igreja, irão para aquele fogo eterno preparado para o demônio e seus anjos." Aqueles que acreditavam nisso tinham duas opções: odiar e matar os de fora ou, por amor, procurar espalhar a fé e resgatá-los. Os movimentos cristãos imperiais partiram da primeira opção; as missões cristãs, com mais frequência, da segunda. Agostinho apoiava as missões.

AFRICANOS, COINVENTORES DO MONASTICISMO

Outra invenção africana, ou pelo menos o principal desenvolvimento de uma visão importada, foi o monasticismo. Em um ambiente em que o jejum e a autopunição do corpo, além da defesa do celibato e da atividade antierótica, eram tão extremos que Orígenes castrou a si próprio, e no qual os movimentos puristas prosperaram, era natural que alguns tomassem medidas extremas para se separarem do mundo e de suas tentações — e mesmo, em alguns momentos, da companhia humana. Muitos novos convertidos não mantiveram os elevados padrões promovidos por líderes como Tertuliano. Quando os martírios diminuíram em número e intensidade e o cristianismo passou a ser favorecido na ordem civil, cristãos atormentados perguntaram quem estabeleceria os padrões de uma fé que tantos consideravam como negação do mundo. Os monges, é claro.

O Egito foi a casa no deserto para muitos dos primeiros monges cristãos conhecidos. Em folclore e lendas, nenhum outro supera Antão, um homem simples que foi viver sozinho no deserto, onde ninguém deveria perturbar seu jejum, preces e meditação. Ele acreditava estar seguindo o conselho, ou mandamento, de Jesus para aqueles que buscavam a perfeição: "vá, venda...". Ele "seguiu para os bosques", uma tradução de sua forma de monasticismo, o anacoretismo. Fosse ou não analfabeto, seu biógrafo o retratou como um idealista sem instrução. Por esse aspecto, quando as pessoas riam dele por ser incapaz de ler, defendia-se afirmando ter uma mente saudável e por isso não precisar de leitura. Quando monges como Antão exageravam na autopunição, privando-se de comida e outros sustentos, tinham sonhos, visões e entravam em mundos mentais de fantasmagorias, personalizados pela presença de demônios fantasiosos e sempre ameaçadores. Desnecessário dizer que a tentativa dos eremitas masculinos de se afastarem das tentações das mulheres significou que seus devaneios e pesadelos eram povoados por mulheres. Se os homens eram alfabetizados, muitas vezes registravam suas visões, e suas palavras excêntricas, porém fascinantes, sobre esse tópico atraíam os curiosos. Seu dedicado estilo de vida favoreceu Antão, que viveu por mais de um século numa época e local onde chegar aos 35 anos era excepcional.

Os registros dos princípios monásticos por vezes são bem específicos, especialmente quando eremitas se encontravam para estabelecer vínculos comunitários de compromissos. O mais conhecido desses foi fundado na década de 320 por um ex-soldado, Pacômio, que reuniu uma comunidade — o estilo "cenobítico" em oposição aos "anacoretas" — e estabeleceu suas normas ao longo do Nilo, no Egito. As comunidades não podem, por bem ou sabedoria, ser tão fanáticas quanto pode um indivíduo solitário, e o que Pacômio prescrevia parecia moderado em comparação ao que Antão estava fazendo. Ele ordenou refeições comuns, disciplinas que não prejudicavam a comunidade e a instrução. Jerônimo deu publicidade às regras de Pacô-

86 • *O primeiro episódio africano*

mio, enquanto o teólogo africano exilado Atanásio visitou e escreveu a biografia de Antão.

Surpreendentemente, as mulheres podiam optar pelos mosteiros em vez de serem oprimidas pelos maridos, mas buscaram a vida comunal por uma grande variedade de motivos. Mesmo o pioneiro, Pacômio, contribuiu para a fundação de tais comunidades de mulheres celibatárias, sendo sua irmã, Maria, uma das líderes. Algumas mulheres nessas comunidades eram dotadas de grandes fortunas, Olímpia de Constantinopla (c. 361-c. 408) entre elas, que se desfez de seus bens. Se o monasticismo eremita era árduo demais para pessoas de família, negociantes ou pessoas de temperamento moderado, admiradores entre eles aprenderam a reconhecer os monges que renunciaram ao mundo como guias dos caminhos para o céu, gente capaz de pedir a Deus pelas pessoas comuns e, portanto, bem-vista.

As descrições da vida monástica dos pacomianos eram bem ricas. Todos os participantes faziam as refeições comunais em silêncio, oravam diversas vezes ao dia e celebravam a eucaristia, o sacramento da ceia do Senhor, nos fins de semana. Cuidadosamente organizados em células, buscavam o estudo da Bíblia e trabalhavam como alfabetizadores para estimular esses estudos. Milhares de visitantes, bem conhecidos ou desconhecidos, faziam peregrinações aos mosteiros e muitos lá permaneciam pelo resto de suas vidas. Pacômio não buscou o isolamento para os milhares que se tornaram freiras e monges. Eles deviam servir ao mundo mais amplo ao seu redor, e, frequentemente, era o que faziam.

Por trás dos movimentos monásticos no Egito havia influências como a de Atanásio, bispo de Alexandria em algum momento antes de 335 e um frequente defensor da ortodoxia. Algumas das disputas doutrinárias das quais participou o levaram ao exílio em mais de uma ocasião. Após 356, monges do sul do Egito o receberam de volta quando precisou se esconder. Ele partiu em 366, um viajante que imprimiu sua marca de Alexandria à Etiópia e além, em notórios concílios cristãos. Atanásio favoreceu o Egito com seus famosos e ricos campos de grãos e sua população que, cada vez mais ressentida com as interferências externas, começava a se tornar nacionalista.

Graças às comunidades monásticas e aos registros que sobreviveram de suas atividades, é possível ter alguma ideia da conformação de seus participantes. A história de Paládio (c. 363-425) e uma coletânea de ditos monacais egípcios listaram pessoas comuns, como Paulo, o Simples, um ervanário que cultivava bálsamos, e até mesmo um criminoso etíope. Por trás desse grupo excêntrico, havia pessoas de carreiras variadas, como ladrões de tumbas, piratas, pastores, barbeiros e outros cujas vidas se destinavam a inspirar outras pessoas simples a segui-los nesses padrões de elitismo espiritual. Os mosteiros disseminavam a alfabetização, mas, onde não havia instrução, dizia-se haver aqueles capazes de ler sem terem aprendido por ação miraculosa. Os que dominavam ofícios e negócios levaram o conhecimento dessas vocações para os trabalhos e apoio dos mosteiros. Um certo Arsênio (c. 350-c. 450), não nascido no Egito, que morava num palácio, decaiu a ponto de, empobrecido, mostrar-se grato por receber uma moeda quando se viu diante de uma emergência — mas, como Antão, viveu por um século.

As monjas receberam menos atenção nos registros da época. Paládio informou que o mosteiro feminino criado por Pacômio tinha quatrocentos membros. Nos primeiros relatos, muitas delas tinham históricos de famílias abastadas. Mesmo as mulheres dessas comunidades eram vistas como representantes da ameaça da tentação sexual. Num relatório, um monge evitou olhar para freiras que se aproximavam, a fim de provar sua santidade. A abadessa respondeu à altura: "Se o senhor fosse um monge perfeito, não teria olhado tão atentamente a ponto de perceber que éramos mulheres." Algumas freiras atuavam como enfermeiras de estudiosos, como Orígenes, um gesto casto, considerando que ele havia se castrado.

O leste africano equivalia ao noroeste da África como local onde o cristianismo foi moldado, tendo sido berço de figuras importantes como Atanásio, Clemente de Alexandria, Cirilo de Alexandria e Orígenes. O sopro oriental africano mais extremo do cristianismo ocorreu na Etiópia, onde o Livro dos Atos localizou o serviçal da rainha Candace, que visitou Jerusalém. Os vestígios históricos remontam aproximadamente ao ano 300, onde se conhece a atividade de Frumêncio (c. 300-c. 380), um escravo que sobrevivera a um naufrágio. Sua história é bem cotada nas narrativas de bravura cristã, por tratar-se do drama de um comerciante aprisionado, que apoiava os líderes da Etiópia, ou Axum, era tutor dos filhos da rainha e teria sido nomeado bispo daquela região. Acredita-se que as pessoas ali tenham migrado através do mar Vermelho, trazendo consigo uma cultura e religião árabes.

Como frequentemente ocorreu mais tarde e em outros locais, quando o rei, nesse caso de Axum, tornou-se cristão, a maioria de seu povo o seguiu e veio a reconhecer o bispo de Alexandria como seu papa. As tentativas de atrair Frumêncio, que, enquanto bispo, chamava a si mesmo de *abuna*, "nosso pai", para que deixasse de defender a divindade de Cristo no ensino religioso foram inúteis. Em solo etíope, Jesus era "da mesma substância" que Deus Pai.

Na sequência da história, vieram os "Nove Monges" ou "Nove Santos", em torno de 480. Eram sírios que tinham vindo morar em mosteiros no Egito, mas que iniciaram mosteiros na Etiópia. Ao longo do século seguinte, esses estabelecimentos se espalharam e prosperaram. Se a vitalidade for medida pelo número e força dos mosteiros, seria difícil encontrar equivalência entre os cristãos de qualquer outro lugar.

Os cristãos etíopes, enquanto isso, desenvolveram costumes distintos, alguns deles aproximando-se de costumes judeus, incluindo a observância do sabá aos sábados, não aos domingos. Os monarcas bíblicos Salomão e a Rainha de Sabá eram venerados e reivindicados como pertencentes a Axum. Um sinal seguro dessas influências é a presença de réplicas das Escrituras Hebraicas descrevendo a arca da aliança. Nenhum ramo do cristianismo, qualquer que fosse o seu tamanho, igualou a igreja etíope como guardião dos laços da tradição e dos costumes hebraicos, incluindo a prática da circuncisão universal dos meninos. Famosas igrejas clandestinas surgiram quinhentos anos mais tarde. Sem jamais sucumbir à autoridade religiosa externa, os etíopes seguiram seus próprios ensinamentos e jurisdições, sob um papa.

Exceto para Egito e Etiópia, o fim

O primeiro episódio cristão na África, um lugar de grande pioneirismo, terminou abruptamente no século VII, bem antes de sua conclusão na Ásia. Esse final não significa que não houve sobreviventes em bolsões isolados. Um baluarte, o reduto isolado na África, foi a Etiópia, onde uma igreja subterrânea — em alguns locais, funcionando literalmente em cavernas — sobreviveu.

Do outro lado do mar Vermelho, oposto ao Egito e à Etiópia, uma nova fé, o islá, começava a se erguer para complementar e competir com o cristianismo na família das crenças com origem em Abraão ou em Jerusalém. Logo se tornaria rival e entraria em conflito com o cristianismo. Conquistadores islâmicos ou muçulmanos isolaram a Etiópia de outros cristãos e as tentativas dos cristãos etíopes de manter um convívio amistoso com os vizinhos conquistadores falharam. Muitos cristãos fugiram para se esconder nas igrejas de pedra. De Medina, na Arábia, os muçulmanos avançaram pela península do Sinai até o Egito e se espalharam Nilo acima, até Aswan, conquistada em 649. Na costa, Alexandria caiu sob Amr ibn al-As. Cristãos despreparados do norte africano, em disputas internas, estavam vulneráveis e, como capitularam rapidamente, viram seus locais cristãos serem convertidos em muçulmanos. Alguns cristãos foram levados pelo islá devido à face tolerante que a nova religião primeiro apresentou aos outros "povos do livro". Tendo que pagar taxas extras como não muçulmanos, muitos crentes não viram motivo para se manterem cristãos e mergulharam no silêncio ou converteram-se ao islá. Os cristãos não perseguidos de lá não prosperaram como os sofredores de outras partes.

Os egípcios, a princípio, deram as boas-vindas aos árabes, pois poderiam ajudá-los a se libertarem das forças bizantinas. Com o passar do tempo, os invasores, e agora conquistadores, tornaram-se opressivos, forçando os cristãos a carregar cruzes pesadas no pescoço como sinal de identificação. Eles não eram livres para construir igrejas ou educar os jovens. Isso lhes tirou um futuro num presente que, para o resto do norte e do leste africano, na época significou o decisivo, e na perspectiva de longo prazo da história, súbito e abrupto final do primeiro episódio africano do cristianismo.

4.

O PRIMEIRO EPISÓDIO EUROPEU

Falar de um episódio é referir-se a "um evento distinto e separado, ainda que parte de uma série maior". Falar dos episódios asiático, africano e agora o europeu, na narrativa de vinte séculos de duração do cristianismo, implica referir-se a inícios distintos nos três continentes e a seu virtual encerramento em dois deles, a Ásia e a África. Ambos os encerramentos foram seguidos por mudanças tão drásticas na Europa que separam duas épocas. É improvável que qualquer pessoa vivendo em qualquer lugar dentro do intervalo de sete séculos pudesse se considerar como parte de um episódio. Os historiadores olham para trás e produzem uma perspectiva irreconhecível na vida diária. Além disso, nenhum cristão do primeiro século até um bom avanço no século XV teria se referido a esses episódios como parte da carreira do cristianismo global, simplesmente porque o conceito do mundo como um globo ainda não existia. Um mapa plano do "mundo conhecido", para cujas "partes extremas" os seguidores queriam levar a mensagem de Jesus Cristo, servia para localizar as igrejas daqueles tempos.

Ao final do século I, a maioria das igrejas cristãs foi plantada na Síria, na Palestina e na Ásia Menor, o que significa Ásia. O mapa daquela época muito provavelmente lembraria apenas duas igrejas identificáveis na África. Quanto à Europa, seis estavam na Grécia, incluindo as cidades para as quais Paulo escreveu suas cartas — Filipos e Tessalônica. As duas únicas que confortavelmente poderiam ser consideradas "no Ocidente" estavam em Roma e em Puteoli. Mesmo um século mais tarde, apenas quatro comunidades seriam mapeadas para o noroeste da Itália atual e apenas outras quatro surgiram na própria Itália. Poucas mais apareceram na Grécia e cerca de dez surgiram na África, mas o maior crescimento foi na Ásia Menor e na Síria. A Europa, que muitos cristãos ocidentais vieram a considerar mais tarde como o centro da comunidade cristã global, desenvolveu-se mais tarde.

A ATRAÇÃO ROMANA

Chegar a Roma, o foco e centro de poder do Império, tinha sido a meta dos apóstolos Paulo e Pedro, e ambos provavelmente lá encontraram a morte.

Era também a capital dos césares, que tentaram se livrar do cristianismo. Na época em que Paulo e Pedro chegaram à cidade, já havia uma comunidade cristã suficientemente grande da qual se tem notícia pelo escritor clássico Suetônio. A igreja romana continuou a crescer sob os imperadores hostis Vespasiano (que governou de 69 a 79) e Tito (de 79 a 81), o conquistador de Jerusalém. Mais de dois séculos mais tarde, na época em que o perseguidor Diocleciano abdicou, em 305, o Império estendeu-se a oeste para a Hispânia, a norte para a Britânia, e por boa parte do que se tornou a França e a Alemanha. Os bárbaros, na forma de vândalos, hunos e outros, ameaçaram as fronteiras do norte até que um século mais tarde, em 410, levaram à queda de Roma. Essa expansão imperial não significou uma forte representação cristã até 410. Os alemães, aliás, eram arianos e por isso populares aos olhos de muitos cristãos "não ortodoxos" do Ocidente. Apesar da queda de Roma e com a conversão de muitas tribos e reinos bárbaros, pelos mil anos seguintes a cristandade expandiu-se por toda a Europa.

Roma e o Ocidente ofereceram suas próprias inovações em contrapartida às reconhecidas na Ásia e na África. Três tarefas essenciais para a jovem Igreja preocupavam os europeus, mas eles tinham poucos monopólios no desenvolvimento principal. Começavam por contar a história daqueles que testemunharam o Jesus humano como o Senhor glorificado. Em segundo, vinha a invenção de padrões de organização das igrejas que reuniam os fiéis; e em terceiro, a formulação de credos que condensassem os temas principais da fé, abordassem os argumentos sobre eles e ajudassem a estabelecer as fronteiras ideológicas para a comunidade. A maioria dos africanos no Império Romano e, é claro, os europeus "romanos" compartilhavam a língua latina. Com Roma como modelo de centro nervoso imperial, os cristãos desenvolveram um crescente padrão centralizado de governo da Igreja. O bispo de Roma, considerado igual ou mesmo o primeiro entre os iguais pelos outros quatro patriarcados, esteve ocupado nos séculos II e III com a autoridade civil e depois com os bárbaros. Enquanto a cidade de Roma sofria, um concílio eclesiástico em 381, em Constantinopla, ergueu-se e nomeou a cidade como "a nova Roma" ou "a segunda Roma". O bispo da Roma caída objetou, alegando, com algum apoio, que o bispo de Constantinopla estaria por demais submetido ao imperador, que, naquela época, não governava de Roma, mas de Constantinopla.

Os defensores do domínio de Roma usaram a história para justificar seu caso. Ainda que nem todos no Ocidente concordassem com a asserção, ouviram as alegações do papa de que, na história dos evangelhos, Jesus voltou-se para Pedro e, segundo sua visão, demonstrou sua intenção de que aquele discípulo e seus sucessores fossem representados como a rocha sobre a qual Jesus construiria a Igreja. Num ato generoso e político ao mesmo tempo, o imperador Constantino prestou cortesia a Roma e autorizou a construção de altares sobre as supostas tumbas de Pedro e Paulo. Como medida de boa vontade, ele incluiu na barganha o palácio da imperatriz na cidade para servir de residência e aumentar o status do bispo de Roma.

GOVERNO PAPAL NA EUROPA

Essas concessões não significaram o fim do conflito. Dâmaso, o bispo de Roma de 366 a 384 — o título de "papa" tornou-se comum no século IV —, alegou que o seu bispado era "apostólico" e, ao dedicar-se à supressão das heresias, dirigia-se com condescendência ao Oriente. Chamava os demais bispos de filhos, em vez de irmãos, sendo este último o título de seus predecessores. Com tais palavras e atos, podemos ver que o papado estava se desenvolvendo e consolidando. Foi preciso alguém maior do que Dâmaso para dar bom fim às alegações e nomes. Tratou-se de Leão, "o Grande", papa de 440 a 461, que, apoiando-se na lei romana e nos precedentes, fez a melhor defesa para um bispo forte de Roma. Mesmo assim, não persuadiu a todos. No Concílio da Calcedônia, na Ásia Menor, em 451, ele não foi capaz de convencer os bispos orientais de que ele era supremo. Seus embaixadores sentiram-se rejeitados, deram as costas para aqueles filhos, não "irmãos", e concentraram-se em manter o domínio sobre o Ocidente. Mesmo lá, foi difícil assegurar o poder devido às exigências dos infortúnios mundanos e da Igreja. Em uma ocasião, as dificuldades fizeram com que a cadeira papal abandonasse Roma e fosse para Ravena; em outra, fizeram seu ocupante, João I (papa de 523 a 526), ser jogado na prisão — e as duas tentativas de assegurar o domínio sobre o Ocidente não foram bem-sucedidas porque os imperadores de Constantinopla rebaixaram o papado e por vezes perseguiram o papa.

Felizmente para Roma, mais de um século depois veio o primeiro grande papa depois de Leão, Gregório, o Grande (papa de 590 a 604), um líder necessário e reverenciado que não esteve isento de problemas abundantes quando os lombardos atacaram. Gregório interveio e, assumindo as questões civis, superou os agressores, que foram forçados a fazer algumas concessões. Promovendo o domínio do cristianismo (a cristandade), Gregório sabia que a lealdade a esse único reino fora esgarçada a tal ponto que as esferas oriental e ocidental do Império estavam praticamente cindidas. Ele fez uma reivindicação audaciosa contra o patriarca de Constantinopla, que se intitulara "Patriarca Ecumênico". Gregório disse que *ele* era o cabeça e governador universal. Também sabia quando recuar no conflito e aceitar menos do que desejara, e, pelo lado positivo, decidiu se chamar "servidor dos servidores de Deus". Primeiro monge a se tornar papa, trouxe uma dimensão de humildade ao cargo elevado. Com as evidências de que os resquícios da Roma imperial se tornavam cada vez mais vazios, a Igreja de Gregório preencheu o vácuo. A lei civil romana servia cada vez mais de modelo para a lei católica romana, e com alguma ênfase foi até mesmo incorporada, à medida que a Igreja assumiu muitas das funções do Estado. O papa também demonstrou ter visão ao enviar missionários para ampliar seu domínio papal para a Inglaterra, em 597.

Ao longo dos primeiros séculos de presença cristã, o Império tornou-se cada vez mais pesado pela decadência dos padrões governamentais, financeiramente sobrecarregado e com frequência assediado por invasões que os cidadãos civilizados chamavam de bárbaras. O disperso exército e governo romanos não tinham condições de combater os persas no leste e os bárbaros vindos do norte, enquanto enfrentavam desafios ao seu culto imperial e religião civil. Quem teria sido o culpado pelos problemas? Desde os tempos de Nero, os imperadores romanos, acusando os cristãos, os perseguiam esporadicamente, criando assim mártires numa estratégia que, com o tempo, generalizou a reação dos cidadãos, o que beneficiou os cristãos. Assim como na Ásia e na África, quando os regimes mataram os crentes que se mantiveram fiéis, eles se tornaram atraentes objetos de curiosidade, potencializando as conversões, que acabaram por se efetivar.

O CASO EUROPEU PELA FÉ

Os cristãos europeus, que se iniciaram tardiamente na teologia, por fim começaram a se afirmar. Dessa forma, o bispo Irineu (c. 130-c. 200), nascido na Ásia Menor, mas ocidental por escolha, pois vivia entre os celtas, assumiu a questão intelectual da fé ao se tornar bispo de um posto avançado, Lyon, em 177. Seu trabalho, inovador, para não dizer revolucionário, muito fez para assegurar os fundamentos bíblicos da Igreja ocidental. Enfrentando a questão persistente sobre como lidar com o judaísmo, ele descobriu nas Escrituras um Deus revelado que lidava com os judeus por meio de uma aliança e depois com judeus e cristãos, por meio de outra. Argumentando com seus oponentes, que atacaram a fé de duas direções, ele acentuou a divindade do Jesus humano e traçou sua humanidade até o primeiro humano, Adão. Jesus, para Irineu, "recapitulava" a história humana e incorporava o destino da humanidade ao seu próprio.

Cada um dos primeiros pensadores ou grupos e escolas de teólogos no Ocidente desenvolveu especialidades motivadas por desafios contemporâneos específicos e as fundiu com as filosofias nas quais os mais educados foram formados. Irineu viu o gnosticismo minando as energias do cristianismo e ameaçando seus defensores. Contra isso, divisou toda a companhia dos cristãos, por mais fragmentada que sua comunhão aparentasse ser, como uma unidade modelada à semelhança de Deus, que era adorado como uma trindade, mas que, na verdade, era uma unidade. A afirmação clássica de Irineu começa com essas palavras: "A Igreja, embora dispersa por todo o mundo, mesmo pelos confins da Terra, recebeu esta fé dos apóstolos e de seus discípulos" — uma fé, dizia ele, que era "sempre a mesma e una". Seria mesmo?

O mais lembrado defensor do poder da Igreja contra o Império e do papa contra o imperador foi o bispo Ambrósio (c. 339-397) de Milão, cuja família pertencia ao establishment romano. A própria cidade de Milão tornara-se especialmente importante, pois, por um século após 305, ela, e não Roma, foi a capital e o centro de poder. De lá, o imperador Constantino, em 313, emitiu um édito segundo o qual legitimava os cristãos, por tanto tempo perseguidos. Durante o século de liderança de Milão, Ambrósio ajudou a igreja a preencher o vazio deixado pelo declínio imperial ro-

98 • *O primeiro episódio europeu*

mano. Educado com os clássicos gregos e romanos, Ambrósio seguia uma boa carreira civil quando foi chamado pela Igreja. Era tão talentoso e tornara-se tão popular que foi forçado, quase que por aclamação, a se tornar bispo. Havia um problema: ele não fora batizado, nem ordenado padre. Outros líderes da igreja cuidaram dessa questão, e ele, rapidamente, foi feito bispo em 374.

Em Milão, impediu aqueles cidadãos que desejavam restaurar os antigos deuses. A estátua da deusa Vitória foi retirada. Quando a mãe do imperador começou a promover o paganismo, Ambrósio demonstrou ter a energia, o apoio e o poder necessários para frustrá-la. Quando o imperador Teodósio I, nascido na Espanha, que governou de 379 a 395, precisou montar sua residência em Milão, Ambrósio reuniu disposição e voz para fazer com que se arrependesse publicamente de ter autorizado um massacre de cidadãos em Tessalônica. Ele também empregou um instrumento arriscado, que poderia forçar os imperadores a se submeterem aos bispos, ao não conceder a remissão dos pecados a Teodósio. Com esse ato, ele estava proibindo o imperador de receber os sacramentos, sem os quais sua alma se perdia por toda a eternidade. Teodósio penitenciou-se e os sacramentos foram-lhe concedidos, e, pela ação de Ambrósio, ele participou relutantemente de uma nova definição do relacionamento entre a Igreja e o Estado no Ocidente.

A heresia sempre ameaçou uma igreja que também na Europa estava definindo os ensinamentos sobre Jesus Cristo. O arianismo, a ênfase teológica favorecida pelos invasores do norte, tornou-se atraente e poderoso em Milão e ao seu redor, assim como já havia acontecido na Ásia e na África. Aos olhos dos partidos ortodoxos, era visto como um rebaixamento da divindade de Jesus Cristo, ao ensinar que ele se subordinava ao Deus Pai. Ambrósio, empregando sua educação e retórica, praticamente o silenciou. Com seu bom senso estratégico, ele lia as mentes dos laicos. Como forma de reunir os cristãos e aumentar a lealdade popular da igreja, ele fez bom proveito das relíquias dos mártires, colocando-as em altares na nova basílica. Também compôs e estimulou a música e as canções, no que hoje ainda é chamado de canto ambrosiano. Além disso, é preciso registrar que esse bispo com pendor estético e educativo foi também uma espécie de ativista social, forçando os imperadores a assumir seriamente suas responsabilidades para com os pobres e famintos. Ele estabeleceu um ambiente no qual a caridade cristã era atrativa, sendo capaz de fazer frente à necessidade humana enquanto outros agentes não o faziam, e ainda oferecendo o bônus dos benefícios do céu e, quem sabe, a santidade. Apenas por segurança, em apoio a tudo isso, caso alguma medida falhasse, ele estava pronto para o uso da força, como Agostinho viria a fazer. Numa das parábolas, ouviu-se Jesus dizer: "Forçai-os a entrar." Assim faria Ambrósio, julgando representar a porta da Igreja.

Versões europeias do monasticismo

Se Ambrósio ergueu-se como um símbolo do poder da Igreja, um soldado chamado Martinho (c. 316-c. 400) pode ser considerado o melhor representante da ênfase na caridade. Ele também desempenhou um papel importante no desenvolvimento do monasticismo segundo modelos um tanto diferentes dos originais na África e na Ásia. Martinho era de Tours, na França, no extremo noroeste do cristianismo no continente. Seu biógrafo, Sulpício Severo, contou como Martinho migrou da França para servir o exército romano, como havia feito seu pai. O filho declarou que todo o exército se converteu com ele em 354, mas o próprio Martinho, em seguida, partiu para as montanhas, sentindo o chamado para viver sozinho, como monge. Como sua popularidade ironicamente levou-o a uma crescente influência, ele não teve escolha a não ser aceitar o bispado de volta a Tours. Enquanto alguns bispos desfrutavam da sofisticação, do prestígio e da riqueza, ele deu as costas para tudo isso, vestiu-se como um dos pobres e optou por viver num mosteiro que ele mesmo fundou. Ávido por espalhar a fé cristã, adotou ações agressivas contra os templos pagãos. Quando observaram que ele sobrevivia à destruição de alguns, as audiências concluíram que, se as antigas divindades tivessem poder, teriam vingado seus atos. Ocasionalmente, ele podia fazer concessões e permitir que alguns favorecidos sobrevivessem, mesmo que não estivessem totalmente conforme as determinações cristãs.

Os educados com as sensibilidades modernas podem achar difícil encontrar e ajustar seu pensamento retroativamente a uma visão de mundo na qual alguém como o bispo Martinho era aclamado. Em uma palavra, o apelo eram os milagres. Uma vez que seu Deus era capaz de superar as divindades e os espíritos da concorrência, o povo ficou impressionado por alguns aparentes sinais de favor divino. Tão famintos estavam tanto camponeses quanto príncipes pelo acesso ao miraculoso que saboreavam as histórias de santos como Martinho, provavelmente o primeiro cristão ocidental a ser reconhecido como santo sem ter sido martirizado. Na realidade, o monasticismo, com seus rigores e exigências de firme testemunho, veio a ser uma espécie de substituto para o martírio, uma condição mais difícil de obter quando os governantes cristãos, e não os imperadores romanos, estabeleciam os termos.

A referência ao mosteiro de Martinho é um lembrete de que, durante o século em que a cristandade latina começou a prosperar, os europeus desenvolveram o monasticismo a partir das iniciativas da Ásia e da África. Essa influência é outra ilustração de como o cristianismo intercontinental — antecipando o global — surgiu quase que do princípio. Tomando emprestados modelos de regras de Pacômio, na África, e de Basílio, na Ásia, Bento de Núrsia (c. 480-c. 547) liderou uma comunidade que veio a se chamar de beneditinos. Reagindo contra a autopunição extrema de algumas outras regras monásticas, ele defendeu e demonstrou que o isolamento no eremitério não era a única maneira de servir a Deus e buscar a santidade. Os monges vinham formando comunidades desde o princípio do século V, mas ele chamou a atenção quando deixou seus eremitérios e mudou-se para Monte Cassino, a casa em que estabeleceu normas humanas, ainda que rigorosas, para sua ordem beneditina, e na qual morreu.

Alguns traços do estilo beneditino de organização aparentavam ser arbitrários e eram ainda bastante severos. Todos os monges juravam obediência sem questionar o abade eleito. Como era o caso para as freiras beneditinas, deveriam permanecer por toda a vida na comunidade na qual primeiro haviam feito seus juramentos. Não deveriam se tornar peregrinadores, errantes como eram outros tipos de monges. Deveriam manter o silêncio, mas poderiam cantar hinos e salmos e orar em voz alta em comunidade. Os beneditinos faziam parte de uma economia integrada, que levou sua especialidade, a preocupação com a espiritualidade, para toda a comunidade. Deviam trabalhar para o autossustento e assim beneficiar essa economia. Dois lemas resumem suas intenções: orar e trabalhar, *ora et labora*, e ser hospitaleiro de forma a permitir que "todos os hóspedes sejam recebidos como Cristo". A princípio lento em atrair seguidores ou imitadores, o beneditismo acabou por se tornar o modelo para a maioria dos mosteiros do Ocidente. Mesmo se encontrando entre as culturas que estavam sendo esmagadas pelos bárbaros e ofuscadas por cristãos de pensamento lento — em outras palavras, onde a corrupção e as sombras teológicas e culturais prevaleciam —, os beneditinos frequentemente mantiveram acesas as velas e os lampiões numa época chamada de "Idade das Trevas", cuidando para que os pergaminhos e livros se mantivessem abertos e o ensino prosperasse. Também receberam algumas regras das autoridades. Carlos Magno ajudou sua causa quando decretou que todos os mosteiros do Império teriam que adotar as normas beneditinas.

Os beneditinos mais rigorosos foram os cistercienses, uma ordem fundada em 1097 que, em um século, fundou centenas de casas. Eram devotos do silêncio, do trabalho duro e da prece comunitária. Muitos monges reverenciaram Bernardo de Claraval (1090-1153), conhecido como promotor do amor cristão, mas não tanto da vida em família. Ele era um recrutador tão carismático para a ordem que os pais, dizia-se, não querendo perder os filhos para os mosteiros, escondiam-nos quando Bernardo vinha chamá-los. Esse promotor do amor de Deus não parecia ser uma figura amável ao vociferar contra qualquer um, até mesmo um rei, que se pusesse no caminho de sua reforma. Seu lado mais gentil ficou evidente num comentário que escreveu sobre o erótico Cântico dos Cânticos bíblico e ao contribuir com hinos e devoções que manifestavam profunda piedade.

Enquanto a alfabetização era rara entre as pessoas mais comuns, esperava-se que padres e monges ensinassem a fé e preparassem os filhos dos membros da igreja para o batismo e uma vida alimentada pelos sete sacramentos da igreja cristã do Ocidente. Em qualquer modalidade de imersão ou banho batismal de novos crentes que tenha ocorrido nos primórdios do cristianismo, o batismo de crianças e adultos tornou-se a norma. Um segundo sacramento, a confirmação, concebida nos moldes do batizado de crianças ou recém-chegados, ajudou a disseminar a educação e a aprofundar o compromisso entre as pessoas que não tinham deixado todos os aspectos do paganismo para trás. Uma vez que se esperava que os bispos se encarregassem do controle da qualidade entre os fiéis, eram eles quem faziam a confirmação.

O ato central de adoração no Ocidente, como em toda parte, era a eucaristia, a missa, a mesa do Senhor, ou Santa Comunhão. Como os padres temiam derramar o vinho que, com suas preces e palavras, e a ação de Deus, se tornava o sangue de Cristo, ofereciam apenas o pão do sacramento — e com isso os benefícios que, conforme pregavam, culminavam com a conquista da vida eterna. Esperava-se que os cristãos comuns dessem esmolas, praticassem atos de caridade e vivessem com justiça. A indolência espiritual tornou-se fácil e comum para muitos, que se sentiam tranquilos, pois o serviço dos padres garantia o destino ao paraíso. Ao mesmo tempo, os crentes tinham motivos de insegurança, pois muitas tentações, ameaças e armadilhas eram perigos no caminho para o céu. O purgatório, definido como um estágio intermediário para a "purgação" após a vida, afastava parte dos terrores do inferno, mas também se tornou um instrumento mal utilizado nas mãos de padres que podiam exigir dinheiro para reduzir o tempo que os falecidos passariam lá. Lideranças corruptas exploravam tais práticas e dificultavam que ocasionais reformadores tivessem muita influência.

Enfatizar os intelectuais e líderes civis dos primeiros séculos europeus pode resultar em distorções e em ignorar as pessoas comuns. Todavia, foram os literatos e poderosos que deixaram os registros que dão acesso à mentalidade e às ações dos povos da época, aquelas pessoas extraordinárias chamadas de "ordinárias" por não terem ocupado cargos e muitas vezes serem analfabetas. A maioria misturava suas práticas e crenças com legados do que o povo então chamava de "bárbaros" e por vezes, com mais frequência em um momento posterior, "pagãos". Ainda assim, os traços que deixaram, suas relíquias, os restos arqueológicos de igrejas e a linguagem encontrada nos poetas e cronistas mostram que, pelo batismo, a missa e outros sacramentos, e diante dos vitrais das janelas das catedrais, imagens que remetiam às histórias bíblicas informavam suas atividades diárias e inspiravam a esperança no paraíso. Eles não podiam guardar essas histórias para si mesmos, e com a espada e o espírito, ou com a espada *ou* o espírito, empenharam-se em transformar a Europa num domínio cristão.

Imaginando um mapa de expansão em forma de leque

Com a teologia, o papado e o monasticismo como instrumentos e agências, a Igreja ocidental prosperou. Apesar da remoção do poder imperial para Constantinopla, a invasão pelos bárbaros e a queda de Roma, veio o tempo em que, com vigor compensatório, os líderes ocidentais espalharam sua influência para o norte e o noroeste. Após o Édito de Milão e outros atos que oficializaram o cristianismo, religião e regime casaram-se. Isso significa que, quando um governante se convertia, a conversão era oficialmente obrigatória para os governados. Se o povo fosse o que os cristãos chamavam de pagãos, era preciso que fosse batizado e abandonasse os rituais e práticas do passado. No entanto, por mais radical que administradores e teólogos quisessem que fosse essa ruptura, todas as evidências sugerem que as pessoas mantiveram muitos desses resquícios do passado. Houve sugestões de que quando a Igreja oficial agia com rigor extremo, a gente comum "contrabandeava os antigos deuses em embalagens discretas". E as conversões em si não se davam em encontros individuais, frente a frente, que levavam à mudança pessoal, e sim através de atos de força pelo poder da espada. Esperava-se que, em seguida, viessem o desenvolvimento, a prática e a defesa da fé. Os símbolos oficialmente favorecidos muitas vezes mostravam Jesus Cristo, o Senhor glorificado, segurando uma espada.

Com essa espada nas próprias mãos, os cristãos espalharam sua versão latina da fé e da observância. Um mapa imaginário em formato de leque serve para mostrar os territórios pelos quais os conquistadores e missionários se espalharam, a partir de bases como Ravena, Milão e Roma, na península italiana. À esquerda do mapa ficava a Península Ibérica, especialmente os territórios que se tornaram a Espanha. Acredita-se que alguns dos primeiros cristãos a chegarem lá, e os visigodos, que eram arianos, tenham invadido e conquistado algumas regiões, implantando práticas que conflitavam com o catolicismo ocidental ortodoxo. No século VIII, muçulmanos vindos da África conquistaram a Espanha, e foi só quando o imperador Carlos Magno capturou Barcelona, em 801, que a estratégica península Ibérica foi parcialmente recuperada para o domínio cristão. Enquanto isso, os cristãos sofreram a perseguição pelos mouros muçulmanos, mas, numa ocasião, também conviveram com eles em relativa harmonia, assim como com os judeus, em locais como Toledo.

Em seguida, a França, povoada mais estrategicamente pelos francos, viu o rei Clóvis (466-511) converter-se. Conta-se que essa mudança ocorreu porque ele se casara com uma princesa cristã, Clotilde, sob cuja influência ele barganhou: se Deus lhe desse a vitória numa batalha contra outra tribo, Clóvis aceitaria o dom do batismo. Após a vitória, ele e 3 mil de seus soldados guiaram os francos para um novo rumo. Segundo esse padrão, outras rainhas e princesas cristãs induziram ou seduziram seus maridos a se converterem, com a expectativa de que a eles se seguissem suas tropas e súditos.

Clotilde não foi a única mulher influente entre os francos, embora a realeza e as camponesas não fossem tão importantes para esse trabalho quanto as mulheres dos mosteiros. Algumas delas, como Radegunda (520-587), fugindo de casamentos impostos e pouco atraentes, encontraram refúgio nos conventos. Radegunda levou sua riqueza consigo e pôde fundar seu próprio convento. Ela, e outras como ela, contribuíram para a piedade da época, coletando, exibindo e usando ativamente as relíquias de santos. Lembrando que Helena, mãe de Constantino, afirmara ter encontrado a Vera Cruz em Jerusalém, é interessante ver o valor que Radegunda obteve por ter colocado fragmentos dela disponíveis para devoção — e a que preço. Essas freiras também fomentaram uma piedade profunda e, em alguns casos, passaram por experiências místicas.

Quando, mais tarde, exércitos muçulmanos ameaçaram conquistar terras francas, Carlos Martelo († 741), em 732, em Tours, os obrigou a recuar, possibilitando a manutenção de uma linha contra novos avanços muçulmanos em boa parte da Europa ocidental. Seu filho, Pepino, assumiu o governo da França cristianizada a partir de 753; e foi o filho de Pepino que veio a ser chamado Carlos, o Grande, ou Carlos Magno. No dia de Natal de 800, o papa Leão III, num ato deliberado para afastar a cristandade latina do Império oriental e aumentar o prestígio do papado, coroou o imperador. Ao mesmo tempo, observam os historiadores, Carlos Magno, apoiado por seu exército e avançando com a ambição, buscava toda a aprovação que pudesse obter e, portanto, também tinha motivos para promover essa cerimônia.

Aperfeiçoando o padrão que estava se tornando a norma, Carlos Magno, contra o conselho de seu erudito predileto, Alcuíno, insistiu em forçar os povos conquistados ao batismo, muito mais pelo interesse em unificar seu reino do que propriamente por devoção à fé cristã. Em 785, antes de ser coroado, havia completado o domínio dos saxões e dos bávaros logo em seguida. Não sendo apenas um conquistador, por vezes tirano, Carlos Magno, apesar de mal saber ler e escrever, demonstrou seu lado generoso ao estimular o ensino. Ele criou uma biblioteca real e estimulou as artes a tal ponto que a palavra "renascença" foi associada a suas realizações. Ironicamente, o amigável Carlos Magno também agiu no sentido de subordinar o papado à sua vontade e a seus caprichos.

A AMEAÇA DO NOROESTE

No continente, os cristãos estavam sendo esmagados por um torno muçulmano entre a Espanha e boa parte do Oriente Médio. Enquanto combatiam o avanço dos exércitos muçulmanos, empenhavam esforços na conquista das terras do norte. Lá, estavam mais livres para estabelecer um Império franco, o que significava que precisavam conquistar os francos — e portanto a França — e depois a Inglaterra. O alcance dos governantes ocidentais contra os bárbaros é mais bem ilustrado pelo trabalho nas ilhas britânicas, onde os povos mais remotos eram os celtas da Irlanda. No centro de todas as histórias em que eles aparecem está o monumental são Patrício († 493), cuja história ainda seduz. Nascido cristão, sequestrado por piratas irlandeses, reduzido a ser um pastor na Irlanda e depois um refugiado na Inglaterra, ele ouviu um chamado para servir à fé. Como seu coração pertencia à Irlanda, foi para lá a fim de ajudar a estabelecer os mosteiros e assim espalhar a fé. Pouco mais tarde, um príncipe chamado Columba (521-597) deixou a Irlanda e navegou para uma pequena ilha na costa da Escócia chamada Iona. Segundo o historiador Beda, o Venerável, em sua *História eclesiástica do povo inglês*, Columba converteu o rei em primeiro lugar, iniciando um movimento de emissários de Iona que se tornou um padrão por séculos e foi uma grande influência para a formação do cristianismo inglês.

Quanto aos próprios anglos, Gregório teve a visão de converter esses bárbaros pelo amor divino e para que pudessem cair sob o domínio da lei

106 • *O primeiro episódio europeu*

cristã. Todos dizem que uma pequena troca pode não passar de lenda, mas que é repetida: o papa viu crianças belas sendo vendidas em Roma como escravos. Quem eram elas? "Disseram-lhe que eram anglos", conta-se, significando ingleses, mas ele modificou a palavra para deixá-la com um viés latino: disse que não eram anglos, mas ângelos, ou anjos. Em 596, o papa enviou o prior de um mosteiro em Roma, que viria a ser chamado Agostinho da Cantuária (?-c. 605), para restabelecer a Igreja na Inglaterra, onde se tornou arcebispo da Cantuária. Ele também converteu um rei, Etelberto (c. 552-616), casado com uma princesa cristã, Berta. O palácio voltou-se para a Igreja e para Agostinho da Cantuária. Quando Etelberto se converteu, seu povo o seguiu, e assim os missionários logo estavam batizando milhares de ex-pagãos. Como outros monarcas convertidos, ele adaptou e fez concessões, novamente aplicando uma camada de cristianismo sobre práticas pagãs, como datas religiosas e festivais. Nesse aspecto, os monges foram mais radicais do que o próprio Etelberto, pois queimaram o santuário de Woden — o nome sobrevive em "Wednesday", quarta-feira em inglês — e o substituíram por seu culto.

Conseguir que os celtas cooperassem com os anglos envolveu uma longa batalha. Os ancestrais desses celtas eram orientais e os primeiros missionários mantiveram algumas práticas da Igreja do Oriente, como por exemplo a data da Páscoa. Era natural que se chocassem com o papado na Inglaterra. Portanto, quando Agostinho da Cantuária aproximou--se deles, foi esnobado, também por terem achado que ele fora descortês por se manter sentado quando seus bispos foram cumprimentá-lo pela primeira vez. Os celtas consideravam aqueles da Cantuária como principiantes, uma vez que eles mesmos haviam se convertido muito antes. As ilhas britânicas, no entanto, estavam finalmente sendo romanizadas. Para ajudar a produzir algum tipo de unidade entre sul e norte, foi realizado um sínodo em Whitby, em 664. Naquele contencioso evento, Hilda, uma nobre convertida e agora abadessa de um mosteiro que aceitava homens e mulheres, em Whitby, desempenhou seu papel atuando como conciliadora e mantendo-se amistosa com as duas partes em conflito. Os celtas, mais ou menos derrotados, foram empurrados para além do Império e fortaleceram-se na Irlanda, após concordarem em adotar o calendário romano. De volta a Whitby, as freiras de Hilda tornaram-se tão educadas quanto os bispos e escritores, entre os quais estava Cædmon, um dos primeiros poetas ingleses conhecidos.

Enquanto isso, no continente, o monge irlandês Columbano († 615) navegou para a Gália, onde trabalhou por anos no que hoje é a França e, antecipando-se a Clóvis, deixou uma trilha de mosteiros e igrejas. Seguindo o sentido horário, estavam os ancestrais dos modernos alemães, em tribos como os saxões. Lá, como sempre, houve heróis lembrados que se tornaram santos, entre eles Willibrord (658-739), que serviu aos frísios no litoral do mar do Norte, e Bonifácio (680-754), que trabalhou com outra tribo pagã, os hessianos. Conta-se que ele confrontou o deus pagão Thor (de "Thurs-day", quinta-feira em inglês), que era adorado num carvalho sagrado. Enquanto outros curvavam-se ou mantinham a distância da árvore protegida, numa demonstração de bravata ele simplesmente a derrubou com um machado — e nenhum mal lhe sobreveio. E assim a tribo que lá fazia sua adoração converteu-se. Seu destino por fim o alcançou, todavia, pois após anos de pregação e confirmação, aos 80 anos ele foi capturado e morto pelos pagãos. No entanto, tornou-se "o apóstolo dos alemães", como Agostinho tinha sido para os anglos e, antes deles, Patrício para os celtas.

Um pouco mais ao leste e bem ao norte estavam os vikings e outras temidas tribos escandinavas. Por dois séculos, missionários destemidos, mais notavelmente Ansgário († 865), tentaram realizar conquistas entre eles, após terem sido exilados do norte da Alemanha por outros pagãos. No ano 1000, após capturar um rei inimigo, o rei cristão Olav deu às tribos derrotadas a escolha entre a morte ou o batismo e os encontrou prontos para optar pela segunda alternativa, como uma escolha mais ajuizada. O rei Olav e seus colegas procederam com os batismos e com o longo processo de cristianizá-los. Entre os convertidos no norte estava Olav Tryggvason († 999?) e Olav Haraldson († 1030), que se tornaram ferozes disseminadores do cristianismo militante. Na Islândia, Groenlândia e outros locais distantes do continente, a expansão foi lenta e as histórias do norte normalmente incluem capítulos nos quais os pagãos retomaram o lugar dos cristãos, apenas para serem recristianizados.

A propagação cristã resultante desse leque foi vasta, ainda que tênue em muitos aspectos. "A república de Pedro" e o papa como governante universal revelaram-se mais frágeis do que poderiam parecer. Os monarcas

108 • O primeiro episódio europeu

usaram o papado, assim como foram usados por ele, e a ordem papal era atacada em meio às fortunas de líderes mesquinhos do século X. Assim como os muçulmanos atacavam na Espanha e os vikings ainda ameaçavam no norte, os magiares pressionavam do leste, no que se tornaria a Hungria. O papado foi sitiado até o imperador Oto I (que governou de 936 a 973) vir em seu auxílio. Interessado em promover os alemães, ele ajudou a resgatar o papado das mãos dos governantes italianos. Oto não concedeu poder aos pontífices e, em 963, chegou a processar o papa João XII e depô-lo após considerá-lo culpado de numerosos crimes. As fortunas e recursos do papado pareciam praticamente esgotados.

Retomando terras perdidas

Se estas páginas sugerem que os cristãos simplesmente expandiram sua esfera no Ocidente através da espada ou testemunham que eram livres para ver o mundo como sendo seu, estão sendo muito enganadoras. Ao mesmo tempo, quando o mapa parecia mostrar que estavam se sobrepondo aos bárbaros, reconstruindo o Império, erguendo mosteiros e desenvolvendo novas formas de piedade, continuavam a enfrentar uma onda contínua daqueles rivais que não eram hereges cristãos, judeus ou pagãos, mas muçulmanos. Recordemos que estes tinham praticamente dado fim ao cristianismo em quase todo o norte da África e revertido o avanço dos cristãos na Ásia. Na Europa, tornaram-se ameaçadores ao conquistar os cristãos visigodos na Península Ibérica.

Os cristãos ocidentais não queriam ser imprensados entre muçulmanos pelo leste e pelo oeste. No século XII, juntaram forças para retomar o território no mundo cristão do Oriente e recuperar os locais sagrados da Terra Santa. O resultado foi uma sequência de conflitos, as chamadas Cruzadas, devido à *crux*, a cruz de Jesus Cristo, que era seu estandarte. Aparecendo nos escudos dos cristãos, esse emblema recebeu homenagens constantes conforme o avanço das tropas, assim como os padres e papas também o invocavam. A captura de Jerusalém por forças muçulmanas em 637 significou que sua santa cidade estava sendo dessacralizada, e eles decidiram por fim que ela precisava ser retomada. Durante séculos, os cristãos haviam feito peregrinações até lá, mas em 1071 alguns militantes muçulmanos turcos impediram o acesso dos peregrinos que vinham da distante Europa. Foi isso que fez das Cruzadas um empreendimento intercontinental após o papa Urbano II (1042-1099), em 1095, dizer aos cavaleiros europeus que Deus desejara a retomada. Os cristãos iniciaram uma série de esforços que levaram a vitórias e derrotas, corrupção e atos de caridade, tudo em nome de Jesus Cristo. O papa deu o tom: "Eu assim vos imploro e exorto, a vós que sois a voz de Cristo, aos ricos e pobres, que expulsem os vermes vis das terras onde nossos irmãos cristãos vivem, para levar o auxílio expedito aos adoradores de Cristo... sob o estandarte do Senhor." Os participantes que fossem mortos tinham indulgências garantidas, o que servia como substituto das penitências após a confissão dos pecados. Quarenta mil militares, 10 mil cavaleiros, deixaram a Europa e avançaram pela Turquia para retomar Jerusalém em 1099 e mantê-la por quase um século.

Todas as fortalezas que os europeus haviam construído não foram capazes de deter Saladino e outros líderes, que derrotaram os cruzados em 1187. Os cruzados deveriam ter unido os cristãos do Oriente e do Ocidente contra um inimigo comum, numa época em que os papas e os líderes ortodoxos contradiziam-se em disputas de autoridade. Não o fizeram. Europeus atacaram e pilharam locais de cristãos orientais. Sob o signo da cruz, os recrutadores de cruzados atraíram figuras importantes da Normandia, de Flandres, da Bolonha e de outros lugares, armaram os pequenos — pesquisadores de armaduras consideram uma média de tamanho de 1,57 m — com couro e armaduras leves e os enviaram. Com um gosto renovado pelo fanatismo e sangue, os cristãos do norte da Alemanha atacaram os judeus como inimigos da cruz em cidades locais, como a Mogúncia. Os cruzados devastaram e saquearam cidades e igrejas cristãs bizantinas ao atravessarem a Turquia.

O sucesso moderado nas frentes militares fez o papa encorajar a reconquista da Espanha, levando cristãos inspirados a recapturar Toledo em 1085, um primeiro estágio num longo caminho para a vitória futura. Os cristãos, desde o papa, ultrapassaram os limites humanos quando o fanatismo começou a tomar conta de todo o movimento. Surgiu a questão: um cruzado que tivesse jurado apoio ao esforço papal e então desertasse das fileiras seria excomungado — o que, em sua cabeça, equivaleria a ser enviado para o inferno? Mesmo assim, havia sempre desertores e novos recrutas para as Cruzadas, e a paixão por esses empreendimentos se espalhou. Por fim, algumas terras eslavas de tribos não cristãs também começaram a atrair os cruzados obcecados pela conquista, que simplesmente buscavam a legitimação religiosa pela cobiça por novas terras.

Ainda mais hedionda do que a falência moral dos cristãos era a ameaça dos muçulmanos redespertos e o desenvolvimento do conceito de *jihad*, cujo significado é simplesmente "luta", mas que, nos dias atuais, é casualmente traduzido como guerra santa. Essa guerra, muitas vezes promovida por líderes elevados da Igreja, levou a conclusões ímpias, uma vez que cristianismo e islã, cristãos do Ocidente e do Oriente, e muitas facções dentre cada um deles, se afastaram cada vez mais, em vez de se aproximarem. Todas aquelas promessas aos cruzados de um passe livre para o paraíso e um atalho curto pelo purgatório, de acordo com os decretos papais, acabaram incluindo algumas condições: os cruzados deveriam renunciar os pecados graves e professar as "intenções corretas". Os papas muito se aproveitaram de tais intenções, que eram a base da teologia moral da época. Apesar de todos os benefícios celestiais oferecidos, os ganhos terrenos mostraram-se mais ilusórios. Foram os muçulmanos, enfim unidos, que, em 1187, capturaram o prêmio, a cidade de Jerusalém, que perderam mais tarde e reconquistaram em 1244.

O BELIGERANTE, O PIO E O PACÍFICO

Diante da frustração nascida dos sucessos parciais e grandes derrotas, algumas mentes cristãs dispuseram-se a encontrar novos alvos para a guerra santa, e os líderes da Igreja ocidental decidiram procurá-los entre os hereges da Europa cristã. As alas ocidental e oriental do cristianismo tornaram-se ainda mais hostis entre si, cercando-se e desgastando-se. Constantinopla estava tão enfraquecida que se tornou vulnerável aos muçulmanos, até cair em 1453.

Os cristãos ocidentais, em muitos casos, adquiriram o gosto pela ação dramática, usada contra outros crentes que os desagradassem. O impulso das Cruzadas encontrou paralelo em outras sequências complexas de acontecimentos na época, também resumidas em uma palavra para equivaler à Cruzada: a Inquisição. Com o crescimento da dissidência contra as normas imperiais e eclesiásticas, a repressão também cresceu, como quando os papas e imperadores uniram-se para ordenar que os hereges fossem queimados. Boa parte da energia da Inquisição, que teve início no sul da França, em 1184, era direcionada contra os judeus. Quando alguém era julgado culpado, a Igreja não fazia a execução, mas agia através de um tribunal especial que era denominado propriamente de Inquisição. O inquisidor, plenamente incumbido, não respondia a ninguém em julgamentos secretos em que a tortura era um instrumento comum de terror. Algumas vezes, os torturadores iam tão longe que até mesmo o papa, ao saber dos excessos brutais, moderava as punições. Em boa parte do sul da Europa, a Inquisição funcionou com máxima eficiência. Naqueles locais, os acusadores expunham as bruxas e lidavam com elas com selvageria. Todo o episódio de dois séculos revelou a pouca confiança dos líderes no exemplo do Jesus humano ou sua certeza de que estavam agindo em nome do Senhor glorificado. Alguns registros documentais excepcionais mostram um lado ligeiramente mais cauteloso. Num caso, no vilarejo de Montaillou, na França, o inquisidor tinha o propósito de educar, não de queimar, os hereges chamados albigenses. Ele interrogou centenas, mas somos informados de apenas seis execuções. Na Espanha a história foi diferente, quase que totalmente impiedosa. Sob os monarcas Fernando e Isabel, o tratamento foi tão selvagem que o papa tentou contê-los.

Nem todos os registros evidenciam a sede de sangue do Ocidente. Surpreendentemente, em meio a todos os traumas papais e imperiais, alguns devotos de Jesus Cristo prestavam atenção à vida interior. O misticismo era um sinal de criatividade nesse período. Especialmente nos mosteiros e conventos, homens e mulheres aspiravam a elevar-se acima das realidades terrenas para os reinos transcendentes do espírito, em união com o Uno, com Deus. A Espanha recebeu muitos desses místicos, que levavam a piedade cristã para o mais longe que podiam, a ponto de gerar suspeitas, pois seu apelo direto a Deus minimizava a necessidade do clero e dos sacramentos. No norte, entre os maiores, estava Hildegarda de Bingen (1098-1179). Aos 8 anos, enviada para o convento pelos pais, ela demonstrou seu brilho quando, após aprender latim, começou a escrever nessa língua e acompanhou sua escrita terrena com relatos de algumas visões do paraíso. Mesmo os altos dirigentes da Igreja, com motivos para

112 • *O primeiro episódio europeu*

desconfiar de qualquer um que alegasse ter revelações sobre as quais não tinham controle, foram incapazes de encontrar qualquer falha em seus escritos. O papado viu-se obrigado a considerá-la uma teóloga, a primeira mulher formalmente reconhecida pela Igreja. Ela escreveu em defesa da Igreja numa época em que essa defesa era necessária, e ainda assim desafiou os leitores a que deixassem sua imaginação espiritual alçar-se para além dos muros das igrejas e das cidades. Surpreendentemente, com as bênçãos de Bernardo de Claraval e do papa Eugênio, foi mandada para pregar aos clérigos, um sinal de seu talento e uma conquista, além de uma rara exceção da prática segundo a qual apenas os homens normalmente pregavam. Mestre Eckhart (c. 1260-1327) também produziu clássicos do pensamento místico, enquanto santos como a dominicana Catarina de Siena († 1380) e Brígida da Suécia (c. 1303-1373), que bem serviram a suas ordens, experimentaram visões de Deus ao mesmo tempo que exerciam com energia a caridade. O que foi chamado de "devoção moderna" desenvolveu-se, atingindo o clímax num clássico amplamente circulado, de Tomás de Kempis (c. 1380-1471), *A imitação de Cristo*.

Novas ordens espiritualmente ricas surgiram. Algumas delas retomando os rigores dos essênios, da época de Jesus. Dois exemplos se destacam: Francisco de Assis (1181-1226), entre os mais admirados cristãos após os apóstolos, e o espanhol Domingos de Gusmão (1170-1221). Francisco abandonou a riqueza da família e fez um voto de pobreza, e até mesmo tentou iniciar diálogos de paz com os muçulmanos. Em 24 de fevereiro de 1209, o papa Inocêncio III deu sua aprovação para que Francisco e seus irmãos se organizassem. Anteriormente, Francisco tivera uma experiência que o levou ao que hoje chamaríamos de uma visão de missão, quando ouviu Jesus lhe dizer pessoalmente para "ir" e "pregar enquanto for, dizendo: 'O reino dos céus está ao alcance. Não leve ouro, prata ou cobre em seu cinto'". As palavras eram de Mateus 10:7, 9, mas então ganharam relevância imediatamente. Não foram poucos os cristãos a caracterizar Francisco como o mais semelhante ao Jesus humano entre os seguidores ao longo dos séculos. O papa Pio XI oficialmente o nomeou como "o segundo Cristo", o outro, ou *alter Christus*. A ordem franciscana, fundada por ele, procurou emular Francisco incorporando a vida de simplicidade. Os franciscanos dedicavam-se especialmente ao ministério junto aos doentes e promoviam os estudos medicinais. Esses irmãos tornaram-se agentes da missão que levou ao segundo episódio da presença cristã na Ásia.

Enquanto isso, Domingos, também amante dos pobres e agente das boas obras, escolheu o instrumento da proclamação para divulgar o cristianismo com sua Ordem dos Pregadores, que recebeu a aprovação papal em 1216. Como Francisco, ele confrontou um clero que muitas vezes agia como se fizesse truques de mágica com os sacramentos, ignorantes que eram das sutilezas da doutrina cristã. Os seguidores de Domingos interessavam-se especialmente pelo aprendizado, o que não foi o caso, a princípio, dos franciscanos, e do campo dominicano veio o mais profundo teólogo do milênio, Tomás de Aquino (1225-1274), que se elevou acima de todos ao desenvolver a *Summa Theologiæ* para os acadêmicos e a *Summa contra Gentiles* para inspirar os missionários, que também abriram caminhos em novos lugares do mundo. Sua abordagem se tornaria útil mais de dois séculos depois, quando os dominicanos destacaram-se na disseminação do cristianismo pelo hemisfério ocidental e outras partes.

Ordens religiosas como essas ajudaram a inventar as universidades, tais como Cambridge, Oxford e Bolonha. Apesar do que Tertuliano desconsiderara na África, eles encontraram formas de ensino no estilo de Atenas congruentes com a fé, simbolizada por Jerusalém. Tão impressionantes quanto as novas ordens, os tradicionais mosteiros beneditinos também passaram por reformas e construíram novos centros por toda a Europa. O mosteiro fundado em Cluny, na França, foi o mais importante centro de irradiação das renovações e, de lá, em 1098, uma nova ordem, os cistercienses, avançou para promover reformas adicionais. Alguns dos monges foram elevados ao papado, com destaque para Hildebrando, de Cluny, que, em 1073, tornou-se o grande papa Gregório VII.

LUTAS PAPAIS PELO DOMÍNIO

A rivalidade entre o papado e as coroas, especialmente na França, levou a revoltas contra as ordens papais e contra os papas. Se existia alguma consistência nos princípios papais, seria na defesa de que havia e só poderia haver uma única Igreja com um único chefe, algo que se tornara uma espécie de ficção na metade oriental da cristandade. Bonifácio VII fez a grande decla-

114 • *O primeiro episódio europeu*

ração na bula *Unam Sanctam*, em 1302, em que afirmava que "pela necessidade da salvação [todos os seres humanos, inclusive os mais poderosos] são inteiramente sujeitos ao pontífice romano". Adequadamente, ele acreditava na existência de duas espadas, a espiritual e a temporal, mas no mundo de Bonifácio a Igreja era a mais poderosa, pois proporcionava o acesso ao eterno enquanto os reis limitavam-se à terra. A Igreja Oriental ignorava tudo isso amplamente.

Um ponto alto do papado ocorreu sob Inocêncio III (papa entre 1198 e 1216), um aristocrata e teólogo que costumava atingir seus objetivos entre os monarcas europeus. Ele era o vigário de Cristo, afirmava, e por isso poderia envolver-se com as questões baixas e vis da prática política do Império e sobrepor-se e interferir nas ações civis de que discordasse. Ele convocou um concílio, Latrão IV, que se reuniu em 1215. Lá, para acertar uma questão prática sobre os sacramentos, o papa declarou que a "transubstanciação" era a maneira mais apropriada de descrever o que ocorria na missa. O prefixo "trans" é a chave para compreender que o pão e o vinho eram transformados no corpo e sangue de Jesus Cristo. Mas eles deixavam de ser o corpo e o sangue quando eram engolidos, um exemplo daquilo que os filósofos chamavam de "acidentes" do pão e do vinho. É possível dizer que o sacramento se destinava às pessoas, não ao estômago. Isso se tornou um apelo fundamental na missa medieval.

O papa Inocêncio manipulou as eleições no Concílio de Latrão, um conclave que o apoiou no avanço de afirmações extravagantes para o papado além de efetivar algumas reformas importantes. Ele nada tinha a ver com a Inquisição e fez contribuições indiretas para o surgimento da Magna Carta, uma vez que ajudou a limitar o poder do rei João, da Inglaterra. Do Concílio de Latrão também veio um raro gesto para os judeus, que passariam a receber proteção papal. Ninguém deveria atacar os judeus ou suas propriedades. Sim, os judeus teriam que portar uma identificação, mas isso justificou-se como uma defesa contra o casamento de cristãos com judeus, assim como um distintivo deveria impedir o casamento entre cristãos e muçulmanos, os sarracenos.

As extravagantes posições papais poderiam ter o apoio da força, uma vez que Inocêncio fizera alianças providenciais e obteve algumas vitórias, humilhando reis derrotados ao longo do caminho. Um poder assim, no entanto, não poderia durar. O papa, a fim de alcançar a vitória em casa sobre seu rival, o sagrado imperador romano, precisou estabelecer algumas alianças que fortaleceram linhagens reais, como a da França, e isso acabou revelando seu preço.

Ao mesmo tempo que estimulavam as Cruzadas e autorizavam a Inquisição, os papas posteriores a Inocêncio ocupavam-se continuamente dos próprios interesses territoriais e de autoridade. Algumas dessas contendas levaram a humilhações papais, a ponto de o francês Clemente V, em 1308, optar pelo exílio em busca de segurança. Ele achava que a cidade de Avignon poderia se tornar a base permanente dos papas, mas ela acabou por representar o que veio a ser chamado de "o cativeiro babilônico" do papado por setenta anos. A França vinha se tornando cada vez mais amigável ao papado. Clemente também viu pouca esperança em restringir o poder em meio à política das cidades-Estado italianas. Embora desejasse o poder dos reis para ajudá-lo a renovar as Cruzadas, ele e seus sucessores pouco fizeram para apertar os cintos e não conseguiram reunir os recursos necessários para o avanço da causa. Eles acumularam tesouros e desejavam demonstrar uma riqueza que superaria a de qualquer monarquia.

Os papas tentaram encontrar formas repressivas e ameaçadoras para pagar por seus luxos e construções, esforços que logo se tornaram impopulares por toda a Europa. Com isso, todo o papado enfraqueceu, mas após o "cativeiro" e seu retorno para Roma em 1377, os papas reivindicaram ainda mais poder do que antes entre as potestades da Europa, com as quais rivalizava. Algumas rivalidades levaram a cismas, com papas enfrentando contrapapas, cada qual legislando contra o outro no processo. Uma vez que os concílios, dos quais participavam bispos, senhores e leigos importantes, adquiriram novos poderes, tentaram equilibrar e conter as forças papais. O cabo de guerra usual entre os papas e os concílios indicava a incerteza sobre o poder papal de então, e a corrupção das vidas de alguns papas deixava as decisões da cadeira de Pedro ainda mais desacreditadas, assim como o próprio papado. Por vezes, os concílios pareciam ter vencido as contendas. No entanto, um concílio na Basileia em 1436 foi tão controverso que outro concílio posterior em Florença e Ferrara (1438-1445) — preocupado com as relações com a Igreja Oriental — levou à bula *Etsi non dubitemos*, de 1441, que afirmava ser o papado superior em autoridade aos concílios.

Nem tudo se perdeu numa época de corrupção e distração papal. Pelo contrário, muito se ganhou. As artes floresceram. Catedrais românicas e góticas tornaram-se as maiores expressões da devoção e da arte que a cristandade ocidental jamais vira. É possível deduzir os grandes temas da alta teologia e da vida ordinária dos leigos na Europa pelo estudo das histórias e memoriais nas catedrais. Os mosaicos, tapeçarias e a maioria das janelas, ilustrando a criação, a aliança e a vida de Jesus Cristo e da Virgem Maria, eram livros didáticos para os analfabetos, os altares para os que buscavam a beleza e o foco da devoção. Quando a Renascença cultural se desenvolveu, humanistas como Petrarca (1304-1374) restauraram os clássicos e, a partir deles, os artistas encontraram nova inspiração. Agora, adornavam as paredes das igrejas e dos palácios do santuário com representações das histórias tanto dos santos quanto, curiosamente, de pagãos. Jesus Cristo teve que encontrar seu caminho na companhia de *Leda e o cisne*, ou do *Rapto das sabinas*. Mas os retratos de Maria e do menino Jesus, ou do próprio Jesus martirizado, inspiraram a resposta daqueles que amavam a arte e, ao mesmo tempo, praticavam a piedade.

REALIZAÇÕES DA TEOLOGIA EUROPEIA

A Igreja europeia ocidental não foi desprovida de teologia durante a era das Cruzadas e das guerras santas intraeuropeias. Alguns veem a teologia desse período como a mais grandiosa da história católica. Curiosamente, enquanto muitos teólogos se preocupavam com o ensino do pecado original ou sobre os sacramentos, mais importante e reveladora era a revisão da Igreja ocidental dos temas sobre Jesus Cristo que foram primeiramente formulados na Ásia, nos séculos IV e V. Algumas questões deixadas em aberto pela igreja primitiva precisavam ser tratadas, e foram. Típico e mais notável foi um ponto não resolvido em Niceia e na Calcedônia, no Oriente. Sim, como esses concílios insistiram, Jesus Cristo era Deus e homem. No entanto, Anselmo da Cantuária (1033-1109), o mais curioso e ousado dos novos teólogos, fez a pergunta que era desesperadora para tantos: *Cur Deus Homo?* — por que Deus se tornou humano e por que precisou se tornar humano? Eram questões que os monoteístas seguidores de Alá, no islã, ou os judeus da aliança ancestral do cristianismo sequer sonhariam em fazer, mas que apontavam para a marca distintiva que nomeava o cristianismo.

Anselmo adquirira as credenciais para enfrentar as grandes questões, por exemplo ao fornecer a "prova da existência de Deus" numa argumentação chamada "ontológica". Ela dependia de algumas proposições lógicas bastante complexas e não residia em provas físicas, mas apenas na razão. Essa abordagem satisfez muitos cristãos da época e ainda atrai alguns até hoje. Curiosamente, para muitos desses argumentos, o valor atribuído à razão significava recorrer a Aristóteles, um filósofo pagão cujos escritos poucos esperariam encontrar nos sagrados recintos católicos. Isso ocorreu especialmente porque ele fora popular entre os muçulmanos e judeus, os guardiões de seu legado na Espanha. Mesmo assim, os argumentos de Aristóteles pareceram satisfatórios e úteis e, portanto, foram utilizados e proclamados como satisfatórios.

Tomás de Aquino, o gigantesco "boi surdo", o maior e há muito declarado teólogo católico normativo, fez grande uso de Aristóteles. Muitos tentaram deter Tomás em seu caminho vocacional, inclusive sua família, que lhe ofereceu uma prostituta como tentação para distraí-lo de seus intentos, mas ele se manteve determinado e se tornou um firme e produtivo dominicano. Antes de suas contribuições teológicas, no entanto, alguém tinha que resolver aquela questão recém-formulada sobre como o divino e o humano encontravam-se em Jesus Cristo. Entre esses "alguéns" estava Anselmo.

Após o Concílio da Calcedônia, em 451, vimos que alguns cristãos orientais afirmavam que Jesus Cristo possuía apenas uma natureza, e por isso os conhecemos como monofisistas. Outros, em especial os nestorianos, viam as naturezas divina e humana operando de forma muito levemente relacionada. Aos olhos de Anselmo, no entanto, essas abordagens impediam Jesus Cristo de ser um mediador perfeito; portanto, a salvação humana estava em risco nas mãos desses cristãos. Para chegar rapidamente ao ponto de controvérsia, como os anselmianos viam a desordem no mundo caído de Deus, pecado num mundo que não fora concebido como mau, em termos bíblicos eles culparam os pecadores humanos. Sendo pecadoras, as pessoas não podiam se acertar com um Deus de justiça que, de alguma forma, precisava se vingar dos injustos. Pelo lado humano, era pre-

118 • O primeiro episódio europeu

ciso haver o sacrifício de um justo, e não havia ninguém apto. E assim Deus entrou na história com Jesus Cristo, como Deus e ainda assim como inteiramente humano. Quando se ofereceu para ser morto, ofereceu satisfações por toda a raça humana, da qual fazia parte e era o representante. "Satisfação" tornou-se a palavra-chave para descrever o que Jesus fez ou deu aos humanos enquanto humano e devido à sua natureza divina. Anselmo resumiu: "Pois como existe uma natureza e várias pessoas em Deus, e as diversas pessoas são uma natureza, assim há uma pessoa e diversas naturezas em Cristo, e as diversas naturezas são uma pessoa." Essa visão, ou ensinamento, tão arcana e distante da maior parte do pensamento moderno, uma marca da igreja latina, foi transformada em hinos, liturgias e devoções.

Religião popular e reforma

Outra esfera de criatividade era a religião popular. Os leigos eram em número muito maior do que o de bispos, papas, padres, monges e freiras, e tinham suas vidas para viver. Eles participavam da missa e faziam peregrinações, mas, segundo evidências que ainda estão sendo descobertas e exploradas, também mantinham seus próprios conselhos e manifestavam suas próprias compreensões da fé, nem todas congruentes com o catolicismo oficial. Alguns historiadores acham que a adoração das relíquias, as tramas das criações teatrais nas praças das catedrais, a leitura de presságios e sinais e até mesmo o exorcismo de demônios surgiram a partir de representações bíblicas. Apropriando-se das festividades pagãs e tornando-as cristãs, como foi o caso da observância dos ritos sazonais da fertilidade do inverno e do verão, que se transformaram nos Natais folclóricos e na Páscoa popular, os fiéis desejavam o melhor dos dois mundos. Num cosmo onde os céus ameaçavam com o julgamento e onde a "Dança da Morte" era descrita em sermões em termos aterrorizantes, era um consolo poder carregar objetos físicos como o rosário ou empenhar-se em gestos físicos como as peregrinações.

Os símbolos elaboravam as doutrinas. Se o papa era o representante universal de Cristo, Maria tornou-se a "Mãe universal", inspiradora das boas obras. Num mundo em que a Peste Negra carregou muitos milhões, que haviam sido poupados pelas guerras, tornou-se uma redenção para os sofredores descobrir o Jesus sofredor identificando-se com eles. Realizar essa identificação era mais importante do que implorar para o invisível, e muitas vezes inacessível, governador divino do universo. O acesso a Jesus com frequência se dava através das orações aos santos ou por apelos baseados na adoração de relíquias, muitas das quais, em séculos posteriores, viriam a ser denunciadas como falsas pelos próprios católicos. O inventário dos estoques de sangue de Cristo, lágrimas de Maria ou lascas de madeira da Vera Cruz favorecia seus proprietários, às vezes príncipes e comumente homens da Igreja. A despeito de todo o esplendor aparente das igrejas em Roma, das catedrais por toda a Europa, das bibliotecas renascidas e ordens monásticas reformadas, o cristianismo que prevaleceu na metade do segundo milênio também exibiu sinais de desgaste.

Uma nova geração de reformadores surgiu: John Wycliffe (c. 1329-1384), na Inglaterra; Jan Hus (1372-1415), na Boêmia; e o dominicano Girolamo Savonarola (1452-1498), na Itália, atacaram as práticas corruptas dos papas e da hierarquia e tentaram estimular a piedade cristã para uma maior realização da história original do evangelho na vida da Igreja. Claramente, um modo de formação cristã começava agora a se mostrar bastante comprometido e à beira do esgotamento. Próximo ao ano 1500, uma estrutura e síntese de um milênio e meio de existência caminhavam para o final do que estamos chamando de o primeiro episódio europeu.

O que a Igreja ocidental não tinha como ganhar em casa buscou conquistar a distância, a ponto de tentar resgatar as almas dos muçulmanos. Alguns católicos até mesmo voltaram-se para a Ásia central, sob o domínio dos mongóis e onde os governantes pareciam aliados potenciais contra os muçulmanos. Liderados mais de dois séculos antes pelo heroico Raimundo Lúlio (c. 1233-c. 1315), alguns representantes das ordens religiosas chegaram a sonhar com a reconquista espiritual e lograram êxito em estabelecer postos avançados no norte da África e no Oriente. Lúlio precisa ser incluído nos registros como um dos agentes mais ambiciosos e capazes de trabalhar no sentido de trazer os muçulmanos para Cristo usando a educação como instrumento. Ele encontrou muito que dizer sobre o islã, mas fez poucas conversões, se é que fez alguma. Precisou voltar de mãos vazias, ciente da futilidade do esforço de cumprir o mandamento de Cristo de espalhar-se por todo o mundo. O islã prosperava enquanto o cristianismo no Ocidente declinava em número, poder e disposição diante da Peste Negra. Com impasses e derrotas em outras frentes, Portugal e Espanha começaram a enviar navios para locais distantes, incluindo a travessia do Atlântico pela primeira vez. Lá eles acabariam por encontrar domínios em dois continentes, aos quais chamaram de Américas e que estavam abertos para novos episódios de experiência e intermediação cristã.

Enquanto isso, na antes unida Europa Ocidental, um novo episódio começou, marcado pela divisão, reforma, novas invenções e promoção dos trabalhos que teólogos como Anselmo haviam projetado: declarar as diversas maneiras pelas quais o Jesus humano como o Senhor glorificado deveria ser adorado, seguido e usado para justificar as ações dos príncipes e hierarcas, assim como da gente comum em suas várias denominações e países.

5.

O SEGUNDO EPISÓDIO EUROPEU

Embora em tempos antigos (c. 150 a.C.) Crates de Malos, um geógrafo grego, tenha construído um globo e alguns poucos outros tenham descrito as formas de fazê-lo, em 1492, um aventureiro e cartógrafo de Nuremberg, Martin Behaim, construiu um *Erdapfel*, uma "Maçã da Terra", ou globo, que ainda existe. Uma curiosa mistura de realidade e fantasia mapeadas, litorais visitados e paisagens imaginárias, surgiu bem a tempo de ser usado pelos circunavegantes que se seguiram quase que imediatamente na esteira de Cristóvão Colombo. Também em 1492, aquele capitão do mar estava ocupado, mais do que supunha, ajudando os modernos a finalmente conceber a Terra como um globo. Exploradores, comerciantes, colonizadores, piratas e missionários atentos agiram segundo essa concepção e promoveram o encontro de diversos povos e culturas como nunca antes. Os cristãos ocidentais, graças às histórias que ouviram de comerciantes medievais como Marco Polo (1254-1324), já tinham noções vagas sobre povos distantes, mas agora estavam diante das religiões desses "outros" ao alcance da mão. Os representantes do Deus Único partiram para confrontar africanos, asiáticos e outros — devotos de seus próprios rituais e deuses —, em encontros em geral mortais, mas que também podiam ser positivos.

Se a crença no Deus Único era a marca definidora do cristianismo contra o budismo, o hinduísmo e muitas outras, a crença de que o único mediador entre o Deus Único e os humanos era Jesus Cristo diferenciava o cristianismo em relação à sua estirpe monoteísta, o judaísmo e o islamismo. No novo episódio do cristianismo ocidental, que começa em torno do século XVI, as forças religiosas do continente se mantiveram cristãs. Portanto, o debate sobre se o Jesus humano era o Senhor glorificado tornara-se uma questão menor do que mil anos antes e como voltaria a ser mais tarde, nos tempos modernos. Os confrontos do século XVI eram complexos, não só porque os cristãos ocidentais e orientais haviam se separado em 1054, porém, mais importante, pela extensão do cristianismo, uma vez que o Ocidente não mais representava o mesmo tipo de unidade que permitia aos líderes se dedicar a missões de disseminação da fé católica única e à ampliação de seus domínios.

Na frente doméstica, com a cristandade ocidental cindindo-se — o catolicismo romano sob o papado opondo-se a todos os outros cristãos, assim como os cristãos não católicos opondo-se entre si —, a questão da cristologia mudou para perguntas sobre *como* e *por que meios* o trabalho de Deus em Jesus Cristo era efetuado entre os humanos. Mais tarde, no período moderno, a fé em Deus como Pai de Jesus Cristo foi questionada de forma tal que obrigou as igrejas a responderem. O contexto persistente era com os judeus e o judaísmo.

Os judeus e os outros como "os outros"

Apesar de o islã, depois de 1492, ter sido empurrado de volta no flanco oeste, da Espanha, ainda era uma ameaça a Viena, pelo lado leste. A cristandade católica teve alguns poucos encontros com os muçulmanos sobre a pessoa e o trabalho de Jesus Cristo, assim os judeus permaneciam os "outros" para os cristãos. Desconfiança e ódio davam os tons dos contatos, graças à longa história que não resgatava praticamente nenhum aspecto positivo das relações entre judeus e cristãos ao longo do milênio que os precedia. As minorias judaicas, por toda a Europa, eram reduzidas e impotentes para fazer qualquer diferença nas questões militares e governamentais. No século XVI, todas as antigas rejeições do cristianismo contra o judaísmo e do judaísmo contra o cristianismo encontraram nova expressão. Os cristãos também atacaram os judeus por aspectos culturais e econômicos. O rebaixamento do judaísmo na época ainda pode ser testemunhado na arte das catedrais europeias daqueles séculos. Nela, a *ecclesia*, ou "A Igreja", era sempre retratada de forma favorável, enquanto que a *synagoga*, ou "A Sinagoga", era descrita como qualquer coisa desde uma figura cega a uma porca, o animal mais repulsivo para os judeus.

Enquanto a Igreja ocidental se partia no século XVI, era de se esperar que todos os lados se distraíssem das demonstrações de ódio pelos judeus, mas não foi esse o caso. O maior humanista e erudito a se manter leal a Roma na época dos levantes religiosos, Erasmo de Roterdã (c. 1456-1536), na Holanda, representa um típico caso cultural: "Se odiar os judeus é ser um bom cristão, todos somos cristãos em abundância." Ele invejava os franceses por terem estabelecido uma lei contra os judeus e os banido em

1348. Por volta da década de 1540, em terras alemãs, Martinho Lutero (1483-1546), um líder das igrejas cujos laços com Roma haviam se rompido, escreveu textos vociferantes que sugeriam que poderia estar descontrolado sobre essa questão. Ele fora amigo pessoal de judeus em seus primeiros anos e ainda procurava pessoas de raça e cultura judaica, ansioso por convertê-las ao cristianismo. Esperava que sua tradução da Bíblia e sua pregação, que mantinha o papado a distância, pudesse ser atraente para os judeus. Ao não receber resposta e como pouquíssimos se converteram, frustrado e furioso, Lutero voltou-se contra a sinagoga, assim como muitos de seus colegas e sucessores.

Enquanto cristãos que nutriam um ódio histórico pelos judeus os acusavam de deicídio — ou seja, de terem sido agentes, ou, ao menos, cúmplices, do assassinato do Deus Jesus —, Lutero e a maioria dos críticos protestantes e católicos do judaísmo concentraram-se no fato de que, embora os judeus contemporâneos pudessem ter respeitado o Jesus humano, o rabino, aceitá-lo como o Senhor glorificado provocava-lhes uma repulsa que não podia ser considerada menos do que absolutamente profunda. Sua fidelidade àquela visão de um Deus sem Cristo precisava mudar, pensavam igualmente os protestantes e católicos, e portanto era preciso converter ou perseguir os judeus.

Um segundo desafio ao status e papel de Jesus, conforme as reformas da Igreja avançavam, veio de ocasionais antitrinitários, que começavam a ser chamados de unitaristas. Eles rejeitavam as lições dos antigos concílios de que Jesus, como uma das três figuras da trindade, era "igual a Deus". Os católicos, assim como os grupos que começavam a ser rotulados ou nomeados e cuja presença em breve se faria sentir — entre eles luteranos, calvinistas, anglicanos e outros —, uniram-se contra os unitaristas e outros que consideravam subversivos. Alguns dissidentes afirmavam que a Trindade era uma concepção pós-bíblica dos concílios da Igreja. A instância de perseguição de maior notoriedade ocorreu quando Miguel Servet (1511-1553) apareceu na fortaleza calvinista de Genebra, na Suíça. Ele acabou sendo condenado à morte por heresia, com a aprovação das mais altas autoridades. Esse antitrinitarismo tornou-se um movimento significativo na Lituânia, Polônia e Transilvânia, chegando até mesmo a viver uma "era de ouro" do que mais tarde se tornou conhecido como unitarismo. Em todas as suas igrejas, Deus, a Bíblia e o Jesus humano eram respeitados, mas Jesus não podia ser o Senhor glorificado, a segunda pessoa da Trindade.

A terceira rejeição ao status divino-humano de Jesus veio mais tarde, no Iluminismo do século XVII, quando o monoteísmo foi, em certo momento, substituído pelo deísmo. Esse foi um movimento no qual os líderes afirmavam a existência de algum tipo de poder sobre-humano, mas não de um Deus personalizado. Mais tarde, muitos deles celebraram a razão humana como substituto da revelação divina e, a partir disso, avançaram criticamente para o ateísmo, que, é claro, não tinha lugar para qualquer pessoa ou ser "glorificado", fosse Jesus como Deus ou o próprio Deus.

Cisão da cristandade europeia

Para enquadrar o segundo episódio europeu no tempo, é preciso saltar de volta para o século XVI e depois à frente, para o século XXI. De volta ao século XVI: um novo episódio da história de como os cristãos viam a ação de Deus entre eles começa com a frustração dos exércitos e impérios muçulmanos entre 1492 e 1526 na Espanha e próximos a Viena. As interações entre muçulmanos e cristãos desde então foram raras e remotas, até o aparecimento de populações muçulmanas significativas na Europa no século XXI ajudar a enquadrar os últimos anos do segundo episódio do cristianismo lá. Por uma variedade de motivos, os defensores do islá não foram capazes de expandir e governar seus territórios após 1492, como vinham fazendo durante os séculos anteriores. Assim, durante o período da exploração e expansão do Ocidente, a Europa cristã, diante da oportunidade de se tornar uma presença global, usou-a bem. Agora, para o século XXI: a chegada tardia de povos muçulmanos ao Reino Unido, Holanda, França, Alemanha, Espanha e outros lugares no terceiro milênio não alterou o equilíbrio geral da população. Sua presença em comunidades de próspera devoção, no entanto, serviu de contraste ao declínio de fiéis nos cultos cristãos, com catedrais transformando-se em museus, igrejas praticamente vazias e capelas muitas vezes sem uso. É possível superestimar a situação pelo fato de o segundo episódio europeu estar chegando ao fim, mas os sinais estão lá de que o antigo domínio dos cristãos se foi, as lealdades se apagaram, a influência cultural é menor e a própria fé tem um menor domínio do que em boa parte dos últimos 1.500 anos.

Se aquelas datas e eventos marcam princípios e finais, há um quadro a ser pintado entre elas, um conjunto de cenas complexas e emocionantes, tão dramáticas que o míope e arrogante, ainda que talentoso, apólogo católico Hilaire Belloc (1870-1953) ainda tinha bons motivos para colocar os óculos de um provinciano. Ele afirmou na década de 1930 que "a Europa é a fé" e "a fé é a Europa". A Europa, é claro, não era e não é uma única coisa, e o tempo sobre o qual Belloc falava não representava uma continuidade simples. No segundo episódio europeu, os povos da "obediência papal" precisavam ceder espaço a cristãos com outras lealdades. Entre o século XVI e o XX, uma nova Europa emergiu, não mais coberta por aquela única cúpula. Tal mudança foi um presságio global, uma vez que suas nações e igrejas eram agências que enviavam missionários e exportavam teologias e liturgias para outros continentes e de lá recebiam respostas, incluindo novos ângulos de visão e linguagens religiosas.

Um observador astuto poderia prever, como alguns de fato previram, a chegada de mudanças drásticas no catolicismo em torno de 1500. Os conflitos entre papas e concílios, que ficaram conhecidos como conciliarismo, haviam se acalmado. Antes e depois de este movimento ocorrer, eram os papas que convocavam os concílios e os dominavam, muitas vezes pessoalmente, outras através de representantes. Agora os conflitos entre papas e imperadores ou reis prenunciavam a perda da autoridade simples na Igreja dominante e oficialmente a única. Histórias de corrupção no alto clero eram repulsivas para muitos dos fiéis. Os teólogos começaram a manifestar opiniões diferentes sobre a eucaristia e a autoridade da Bíblia, e doutrinas relativas à natureza humana e o destino divino causaram controvérsias sobre a predestinação divina e o arbítrio humano. Os descontentes se voltariam para a revolta apenas quando a disputa se tornasse menos sobre a moral e mais sobre os ensinamentos da Igreja, uma vez que essas ideias tinham consequências para o destino das almas imortais. Príncipes dissidentes muitas vezes apoiaram movimentos críticos voltados para a reforma, aumentando assim a força dos reformadores.

Uma ideia central do governo católico romano, que se tornara vulnerável aos ataques, era que Deus autorizara uma única autoridade terrena, o papa como vigário de Cristo, que podia combater e punir os monarcas. Os altos hierarcas poderiam impedir os padres de realizar atos sacramentais necessários para o acesso ao paraíso enquanto a ameaça do inferno pairava entre os tementes. Deveria essa autoridade fatídica, perguntava-se com cada vez mais frequência, pertencer àqueles que viviam e ensinavam de maneira corrupta?

Questões como essa começaram a encontrar respostas nas incipientes universidades, onde os acadêmicos fomentavam ideias que levaram a dissidência, oposição e cismas. Estudantes de Oxford, Cambridge, Paris e Roterdã, e por fim Wittenberg e Genebra, revisitaram os textos bíblicos em seus idiomas originais e convenceram-se de que estavam sendo suprimidos ou mal interpretados por Roma. Argumentaram que as almas famintas ou os povos assustados seriam alimentados e que haveria cura e liberdade se os pastores e os povos pudessem ler e responder de maneira renovada às palavras das escrituras da divina graça de Jesus Cristo. A imprensa, inventada por um grupo de pessoas na Mogúncia, entre as quais Johannes Gutenberg, na década de 1450, deu acesso ao mundo mais amplo, de forma que mais e mais pessoas puderam se informar de ações em outras partes. As comunicações mais rápidas ofereceram informações que levaram a provocações contra a Igreja oficial, algumas delas agindo nas almas dos estudiosos e de pessoas de grande devoção e paixão mística, mas também entre as multidões.

Enquanto, com a queda de Constantinopla em 1453, os papas e seus exércitos e agentes reagiam à ameaça de invasão do islã, também foram pegos entre as forças católicas. Entre essas, destacam-se as dinastias dos Habsburgo e Valois, que aspiravam a controlar grande parte da Europa. Elas apelaram para a autoridade espiritual do papa a fim de promover seus próprios objetivos uma contra a outra, basicamente às custas do poder do pontífice, mesmo enquanto ele as usava ou tentava usá-las, assim como as suas forças. Enquanto os papas e príncipes ocupavam-se com tais preocupações materiais, uma profunda discussão espiritual e teológica estava em andamento. Tinha a ver com a maneira como os humanos, vistos como afastados de Deus pelo pecado, deveriam se acertar com Ele, como poderiam superar a culpa e enfrentar a ansiedade, e como teriam a certeza de que Jesus Cristo oferecia-lhes a graça e assim agradavam a um Deus julgador.

Os papas encontraram um instrumento eficaz nessa frente na pregação do purgatório, que vimos ser um lugar ou situação descritos como a oferta de uma segunda chance de felicidade após a morte e também após longos anos de purgação antes de a alma entrar no paraíso. Num sentido, o purgatório refletia uma noção comum: se um indivíduo não tivesse cumprido as próprias obrigações, os sobreviventes, especialmente os membros da família, poderiam compensar suas deficiências. O papa afirmava deter "o ofício das chaves", para usar uma variação da frase bíblica relativa às portas do céu ou do inferno. Ele e seus subordinados afirmavam que poderiam ajudar a encurtar o tempo no purgatório, ou aumentá-lo, e até mesmo auxiliar na condenação dos pecadores ao inferno. Assim a salvação podia ser administrada sob formas políticas e econômicas.

CRISTANDADE EUROPEIA PERMANENTEMENTE DIVIDIDA

Em meio a todo o embate de espadas e armaduras, na marca da metade do milênio, surgiu um movimento livresco chamado Humanismo. Alguns estudiosos estavam colocando em prática o que recentemente haviam aprendido com a "literatura humana", derivada da antiga literatura clássica. Eles questionavam as bases bíblicas e teológicas para o purgatório. Esses humanistas também descobriram e revelaram antigos documentos, muitos dos quais se contrapunham às afirmações de poder terreno do papa e outras oficialmente associadas à Igreja. Eles ressuscitaram e traduziram textos espiritualmente ricos, produzindo novas versões do básico, a Bíblia. Alguns dos novos mestres, como Thomas More (1478-1535), na Inglaterra, e Erasmo, na Holanda, mantiveram-se dentro da órbita católica. More usou sua posição para condenar o rei Henrique VIII por seu "divórcio". Ele se tornou um aliado humanista e espiritual à distância de Erasmo de Roterdã, e foi executado em 1535, em meio às disputas de poder na época de Henrique. Antes disso, ele e Erasmo supriram os reformadores com munição espiritual. Erasmo se manteve em sua fortaleza acadêmica, ineficazmente protegida por Roma, que ele criticava e satirizava de maneira implacável.

O mais conhecido dos centros de agitação veio a ser uma anódina cidade da Saxônia, Wittenberg, onde um grupo de monges e outros estudiosos reuniram-se sob a proteção de Frederico, o Sábio (1463-1525), eleitor da Saxônia. Bem posicionado entre os príncipes falantes do alemão, ele voltava-se para os interesses locais, como muitos de seus pares. Eles acabaram por perceber como essas preocupações frequentemente eram contrárias às da hierarquia da Igreja, com seu foco em Roma. Como eleitor, Frederico tinha um voto na escolha dos imperadores romanos, que governavam boa parte da Europa central e da Espanha. Ao longo de seu reinado, Frederico encontrou motivos para desconfiar e não responder ao papado. A rivalidade entre Roma, significando o papa e seus aliados, e as forças dos príncipes no Sacro Império Romano representava um dilema para o papado. O papa não podia agir facilmente contra os príncipes e reis, pois precisava pelo menos de um mínimo de sua lealdade para oferecer uma frente unida contra os muçulmanos, "os turcos", assim como os príncipes e reis, por sua vez, precisavam a tal ponto do papa que, numa dieta em Speyer, em 1529, tiveram que se curvar aos que protestavam, de onde veio o nome "protestantes".

Os eventos naquele pequeno canto de Wittenberg, na Saxônia, a princípio não pareceram oferecer potenciais consequências para além daquele reino. O papa descartou os primeiros sinais como rixas entre os monges alemães. O filósofo do século XX Alfred North Whitehead considerou o levante subsequente como uma briga de família dos povos europeus do noroeste. Muitos dos participantes das disputas na Igreja preocupavam-se com a teologia e deram pouca atenção ao mundo emergente de cientistas e céticos ao seu redor, aos quais boa parte do futuro viria a pertencer. As igrejas ortodoxas do Oriente ignoraram serenamente a agitação. No entanto, as consequências que mudaram o mundo se seguiram. Estreitando o foco ainda mais, alguns historiadores descreveram a ação como tendo começado como uma revolta na faculdade júnior da remota universidade de Wittenberg. Pioneiro entre eles foi o acadêmico agostiniano especializado nas Escrituras Hebraicas, Martinho Lutero, um monge jovem que se tornou um virtuoso do autoexame e especialista na condenação de outros. Esse articulador brusco, embora angustiado, do que significava se sentir distante de um Deus irado e julgador afastou-se progressivamente de uma liderança da igreja ineficaz e imoral. Jamais teria lhe ocorrido rejeitar toda a Igreja. Olhando em retrospecto e ao redor, ele declarou que onde quer que os padres batizassem pecadores, as pessoas pudessem participar da ceia do Senhor e os clérigos pregassem o evangelho com base nas escrituras, *lá* estaria a Igreja. Junto com as demais igrejas da época, a do Oriente e a do Ocidente, ele e seus colegas apegavam-se aos credos antigos segundo os quais o Jesus humano, o judeu, era o Senhor glorificado, e a crença na Santíssima Trindade era reafirmada.

Quando Lutero fez o somatório de seus problemas com a Igreja, constatou que, para ele, todos resultavam do fato de que a Igreja havia se tornado uma barreira, em vez de um canal, para a graça divina na comunidade humana e para a alma individual. Um gênio da tradução e na projeção de suas agonias pessoais, ele atingiu milhares que, como ele, estavam em busca de um Deus gracioso. Suas lutas podiam parecer mais prosaicas e modestas do que as dele e daqueles outros inquietos escritores e pregadores, mas as congregações podiam ressoar com eles. Na face pública da Igreja, encontraram Lutero dando voz ao seu descontentamento contra o que, para ele, era um sistema repulsivo no qual as "indulgências" eram vendidas. Esses pedaços de papel comprados supostamente efetuavam modificações nas transações que determinavam o tempo de permanência no purgatório. Onde, em meio a tudo isso, perguntava Lutero, estava o perdão do amor de Deus em Jesus Cristo, sobre o qual as novas traduções de Paulo, dos evangelhos e das Escrituras Hebraicas tinham tanto a dizer? Os habitantes de Wittenberg tinham que lutar por conta própria para descobrir.

Lutero experimentou aquilo que Roma tinha a oferecer, incluindo visitas a santuários e relíquias durante uma missão monástica em Roma. Fatalmente para seu repouso dentro do sistema, ele perguntou sobre tudo aquilo: "Isso é verdadeiro?" "Isso" não se referia à promessa de Deus no evangelho, mas a todo o sistema ordenado da Igreja ocidental como distribuidora ou detentora da graça. Nas leituras dos escritos de Paulo, o apóstolo, no mosteiro para o qual fugira em busca da graça, encontrou a resposta num termo bem abstrato usado por Paulo na Carta aos Romanos: o crente dependia *apenas* da "justificação pela graça através da fé". Em Jesus Cristo. Lutero interpretou o significado disso como se nada que ele se dispusesse a obter através de boas obras ou disciplina espiritual agradaria um Deus sagrado e perfeito. Em vez disso, tudo dependia da fé na graça generosa e espontânea de Deus. Às vezes, ao explicar essa transação, ele mencionaria uma "troca feliz" na qual tudo o que Jesus Cristo é e representa se

132 • *O segundo episódio europeu*

torna próprio do pecador batizado e arrependido. O Jesus divino e humano deixou o poder divino de lado e "trocou-o" pela participação na condição humana, a ponto de dar a própria vida pela dos outros. Lutero leu isso no segundo capítulo da carta do apóstolo Paulo aos filipenses. Nessa transação, o Jesus humano como o Senhor glorificado era o único mediador entre Deus e os humanos, e seu dom privava os humanos da necessidade ou habilidade de "trabalhar" pelo caminho da salvação.

O professor tinha o apoio dos amigos e estava cercado deles, mas também tiveram todos que lutar furiosamente contra forças reformadoras rivais. Na faculdade de Wittenberg, seu erudito amigo Philipp Melanchthon (1497-1560) defendeu o caso mais sistematicamente do que Lutero, assim como o acadêmico franco-suíço João Calvino (1509-1564), em Genebra. Outro líder suíço, Ulrico Zuínglio (1484-1531), alimentou o fogo. Na Inglaterra e na Escócia, as rupturas estavam a caminho.

O papa e o imperador não perceberam imediatamente o que estava ocorrendo, mas isso não demorou a acontecer, e, quando começaram a compreender, debateram a princípio e então tentaram conter a revolta das forças de renovação. Mudanças significativas também foram levadas a cabo em lugares leais ao papa, como no caso da piedosa rainha Isabel (1451-1504), que, com seus acadêmicos e monges na Espanha, realizou suas próprias reformas. Camponeses inquietos e congregados comuns por toda a Europa ocidental, em meados da década de 1520, começaram a se associar a algumas das pregações e práticas que os afetavam.

Em 1521, na dieta de Worms, Lutero, com a declaração que chegou até nós, "Aqui estou eu!", desafiou a autoridade civil e religiosa entrelaçadas, recusando-se a abjurar seus ensinamentos quando pressionado a fazê-lo. Quase que simultaneamente, outros, com diferentes nuances e adeptos, também começaram a se afastar, ou serem afastados, do imperador e do papa. Foram auxiliados pela ameaça do turco hediondo, que continuava a amedrontar os líderes papais e seus aliados. As autoridades da Igreja desejavam a unidade do cristianismo ocidental para se defender na frente oriental. Mais significativamente, enquanto os graus de resposta variavam, e não deveriam ser romantizados pelos simpatizantes, ou exagerados pelos opositores, os leigos começavam a seguir os novos ensinamentos, região após região. Reformadores no continente e na Inglaterra traduziram a Bíblia para diversas línguas vernaculares, e os comunicadores de massa da época, isto é, impressores e editores, piratearam milhares de seus trabalhos, que eram comercializados para pessoas que, frequentemente com seus príncipes, deixavam a igreja de Roma — mas, insistiam, não deixavam a Igreja. Enquanto os instruídos entre eles substituíam a autoridade papal por um apelo à Bíblia e rejeitavam certos sacramentos, quase todos mantiveram o batismo e a ceia do Senhor, embora se dividissem em relação a algumas interpretações de ambos.

Compreensivelmente, nenhum dos governantes dentre as nações emergentes do norte da Europa gostou de enviar dinheiro através dos Alpes para a construção da extravagante igreja de são Pedro, ou apoiar Roma e se curvar à sua autoridade de qualquer outra maneira. As respostas às agitações na Saxônia e em outros centros reformadores foram decididamente misturadas. Roma, que resistiu à convocação de um prometido concílio eclesial, passava por sua própria reforma parcial, exatamente como ocorria na Espanha, em Portugal, na Itália, em partes da França, na Holanda e em alguns territórios alemães. Ainda assim, o antigo Sacro Império Romano agora já estava comprometido e enfraquecido, enquanto os monarcas de diversas nações viam seu poder aumentar. Esses governantes mantinham frouxos os laços com Roma quando isso servia a seus interesses estratégicos.

Loja nova, estilo antigo

Com poucas exceções, os novos movimentos da Igreja reformaram a loja seguindo o velho estilo estabelecido. Permitiram aos governantes seculares estabelecer a religião de seus regimes — uma política que finalmente se tornou oficial em 1555 — e assim limitaram a liberdade religiosa que muitos teriam esperado dos protestantes, que vinham buscando sua própria independência. Muitos se juntaram à perseguição daqueles que reclamavam que os reformadores não tinham ido longe o suficiente. Atacaram aqueles que vieram a ser chamados de anabatistas, por rebatizarem os adultos que haviam se convertido após terem sido batizados na infância ou batizarem apenas iniciados adultos.

As vozes da Reforma estavam sendo ouvidas na Holanda, na Suíça, na Europa central, nas Ilhas Britânicas e, conforme observado, até mesmo nos

134 • O segundo episódio europeu

Estados papais da Itália. A maioria dos líderes disse que não pretendia governar pela espada, mas por um chamado pacífico à disciplina e a seguir Jesus. Havia também os tipos mais tempestuosos, inquietos e bem menos pacíficos entre eles que desejavam sim o avanço do reino pela espada. Sua existência tornou-se então uma ameaça ao protestantismo estabelecido, assim como ao catolicismo. As forças estabelecidas fizeram o que podiam para dar fim à "heresia", chegando ao ponto de queimar e afogar vítimas que não ofereciam resistência.

Os principais tipos de líderes protestantes, muitas vezes chamados "evangélicos", pois afirmavam seguir os evangelhos, estavam mais voltados para seus interesses locais e seguiram caminhos separados. Um caso ilustrativo foi o fracasso da união entre os partidos de Lutero e de Zuínglio. A maior questão era a interpretação da ceia do Senhor. Zuínglio e seus partidários diziam que o pão e o vinho do sacramento simplesmente representavam o corpo e o sangue de Cristo numa observância memorial. O sucessor de Zuínglio, Heinrich Bullinger (1504-1575), abrandou essa visão e rejeitou o conceito de "simplesmente". Em Zurique, o conceito de "relembrar" na ceia do Senhor era visto como um ato poderoso que ajudava a congregação a crer mais profundamente do que se apoiada apenas pela palavra. Assim, em certos sentidos, a congregação tornava-se ela mesma o corpo de Cristo.

Lutero e os luteranos persistiram em manter a distância daqueles reformistas que afirmavam que o "Senhor ascendido" não poderia estar presente também à mesa dos humanos. Lutero, num estilo mais católico e acreditando no que seu partido chamava de "a ubiquidade" de Jesus Cristo, defendia que esse Cristo poderia sim ser — e era — ambos, glorificado à mão direita do Pai e ao mesmo tempo humilde nos elementos terrenos do pão e do vinho. Lutero acusou enfaticamente os zuinglianos de terem um espírito diferente e resistiu aos esforços para que fizesse concessões.

As tentativas dos partidos de se distanciarem de Roma, no entanto, espalharam-se, como no caso significativo do monarca Henrique VIII (1491-1547), na Inglaterra, que rompeu com os romanos após controvérsias sobre sua carreira matrimonial, amparado por numerosos intelectuais de mentalidade evangélica. O rei aventurou-se pela teologia ao atacar Lutero com um panfleto e foi recompensado pelo papa com o título de "Defensor da Fé". Subitamente, surgiu a questão: de que versão da fé seria ele o defensor? Então, agindo contra e desafiando o papa, ele se tornou chefe da Igreja da Inglaterra, num movimento que foi então chamado, e ainda é, anglo-católico. Esse movimento teve uma significação ampla e duradoura, considerando-se o fato de que a comunhão anglicana viria a se tornar a maior esfera da Igreja ocidental, a não ser pelo catolicismo romano. Como nos séculos que se seguiram, a Inglaterra tornou-se uma força imperial e também se tornou o mais notório agente da disseminação de influências não católicas pelas nações ao redor do globo.

Enquanto isso, de volta ao maior aconchego das Ilhas Britânicas, o rude e iracundo John Knox (c. 1514-1572) liderou as igrejas escocesas para um governo presbiteriano, o que significava a submissão aos mais velhos com foco no evangelho. Nas Ilhas Britânicas, havia um grupo de estudiosos bíblicos, teólogos e sacerdotes que se tornaram anglicanos, ou presbiterianos, conforme o estilo de seus monarcas, aos quais educaram, em contrapartida. Henrique VIII, precisando de receitas, despojou centenas de mosteiros, igualmente saqueados pelos súditos, que se aproveitavam de suas riquezas. A reforma vinculada à monarquia era uma questão delicada igualmente para católicos e protestantes, uma vez que, na sucessão dos monarcas, um seguiria um credo, e o sucessor seria leal a outro. Os partidários que fizessem a escolha errada, na hora errada, seriam silenciados, presos ou mortos.

Renovações católicas, guerras santas

Enquanto isso, novos e fortes movimentos emergiram no interior da comunidade leal a Roma — Lutero fora expulso dela —, especialmente o liderado por Inácio de Loyola (1491-1556). Esse jovem e talentoso militar passou por uma experiência religiosa que o fez levar a vida mais a sério e, em 1534, inspirou-o a fundar a Companhia de Jesus, que seria aprovada formalmente em 1540. Tratou-se de um movimento mais tenso do que o de Lutero, porém direcionado para a obediência ao papado, não contra ele. Pode-se observar corretamente que sua ordem religiosa foi a primeira a enfrentar o desafio do pensamento e ação global, uma vez que os relatos de duas décadas de exploradores que circularam o globo falam da inclusão de

136 • O segundo episódio europeu

agentes da Companhia de Jesus nas expedições. Inácio e a ordem, em 1541, enviaram Francisco Xavier (1506-1552), que pode ter batizado 700 mil pessoas entre as crises de enjoo marítimo que o acometiam regularmente enquanto visitava os portos da Ásia.

Os membros da Companhia de Jesus, chamados jesuítas, e algumas ordens religiosas recuperadas, no entanto, não foram capazes de reagrupar a Europa ocidental novamente no estilo católico. Enquanto tentavam fazê--lo, os protestantes conseguiram um novo e poderoso impulso com a liderança de João Calvino, de Genebra. Os calvinistas forneceram uma teologia sistematizada para o protestantismo e desenvolveram um senso maior de envolvimento com as questões públicas do que os oriundos de Wittenberg. Ao influenciar Genebra, os estilos calvinistas acabaram por modelar o mundo puritano na Inglaterra, depois na Nova Inglaterra e, por fim, ao redor do mundo.

Misturando interesses políticos e religiosos, os personagens da história principal da Europa, graças a um acordo político-religioso estabelecido em 1555, tiveram que enfrentar o tumulto que ficou conhecido como a Guerra dos Trinta Anos (1618-1648). Foi uma guerra santa cristã ímpia, que drenou as energias de evangélicos e católicos de todos os lados. Exércitos predominantemente católicos opuseram-se a exércitos predominantemente protestantes por motivos com frequência pouco claros. Eles levaram uma destruição à Europa que não era vista desde a peste negra, dois séculos e meio antes. Se o surgimento do protestantismo dividiu a Europa espiritualmente dessa maneira, a ponto de o período após 1500 merecer ser tratado como a fundação de um novo episódio, a Guerra dos Trinta Anos, por sua vez, selou a divisão e levou à formulação de um novo mapa. O Sacro Império Romano, abrangendo da França à Polônia, não podia mais se manter unido. Dentro da Europa católica, a França superou a Espanha em proeminência. As histórias da guerra precisam se concentrar na briga de cristão contra cristão, usando o estupro e as atrocidades como instrumentos, até a morte de mais de 10 milhões. Os esforços para desenvolver a indústria e a agricultura foram abortados. Ainda assim, apesar dos conflitos, ou por causa deles e em busca de refúgio, diferentes devoções surgiram, entre elas pietismos e puritanismos sérios, ainda que reacionários. Tão impressionante quanto, entre os católicos do continente surgiram algumas das grandes figuras devocionais e místicas da história do cristianismo, entre elas Teresa de Ávila (1515-1582) e João da Cruz (1542-1591), que se mantêm como modelos para a espiritualidade católica até os nossos dias. Ao lado desses, vieram ordens religiosas dedicadas e criativas, voltadas para os doentes e moribundos e empenhadas nas causas da cura e da educação.

Nas frentes militares e políticas, tentativas de acordos entre os partidos beligerantes, raramente eficazes, foram especialmente opressivas para os dissidentes, que sofriam sob os novos estabelecimentos religiosos tanto quanto haviam sofrido sob os católicos. Enquanto isso, no continente e nas Ilhas Britânicas, as nações e os partidos protestantes continuaram a ignorar as Américas do Norte e do Sul, aonde os católicos começavam a chegar já no princípio do século XVI. Finalmente, no século XVII, a república holandesa e a Inglaterra entraram na cena global.

INTERCURSUS: A IGREJA DO ORIENTE COMO EURASIANA

Se um *excursus* é um apêndice, uma digressão, um desvio, o que se segue pode ser chamado de *intercursus*, pois "ocorre em meio" aos relatos da Europa e da Ásia, assim como a Igreja Ortodoxa do Oriente é vista em meio aos — ou através dos — limites da Europa e da Ásia. Até o momento, tratamos as antigas igrejas ortodoxa, nestoriana e monofisista como predominantemente asiáticas, ou, pelo menos, certamente orientais, por suas bases históricas ficarem em cidades da Ásia. Agora a história ficará bem mais compreensível se, com a autorização do leitor, pudermos nos transportar para a Rússia ocidental, por uma questão de conveniência, pensando em Moscou, Kiev e São Petersburgo, assim como antes tratamos de Atenas, como locações e áreas de interesse na Europa.

Houve alguns raros e inúteis esforços para ligar o Oriente e o Ocidente nos séculos após a cisão da cristandade na Europa ocidental, mas as frequentemente desprezadas e independentes igrejas orientais e asiáticas ganharam vida própria. Três dos quatro antigos patriarcados ortodoxos estavam na Ásia e, com mais um recentemente designado em Moscou, representavam o que os cristãos ocidentais chamam de "o Oriente", enquanto os ortodoxos referem-se ao catolicismo romano e ao protestantismo como "o Ocidente".

138 • *O segundo episódio europeu*

Logo antes da Guerra dos Trinta Anos, no Ocidente, houve um "Tempo de Dificuldades" após a formação do patriarcado de Moscou, mas as dificuldades perduraram, como revelam as carreiras de três importantes governantes. Em Moscou, como em boa parte da Rússia, mais intimamente do que no Ocidente, onde as relações entre o papa e o imperador eram tensas havia muito tempo, o governo, assim como as posições espirituais da Igreja e do Estado fundiam-se. Tentativas ocasionais para purificar a Igreja levaram a cismas e ao surgimento de seitas, mas o poder se manteve predominantemente com os favoritos do czar. Ivan, o Terrível (1530-1584), cujo epíteto o descreve com precisão, liderou uma sucessão czarista, que incluiu Pedro, o Grande (1672-1725), de pendor ocidentalizante. A maioria de seus súditos não era familiarizada com os modos ocidentais, como o eram as elites agrupadas em torno de Pedro. Ele aboliu o patriarcado e optou por governar através de um Sínodo Santíssimo, que ele podia dominar. A Igreja aparecia praticamente como uma subdivisão da estrutura do Estado. Outra sucessora, Catarina, a Grande (1729-1796), confiscou propriedades da Igreja e cortou sua renda. Com o terreno assim conturbado, numerosas seitas se desenvolveram. No tumulto, Moscou deslocou algumas bases de poder dos ortodoxos para a Sibéria, onde também controlava a Igreja. Mesmo assim, apesar de todas as restrições, houve alguns ressurgimentos de paixão pela Bíblia e desenvolvimentos piedosos e teológicos ao longo do século XIX.

Fustigada pelo islá por um milênio e ainda mais pelo comunismo soviético no século passado, a Igreja ortodoxa aprendeu mais sobre sofrimento do que a maioria das Igrejas do Ocidente. Quando os gregos revoltaram-se contra os turcos em 1821, os ortodoxos passaram por tensões relativas ao governo entre a Grécia e a Rússia, mas, em 1852 e depois, os gregos tenderam mais a seguir os padrões do modelo russo. Sobraram poucos cristãos em Constantinopla após 1453, mas, após a Primeira Guerra Mundial, na então Turquia oficialmente secular, o patriarcado reduzido começou a ser visto como o "primeiro entre iguais" e assumiu papéis importantes no novo movimento ecumênico. Depois de 1917, o número de patriarcados no Oriente cresceu para além da Rússia e foram estabelecidos na Geórgia, Sérvia e Bulgária, um em cada. Vários novos patriarcados surgiram entre as duas guerras mundiais e na Tchecoslováquia após a Segunda Guerra.

O *mundo cristão* • 139

Os acontecimentos teológicos no século XIX e início do XX na Rússia tiveram impactos bem além daquele país. Através dos séculos, a ortodoxia insistiu e ampliou o ensinamento de que Jesus Cristo era a segunda pessoa da Trindade, verdadeira e integralmente Deus, assim como plenamente humano. Entre os grandes teólogos dos tempos modernos, Aleksei Khomiakov (1804-1860) falou tanto por interesses eslavos quanto universais, ensinando que a tradição da Igreja era "protegida pela totalidade, por todos os povos da igreja, que é o corpo de Cristo". Tratava-se de uma ortodoxia popular elevada, que colocava em segundo plano hierarquias, questões governamentais e a teologia formal, se é que chegavam a ter algum lugar. O novo — mas verdadeiramente antigo — conceito foi chamado de *sobornost*, uma compreensão comunitária da fé e da Igreja. Movimentos espirituais e devocionais também prosperaram em mosteiros, onde expressões individuais contribuíram ainda para a recuperação religiosa. Isso era tipificado por aqueles que recitavam a Oração de Jesus: "Senhor Jesus Cristo, Filho de Deus, tenha piedade deste pecador." Essa oração e as práticas a ela associadas agitaram as autoridades, mas contribuíram para a renovação da Igreja e então para a sobrevivência da fé.

Após a Revolução Russa em 1917 e até o desmantelamento da Cortina de Ferro em 1989, a ortodoxia passou por restrições legais drásticas, assédio, perseguição e silenciamento. Raramente na história tantos cristãos sofreram por sua fé como quando os soviéticos demoliram ou fecharam cada um dos milhares de mosteiros existentes. Os clérigos foram mortos. A ideologia soviética era formalmente ateísta, opondo-se à crença e à linguagem de Deus, e reconhecia apenas o Jesus humano, enquanto que a ortodoxia, através de seus ícones e da liturgia, acentuava o Senhor glorificado. Outros membros da família de igrejas ortodoxas — na Romênia, Bulgária, Sérvia, Geórgia e em outros Estados sob a esfera soviética — também não eram livres.

Ainda assim, a Igreja resistiu, representando muitos milhões de cristãos, em alguns movimentos ecumênicos ao lado do catolicismo romano, mas depois de 1948 também no Conselho Mundial de Igrejas, predominantemente protestante — em todos os casos, com restrições. Quando, em 1989, a União Soviética implodiu, com sua ideologia ateísta, nas antigas repúblicas soviéticas para além da Rússia, a partir de então, as igrejas cristãs, que haviam sofrido juntamente com os judeus soviéticos, saíram de sua

140 • *O segundo episódio europeu*

condição inibida e oculta e retomaram seu lugar, ainda que enfraquecidas após três gerações de constrangimentos e supressão. Sobreviventes não ortodoxos se juntaram a eles — católicos, luteranos, batistas e assemelhados —, além de grupos protestantes assertivos e de rápido crescimento.

DE VOLTA AO "CURSUS": DESAFIOS INTELECTUAIS

Seguindo os movimentos da primeira reforma moderna e suas consequências sobre as novas e vigorosas forças nacionalistas, um segundo e importante catalisador cultural e espiritual alterou o mapa mental da Europa Ocidental. Estamos nos referindo ao que foi chamado Iluminismo, além de seus precursores e sucessores. A ênfase agora era sobre a razão, a ciência e o progresso no desenvolvimento humano. Enquanto a agitação em torno do evangelho e da graça tumultuava as igrejas do Ocidente, em torno delas, um novo mundo de ciência e descoberta começava a tomar forma, representando desafios para os quais os líderes cristãos, em sua maioria, não estavam preparados. Às vezes revelavam seu despreparo ao perseguirem e condenarem cientistas como Copérnico (1473-1543) e Galileu (1564-1642). Suas novas perspectivas científicas acerca do céu e do lugar que a Terra ocupava nele incomodavam aqueles que usavam as representações geométricas e geográficas bíblicas para indicar o lugar privilegiado da humanidade no universo. Tão significativa quanto o reposicionamento no espaço pode ter sido, a revolução mais profunda estava ocorrendo na mente dos pensadores. Se a Renascença começou como uma revisita literária dos antigos clássicos greco-romanos da filosofia, da história e de outros ensinamentos, no século XVIII, o que veio a ser visto como o acender das luzes da ração, o Iluminismo, foi fomentado por cientistas e depois pelos filósofos. Eles perseguiram suas pesquisas sem se importarem com as visões bíblicas do mundo ou desafiando-as diretamente.

Figuras do Iluminismo, como Gotthold Ephraim Lessing (1729-1781), também foram cruzados contra as cruzadas e fizeram da oposição às guerras santas uma causa sagrada. Em *Nathan, o Sábio*, por exemplo, Lessing retratou dramaticamente a ideia da equivalência humanitária e moral do judaísmo, cristianismo e islamismo, sugerindo a futilidade do conflito entre eles. Para a militância cristã dogmática, esse esforço era uma ameaça que poderia levar ao abandono do que era valioso para o cristianismo a fim de acomodar e adotar outras crenças. Não que os racionalistas da era do Iluminismo se mostrassem assim tão pacifistas. Muitas de suas ideias inspiraram a revolução francesa e contribuíram para o caos que a cercou. Ainda assim, o ideal da amizade entre as religiões sobreviveu, e os cristãos, sob sua influência, manifestaram curiosidade pelo budismo, hinduísmo e outros, para eles exóticos desenvolvimentos religiosos.

Em questões culturais, os primeiros pensadores e artistas da Renascença, da classe e do talento de Michelangelo, serviram à Igreja, mas também escolheram temas ou viveram estilos de vida francamente mundanos. Quem quer que admire a Virgem Maria na *Madonna* de Rafael poderá estar vendo o rosto e o corpo da amante do artista. Os europeus do Iluminismo subsequente eram mais radicais. Com frequência, questionavam e se opunham às determinações da Igreja pela raiz. Figuras decisivas como René Descartes (1596-1650) submetiam todos os questionamentos à racionalidade cética. Embora tenha se mantido cristão, sua abordagem criou problemas para os pensadores que invocavam a revelação divina sem o emprego da razão crítica. Nos movimentos do tipo iluminista, os líderes viam a razão humana progressivamente substituindo o apelo inicial da Bíblia ou da autoridade eclesial.

FINALMENTE ENCONTRANDO O MUNDO INTEIRO

Embora cientes da vastidão do globo e cada vez mais da diversidade de religiões nele presentes, uma coisa que a maioria dos evangélicos ou protestantes raramente tinham em mente era a ideia de converter o mundo ao cristianismo. Alguns líderes com conhecimento das Américas referiam-se ao novo continente em seus escritos, mas por meio de diversas reviravoltas teológicas ou por falta de visão adotaram poucas ações. Alguns evangélicos, remontando a Lutero, evitaram ou reinterpretaram o comando de Jesus no evangelho para fazer discípulos em todas as nações. Acharam que o comando missionário fora realizado logo após Jesus tê-lo proferido. Sua tarefa agora era simplesmente preparar academicamente e consagrar pregadores que derrotariam o poder do papado. Partiram então em apoio às igrejas que — agindo conforme pressupunham ser — existiam em toda parte, mesmo que não fossem visíveis em qualquer outro lugar além de seu pequeno mundo europeu. De

142 • *O segundo episódio europeu*

qualquer modo, os sinais eram claros, e eles pregavam que Jesus voltaria para o julgamento, e o mundo que conheciam continuaria, ou deveria continuar, mantendo a comunidade pura e pronta para seu retorno.

As autoridades romanas não ficaram sentadas em meio à fermentação, e, sob figuras que remontam a Paulo III (1468-1549), algumas trabalharam para botar a casa em ordem. Em meados do século XVI, ele finalmente convocou um concílio que se reuniu em Trento, na Itália, de 1545 a 1563. O empreendimento de 18 anos em três períodos definiu o catolicismo contra o protestantismo e estabeleceu os limites rígidos das diferenças entre esses ramos do cristianismo europeu ocidental e assim, posteriormente, das Américas. Esse concílio foi muito distante no tempo e no espaço de Niceia, Calcedônia e dos antigos concílios ecumênicos. Alguns historiadores viram Trento como um concílio do "Mediterrâneo ocidental" bastante provinciano. Onde estavam os gregos e os outros ortodoxos? Enquanto houve a influência de alguns poucos europeus do norte, italianos e espanhóis dominaram e estabeleceram os termos. As questões que os quatro patriarcados do Oriente teriam levantado estiveram ausentes. As novas tensões não levaram ao declínio no Ocidente. O Concílio de Trento, de fato, deu nova vida ao catolicismo, chamado então de "romano" pela primeira vez. As novas ordens religiosas abordaram as necessidades das populações sob pressão, e os seminários manifestaram um novo rigor.

Somando-se a essa mistura havia um conjunto de tendências rumo ao desenvolvimento dos Estados nacionais modernos durante os estágios finais de um Sacro Império Romano e onde mais o Império tenha dominado. O nacionalismo não era um patriotismo leve, mas uma visão abrangente da vida, com cerimônias e sanções metafísicas para sustentá-lo e exércitos para protegê-lo, como um rival quase religioso das igrejas. Os territórios alemães só se tornaram a Alemanha em 1870, pouco depois de as jurisdições italianas tornarem-se a Itália moderna. Inglaterra e Escócia, França e Holanda e a maior parte da Escandinávia tornaram-se assertivos, opondo-se uns aos outros como fundadores de colônias nas Américas, África e Ásia e distanciando-se do que restou do Império católico que estabelecia domínios nas Américas do Sul e Central e no México.

Os movimentos de apoio ao nacionalismo e dos territórios revitalizados não poderiam prevalecer apenas pelo uso da razão e pela expansão das universidades. Uma nova explosão, não de revolta, mas de revolução, encontrou sua expressão principal na França, em torno de 1789, e depois na Bélgica, em 1830, na Alemanha, em 1848, e em outros lugares em torno de 1870, até a Revolução Russa em 1917. Alguns dos revolucionários influenciados pelo Iluminismo podem ter ecoado o cético francês Voltaire (1694-1778) com seu grito "Esmague a infame!" — sendo a infame a Igreja e seu clero. As restaurações após as revoluções podem ser tipificadas como conservadoras, e alguns dos novos governantes usaram a Igreja, mas a nação e sua defesa desafiavam — e frequentemente substituíam — a autoridade da Igreja, e o domínio cristão diminuiu gradativamente em especialidades como a medicina, o direito e as ciências.

O catolicismo romano reagiu energicamente a muitas dessas mudanças, mas não estava sozinho. Enquanto alguns protestantes na Inglaterra e no continente encontravam formas de se adaptarem ao pensamento evolucionário, concebendo o desenvolvimento como "a maneira como Deus faz as coisas", os mais conservadores entre eles opuseram-se à evolução darwiniana e muitos outros aparentes ataques a suas posições. Todavia, o catolicismo foi o mais visível na reação contra a "modernidade" e o "modernismo". Isso manifestou-se mais intensamente no papado de Pio IX (1792-1878), que se mostrava moderadamente aberto às mudanças, mas foi abalado pelas ações agressivas na revolução de 1848. Durante seu pontificado, em 1864, o Vaticano emitiu o *Sílabo dos Erros*, uma crônica do que era visto como anticristão. Entre os movimentos e temas denunciados estavam o republicanismo, a democracia, a separação entre Igreja e Estado e o liberalismo. Além disso, no Concílio Vaticano I, em 1870, o papa e os bispos reunidos chegaram a declarar que, em matéria de fé e moral, o papa era "infalível". A infalibilidade nesses termos foi invocada apenas duas vezes num século, mas se manteve um símbolo da reação e uma arma potencial contra os liberais e modernistas na igreja e em diversas questões civis referentes a públicos mais amplos.

A INTENÇÃO GLOBAL

Uma força que atingiu a Igreja, mas ofereceu oportunidades globais, parecia ter uma intenção exclusivamente secular, a Revolução Industrial. Foi

144 • O segundo episódio europeu

menos ideológica do que um desafio prático. Se as revoluções demandam o disparo das armas, essa significava a fabricação de armas, a construção de ferrovias e a mudança da paisagem, que antes exibia a fazenda e agora mostrava a nova silhueta das fábricas. Apoiava-se no fogo das fornalhas das indústrias e das caldeiras nas ferrovias, que, a partir de 1832, permitiram às pessoas atravessarem grandes distâncias rapidamente para criar novas comunidades nas quais as máquinas eram usadas para fazer máquinas. A maioria desses ruídos perturbou a serenidade da vida no campo e atraiu imigrantes das vilas para as cidades. A vida na cidade nem sempre militava contra a vida da igreja, mas as paróquias estabelecidas não estavam em condições de se expandir e atender os recém-chegados. As energias mentais, um dia direcionadas para a metafísica, agora voltavam-se para a física e para a era industrial, implicando a perturbação das formas tradicionais de vida e levando à aglomeração das massas na cidade, uma população que estava além do alcance do sistema paroquial, forçado ao limite.

Renovações protestantes

As igrejas, tanto a católica quanto as protestantes, não sucumbiram simplesmente ou se apegaram sempre e apenas aos velhos modos. Notavelmente, por toda a Europa, havia agitações que foram chamadas de diversas formas, revitalizações, renovações, despertamentos, conversões ou, em outras línguas, *reveils* ou *Glaubenserweckungen*. Alguns desses movimentos inspiraram novos nomes para o corpo da Igreja, como o metodismo. Não se trata de mau uso dos conceitos falar da revolução metodista no seio do protestantismo. Gênios religiosos, como John Wesley (1703-1791), sabiam ler bem as mentes das novas gerações e seus próprios corações, proclamando os caminhos para chegar às almas e enchê-las de amor por Jesus — e então, pelo mundo.

Até então, apenas raros grupos protestantes haviam seguido os missionários católicos para a Ásia e a África. O mais notável entre esses eram os morávios, uma espécie de ramificação do luteranismo, pessoas que concebiam o mundo como seu campo. Em 1732, eles começaram a trabalhar nas Índias Ocidentais e depois na Groenlândia. Líderes esclarecidos entre eles, clérigos e leigos, sentiram o descontentamento com os ministérios "estabelecidos", as pregações abstratas, a rotina e as formas distantes de administrar as obras da Igreja. Eles agora buscavam as emoções dos indivíduos e a fome das massas pelo acompanhamento fiel, levando a expressão "a religião do coração" para as pessoas, a ponto de negligenciarem a "religião da cabeça". Eles também ofereceram meios mais portáteis para o ministério do que aqueles conhecidos na rotina das paróquias e nas congregações convencionais. Faziam um apelo emocional direto às mentes e corações daqueles que estavam sendo deslocados entre ambientes que ameaçavam seus sentidos de significação. Agora, esses públicos ouviam que Deus se importava com cada um enquanto pessoa, que eram livres e até mesmo esperava-se que tomassem uma decisão pessoal para deixar Cristo entrar em suas almas e para que suas almas fossem tocadas pelo Espírito Santo. Assim, puderam formar comunidades voluntárias, e não comunidades "recebidas" ou herdadas, como nas igrejas católica, ortodoxa, anglicana e em tantas outras estabelecidas da Europa.

Esses movimentos demandaram uma representação da ação de Deus um tanto renovada. Enquanto nos séculos místicos anteriores e com os reformadores evangélicos mais recentes há muito se apontava para tal quadro, agora eles, corajosamente, mostravam Deus em busca de um caso de amor com os pecadores, que poderiam ser purificados pela fé em Jesus e formar comunidades sob o Espírito Santo. Sim, o clero ainda deveria ser educado, mas suas mensagens não deveriam ser tratados acadêmicos áridos, mas fortes apelos democráticos aos indivíduos, que jamais haviam se sentido com tanto poder. As energias resultantes desse despertar precisavam transbordar, e foi o que aconteceu, sendo colhidas e servidas em novos recipientes. Muitos deles tinham uma inclinação humanitária. O Jesus que pregavam importava-se com as pessoas que eram escravizadas e as queria livres. Os evangélicos da Inglaterra foram os pioneiros da abolição da escravidão, em torno de 1819. Nem sempre diretamente subversivos contra a autoridade ou de ideologia revolucionária, eles se concentravam nos vícios dos indivíduos que, com a ajuda de Deus, poderiam transformar em virtudes, como, por exemplo, trocar a embriaguez pela temperança, ou afastar-se dos duelos. Eles levaram a novos padrões de educação, estimulando as escolas dominicais para as crianças, que há muito eram ignoradas pelos educadores. Alguns construíram hospitais ou, de alguma outra maneira,

146 • *O segundo episódio europeu*

prestaram serviços de cura. Atacaram as enfermidades urbanas e procuraram enfrentar os problemas da pobreza.

Todos os relatos que recebemos da Inglaterra vitoriana ou da populosa Alemanha prussiana, e de boa parte da França e da Itália, mostram que suas batalhas aparentemente foram perdidas. Os pobres das cidades viviam em favelas e a pobreza tornou-se endêmica em muitos locais, enquanto a burguesia cristã frequentemente encontrava proteção à distância dos enclaves purulentos. Eles aplacavam suas consciências ou eram movidos por amor e piedade — ou ambos — para ampliar a caridade e buscar novas formas de ministério. Entre esses, houve alguns que perceberam uma forma de cristianismo que detinha o potencial de ser vista como global.

O mapa figurativamente ganhou vida entre pessoas que entoavam hinos sobre alcançar habitantes próximos às "montanhas geladas da Groenlândia" e às "praias de coral da Índia". Eles ouviram o chamado para libertar os povos do erro, do paganismo e da idolatria. É fácil e adequado criticá-los e às missões pelas gritantes manifestações de superioridade racial e perspectiva imperial, e muitos foram usados por interesses comerciais, capitalistas ou mesmo militares. É impossível negar, no entanto, que muitos foram inspirados pelo amor aos povos que foram converter e servir, e que eram motivados para salvá-los da condenação divina e para viver no seio do reino de Cristo. Para as presentes propostas, é importante observar que maior parte desse esforço tardio entre os protestantes começou a promover uma consciência global entre os europeus. Notáveis foram os britânicos, que, após a formação das sociedades missionárias a partir de 1792, foram representados também por leigos em empreendimentos cristãos indianos. Os católicos romanos também se adaptaram aos novos tempos e novos ambientes, produzindo ordens religiosas que acentuavam o amor de Deus mais do que a lei divina. O Sagrado Coração de Jesus passou a ser representado como um ícone e a servir de foco devocional e inspiração para novas missões.

Rivais impiedosos e persistentes da fé

Se o apelo ao coração significou a negligência ao apelo à razão construtiva, como tantas vezes aconteceu, isso sugere que uma vez mais as frentes cristãs

O *mundo cristão* • *147*

estavam negligenciando as novas críticas científicas e filosóficas. Os ataques vieram de diversas frentes. Charles Darwin (1809-1882) estava viajando e retornaria para escrever *A origem das espécies por meio da seleção natural*, em 1859, *A descendência do homem*, em 1873, além de outros trabalhos científicos explorando a evolução — colocando em questão, implicitamente e explicitamente, os relatos bíblicos das origens humanas. Muitas igrejas, de alguma maneira, encontraram formas de acolher essa nova compreensão da evolução, considerando-a a maneira de Deus fazer as coisas, ainda que, quando a "seleção natural" tornou-se predominante no darwinismo, isso tenha ficado mais difícil para elas, pois a aleatoriedade da teoria aparentemente desmentia a providência divina. Eles haviam adotado literalidades bíblicas, contra as quais Agostinho já advertira 1.400 anos antes, que tornariam os diálogos com incrédulos cultos desnecessariamente difíceis.

Outro desafio de um rival impiedoso e persistente do cristianismo veio da frente social e política, quando figuras como Karl Marx (1818-1883) lançaram documentos como *O manifesto comunista*, escrito em coautoria com Friedrich Engels, e *O capital*. Esses livros radicais que surgiram da filosofia alemã foram concebidos para ser, e eram, uma perspectiva puramente materialista. Marx e os marxistas chamaram a religião de o ópio do povo, algo que entorpecia seus impulsos revolucionários e o mantinha sob a escravidão dos exploradores capitalistas. Algumas de suas ideias foram mais tarde transmutadas por V. I. Lenin (1870-1924) e outros para inspirar a Revolução Russa, em 1917, e a organização anticristã da vida soviética até 1989, e, por extensão, em outros locais.

Se Copérnico e Galileu reposicionaram o ser humano no universo, e Darwin, Marx e Lenin numa nova compreensão social, outro crítico típico foi Sigmund Freud (1856-1939), que mais tarde, no século XIX, em Viena, desenvolveu teorias, algumas vezes baseadas em terreno instável, mas com poderes de intuição quase míticos, para chegar ao interior da pessoa e criar todo um novo vocabulário para lidar com o humano. Não mais interpretado em termos sequer reminiscentes do cristianismo, o ser humano interessava apenas por sua psique, seu aprisionamento psicológico, e o empenho de Freud para libertá-lo nada tinha em comum com a graça divina que um dia dera o tom das vidas pessoais na Europa.

148 • *O segundo episódio europeu*

Outra categoria de ataques foi tipificada por Friedrich Nietzsche (1844-1900), o mais ousado, articulado e, de certa forma, poético dos "matadores de Deus", que atacou a "moralidade de escravos" de judeus e cristãos com o interesse de ver surgir um "super-homem" emergente. Nem todos os seguidores e epígonos imitaram esses cinco críticos desafiadores, e alguns surgiram com variantes que se opunham a eles de forma brutal, mas em conjunto, e frequentemente em formas mais brandas, eles acabaram por prevalecer nas universidades que moldaram boa parte da vida cultural na Europa quando se começou a pensar em termos "pós-cristãos".

Ficou claro que, enquanto o cristianismo prosperava em muitas partes do mundo, a Europa era desafiada por forças normalmente chamadas de seculares. Isso significou cada vez mais pessoas a observar e explicar o mundo sem recorrer a argumentos sobrenaturais ou de alcance transcendental. Podiam crer ou não em Deus, mas ordenaram suas vidas do mesmo jeito, quer Deus existisse ou não, quer devessem ou não obediência a Ele. Assim, embora os ensinamentos de Karl Marx ou Friedrich Nietzsche tenham representado um ataque formal contra Deus e as igrejas, boa parte da conversão secular se deu sem muita ideologia. As pessoas afastaram-se das igrejas e se importavam cada vez menos com as explicações da ciência e da história que elas ofereciam. Aos olhos de alguns, a era vitoriana na Inglaterra foi um período de considerável prosperidade entre as igrejas, mas aqueles que percebiam os sinais daqueles tempos com atenção puderam antever o declínio da participação da Igreja e da fidelidade aos ensinamentos cristãos. Agnosticismo — uma nova palavra cunhada por um pensador social darwiniano, Thomas Huxley (1825-1895) — significava "não saber", não se tratando de um ateísmo declarado fruto de reflexão, mas de dedos cruzados diante dos princípios cristãos. Durante todo esse tempo, porém, ainda sob a Inglaterra imperial, os missionários relatavam novas conquistas para Cristo na Ásia e na África.

MODERNIDADE E MODERNISMOS

Assim como os despertares e as revitalizações de um século antes, os cristãos do século XIX não ficaram simplesmente passivos, e muitos empregaram o talento e o gênio para abordar a fé cristã nos novos contextos. Por exemplo, novas escolas de teólogos, chamem-nas de românticas ou subjetivas ou de qualquer outra coisa, trataram a nova situação substituindo as fórmulas e os argumentos escolásticos sobre Deus. O mais notável foi Friedrich Schleiermacher (1768-1834), pioneiro em fazer uma reviravolta teológica ao não começar tanto pela racionalização sobre Deus e mais pela observação do humano. Satisfeito por ser considerado um filósofo do(s) sentimento(s) na origem de seu pensamento, ele revisitou ambiguamente todos os principais ensinamentos cristãos com interpretações renovadas sobre a ação de Deus, o significado de Cristo, a vida do espírito e da Igreja. O catolicismo romano também produziu alguns pensadores nessa linha, mas enquanto estes e igualmente os protestantes começavam a se adaptar à modernidade e a adotar abordagens modernistas, muitas vezes pareciam, aos olhos das autoridades, incluindo os altos escalões do catolicismo romano, estar testando os limites, derrubando os muros e se tornando hereges. As condenações do modernismo pelo papado em 1907 serviram para obstruir o trabalho imaginativo dos teólogos católicos, e muitos deles, por algum tempo, tornaram-se virtuais zeladores do museu da fé, enquanto os protestantes estavam mais livres para explorar o mundo, como muitos fizeram.

Nem todas as explorações voltaram-se mais para o modernismo; algumas vieram até mesmo a ser chamadas de "neo-ortodoxas". Portanto, a Primeira Guerra Mundial, uma guerra cristã em que todos os lados apelavam para o Deus cristão e usavam suas interpretações do cristianismo para justificar a matança, deixou milhões de mortos numa atividade bárbara e sem sentido. É difícil ler os relatos de crueldade, carnificina e atrocidades da guerra em nome de Deus sem considerá-la uma contribuição para o declínio do humanismo cristão e da expressão cristã em boa parte da Europa — declínio do qual ela jamais se recuperou. Ainda assim, alguns pastores e capelães, líderes como o teólogo suíço Karl Barth (1886-1968), não sucumbiram ao cinismo e às tentações ao desespero. Em vez disso, enquanto os escritores existencialistas e niilistas predominavam na cultura secular, Barth e outros recorreram aos profetas e apóstolos e aos teólogos protestantes para dar testemunho da autoridade da Palavra de Deus e ajudar a dar nova vida às igrejas.

Uma forma adotada por esse testemunho com consequências globais inspirou movimentos voltados para o testemunho comum, a ação e o empenho. O nome formal dessa ação, ecumenismo, recebeu sua definição já

150 • *O segundo episódio europeu*

em 1910, numa conferência missionária em Edimburgo, na Escócia. Chegou ao clímax numa federação protestante-ortodoxa chamada de Conselho Mundial de Igrejas, que se reuniu em Amsterdã em 1948. Uma de suas agências, a Comissão de Fé e Ordem, ofereceu uma fórmula para aqueles tempos tão antiga quanto a dos primeiros concílios da Igreja, e coerente com o que viemos acompanhando ao longo dos séculos: convidava "a todos aqueles, em todos os lugares, que aceitassem Jesus Cristo como o Senhor e o Salvador" para que se expressassem por meio de uma irmandade comprometida. Alguns movimentos, como o unitarismo, que tinha dificuldade em enunciar "Senhor e Salvador" e devotava-se exclusivamente ao Jesus judeu entre outros mestres e exemplos, não aderiram ou foram excluídos por definição.

Esses movimentos foram acompanhados pelo Concílio Vaticano II, de profunda significação. Convocado pelo papa João XXIII (1881-1963), reuniu-se entre 1962 e 1965 para estabelecer os novos termos da vida católica romana e estimular melhores relações com a ortodoxia e o protestantismo. As duas iniciativas tinham intenções globais. Iniciativas como o Conselho Mundial foram inspiradas pelas necessidades nos campos em que os missionários vinham competindo e estimulavam a união das igrejas, da Europa à Índia. O estilo católico alertava os visitantes em Roma, onde o concílio se reuniu, para o fato de que formas muito diferentes, porém leais, de catolicismo estavam se desenvolvendo, nem todas reproduzindo os modelos europeus. Eclipsando a realidade das novas relações com os cristãos não católicos, havia movimentos sem precedentes para afirmar o judaísmo e construir melhores ligações com os judeus. O concílio, sem dúvida, fez mais para promover uma mudança positiva em quatro anos do que as iniciativas do catolicismo em muitos séculos.

Entre os anos marcantes do ecumenismo, 1910 e 1965, no entanto, a Europa enfrentou outra cena, ainda mais cruel do que a Primeira Guerra de 1914-1918. Houve, no entanto, um objetivo mais claro no conflito chamado de Segunda Guerra Mundial, de 1939 a 1945, uma vez que boa parte dela foi inspirada pela necessidade de reagir contra o totalitarismo e, ao final, movimentos anticristãos, como o fascismo e o nazismo na Europa. O comunismo totalitário e antideus na versão soviética durante a guerra foi um aliado estratégico da Europa ocidental e dos Estados Unidos contra o nazismo. Quanto à influência do nazismo — que em boa medida contou com o apoio de igrejas protestantes e católicas e em boa medida se dirigiu contra elas, abrindo caminho entre fiéis silenciosos ou silenciados —, este se aproveitou das milenares tradições religiosas antijudaicas do cristianismo para se fazer demoníaco em seus esforços raciais antissemitas de expurgar a Europa dos judeus.

Vozes significativas de cristãos ergueram-se contra os movimentos nazistas rumo ao genocídio e o antissemitismo, especialmente aqueles que, como o teólogo Karl Barth, diziam que o antissemitismo era um ato contra Jesus Cristo, o judeu. Um pacifista luterano, Dietrich Bonhoeffer (1906-1945), tornou-se ativista, clamando que quem não defendesse os judeus não tinha o direito de entoar os cantos gregorianos — pelo que se referia à participação de todas as formas sérias de adoração cristã. Um teólogo reflexivo, ele apresentou uma questão que refletia vinte séculos de ponderação e respostas que inspiravam a ação: "Quem é Jesus Cristo para nós hoje?"

Curiosamente, após a implosão do comunismo soviético, o cristianismo ficou sem um inimigo para galvanizar e unir as forças em defesa da mensagem libertadora de Jesus Cristo. Na Polônia, a Igreja prosperou por mais tempo, mas em lugares como a Alemanha Oriental, onde as igrejas haviam sido centros de revolução silenciosos, quando o regime caiu, o mesmo aconteceu com a participação das igrejas. Na virada do terceiro milênio, o islã, em suas formas radicais, começou a representar um desafio na Europa ocidental, mas não ficou claro se sua ameaça levaria os cristãos a reagir ou se a Igreja estava por demais apática, ou mesmo em estado de coma, para enfrentar os sinais que apontam para o final desse segundo episódio da vida cristã na Europa. Os monumentos resistem. Foi dito que o falecido papa polonês João Paulo II (1920-2005), que adquiriu status de celebridade e atraiu grandes multidões, era capaz de encher as ruas, mas não os bancos das igrejas. Riqueza, prosperidade, materialismo, consumismo, relativismo, os diversos "ismos" sobre os quais o papa lançou a culpa pelo distanciamento e deslocamento da Igreja, mostravam-se mais letais para a vida cristã do que o nazismo e o comunismo. A maior explosão de atividade teológica criativa em quatro séculos, sinalizada por nomes de católicos franceses e de protestantes alemães, esgotou-se por si mesma e deixou pouca vitalidade em seu rastro.

152 • O segundo episódio europeu

Houve alguns ganhos, com os cristãos superando as divisões entre protestantes e católicos e com movimentos para reconhecer mais integralmente o papel das mulheres. Ainda que a ordenação de mulheres fosse restrita à maioria das ordens protestantes e anglicanas, as contribuições das mulheres foram mais bem reconhecidas do que em qualquer momento anterior. Em meio às ruínas de uma Europa destruída, havia novos princípios de atividade cristã e seria uma injustiça não perceber os movimentos leigos, iniciativas teológicas, retomadas do pensamento bíblico e formas vibrantes de adoração. Apesar de todo o empenho válido e criativo, após a Guerra Fria e em uma época em que trabalhadores estrangeiros e imigrantes do norte da África e de outras partes levaram ao crescimento das comunidades muçulmanas, diante de um complexo de forças muitas vezes rotuladas como "secularismo" e "militarismo", ou "consumismo" e "relativismo" pelos papas João Paulo II e Bento XVI, e uma série de contrapartidas protestantes, ficou difícil para o que restou da cristandade encontrar o seu antigo lugar. Ainda é verdade que, contando populações inteiras como "cristãs" por seu legado e linhagem, e inclusão quase automática dos recém-nascidos em registros e fileiras cristãs, a Europa manteve, com folga, o maior número de cristãos, ao menos nominalmente. Os europeus que visitaram as Américas, o sul da África e o sul da Ásia, ou as ilhas asiáticas, não puderam deixar de notar que o pentecostalismo e os movimentos proféticos, entre outros, estavam enchendo as igrejas e influenciando as vidas de convertidos e leigos em geral. Eram incrivelmente mais devotados, ativos e, como eles diriam, "tomados pelo Espírito" do que as presenças cristãs residuais nas capelas e catedrais que ainda contam com milhões à procura de maneiras de reverter a situação na Europa e revitalizá-la, com a esperança de uma reposição após o segundo episódio europeu. Poucos cidadãos europeus, de qualquer modo, no terceiro milênio, apresentavam a questão ou tentavam responder a ela nos termos cunhados por Bonhoeffer para tantos: "Quem é Jesus Cristo para nós hoje?"

6.

O EPISÓDIO LATINO-AMERICANO

Quarenta e cinco anos após os europeus começarem a tomar ciência do que veio a ser chamado de "América Latina" num hemisfério denominado "Ocidente", Paulo III (papa de 1534 a 1549) expressou sua preocupação quanto ao destino dos povos nativos. Numa bula papal datada de 1537, ele recomendava que "os índios, como todos os povos, não podem ser privados de nenhuma forma de sua liberdade ou propriedade (mesmo sem pertencerem à religião de Jesus Cristo), e podem e devem usufruir delas em liberdade e legitimamente". Na época, milhões já haviam sido privados de liberdade, propriedade e da vida, como consequência da chegada dos conquistadores espanhóis e portugueses, que navegaram sob as bandeiras que os identificavam como pertencentes à cristandade católica. Em torno de 1550, segundo a maior parte das estimativas, mais de 90% dos índios haviam morrido ou sido mortos.

O documento papal foi sucedido por outros ao longo das décadas nos quais os líderes católicos incumbiram os exploradores, colonizadores e colonos a ajudar os nativos dali em diante a "pertencer à religião de Jesus Cristo". Antes o papa lembrou ao rei da Espanha que ele e seu povo deveriam "levar a fé cristã aos povos que habitavam aquelas ilhas e o continente". A rainha Isabel, governante de força suprema na Espanha, que morreu apenas 12 anos após Colombo trazer a existência do Novo Mundo ao seu conhecimento, escreveu: "Nossa principal intenção foi atrair os povos dessas regiões e obter sua conversão para a nossa santa religião." O próprio Colombo viu os nativos "bem maduros para a conversão à nossa Santa Fé Católica". Isso significava, disse ele enquanto plantava cruzes nos portos para mostrar que eles agora pertenciam à Espanha e existiam para o catolicismo, que elas eram "principalmente um símbolo de Jesus Cristo, nosso Senhor, e pela honra da Cristandade".

Nem todos os recém-chegados compartilhavam esse sentido de missão e alguns ousaram se distanciar disso. Francisco Pizarro (c. 1476-1541), um dos principais conquistadores, foi bem claro a esse respeito: "Eu não vim por nenhum desses motivos; vim para tomar-lhes o ouro." Os padres e irmãos que chegaram muitas vezes ficaram ao lado dos povos que esperavam poder ajudar a sobreviver. Tinham uma confiança suprema em sua fé e não encontravam concorrentes entre os aventureiros europeus. O que os católicos trouxeram foi considerado um produto doutrinário final e embalado para entrega. O protestantismo que tomava forma na Europa ocidental por volta de 1537 ainda não tinha significação para o empreendimento missionário. Com essa ausência e a dos ortodoxos, falar em exploração, conquista e conversão de raças inteiramente novas pelos regimes católicos e com aventureiros católicos não incluía, e não podia incluir, debates sobre como o Jesus humano era o Senhor glorificado. As doutrinas sobre isso estavam estabelecidas. Os perplexos "índios", que foi como os igualmente perplexos europeus os chamaram por pensarem estar na Índia, tinham — e muitos ainda têm, cinco séculos depois — suas próprias "religiões sagradas", que pareciam profanas, não religiosas e totalmente bárbaras para os católicos que os confrontaram em praias inexploradas. É claro que aquela religião sagrada era a "religião de Jesus Cristo", portanto ele aparece em tudo o que aconteceu.

Cristãos como conquistadores

Em lugar de procurar por debates teológicos para ver quem era esse Jesus Cristo, um inquiridor faz melhor se observar as representações dele nas imagens presentes nas capelas construídas rapidamente e nas grandes catedrais, nos estandartes e escudos, e então na arte popular preferida pelos "povos dessas regiões". Tipicamente retratam um Jesus inquestionavelmente humano, em geral um ensanguentado e bíblico "homem das dores", com quem os mais pobres entre eles podiam se identificar. Ele é representado sendo açoitado, coroado com espinhos, crucificado ou com o corpo sem vida amparado pela mãe sofredora, a Virgem Maria. Ela também era vista em ambientes locais e íntimos, graças a uma aparição como a Virgem de Guadalupe, e se tornou um objeto de devoção tanto quanto Jesus.

Os conquistadores, praticamente todos cristãos cruéis e gananciosos, defendiam seus atos depravados e assassinos identificando-se inconsequentemente com o Cristo conquistador, o Senhor glorificado daquela "santa religião". Não precisaram de muita imaginação para conectar seu gosto pelo saque com o poder que pressupunham ter pelo apoio poderoso da

Espanha e do catolicismo. Sobre tais bases, o segundo em comando sob o primeiro entre os conquistadores, Bernal Díaz, ao lado de Hernán Cortés (1485-1547), no México, equiparou-se à síntese de Pizarro afirmando: "Viemos para cá para servir a Deus e enriquecer!" Se a descrição desses voluntariosos portadores da espada e vetores ignorantes de doenças que varreram tribos inteiras soa hiperbólica, permita-se dizer que os historiadores, escrevendo como descendentes dos conquistadores ou dos conquistados, católicos ou não católicos, mostraram-se bastante estupefatos com o que encontraram nos registros. E no entanto: desde os primórdios do século XVI, cresceram culturas e civilizações nas quais Jesus se manteve como a figura central entre as centenas de milhares, em números atuais, dos mais diversos tipos de cristãos pelas Américas.

As crenças nativas sobreviveram, às vezes fundidas ao catolicismo, mas, muitas vezes, rivalizando ou resistindo a elas. O protestantismo clássico, importado por luteranos e outros do continente europeu ou da América do Norte, tem uma base minoritária em diversos países, e, como veremos, evangélicos e pentecostais em tempos recentes desafiam as hegemonias católicas. Os católicos frequentemente afirmavam que Deus reservara essas Américas para o catolicismo, e o fato de que o México, a América do Sul e a Central se tornaram católicos foi praticamente um milagre pelo tempo e pela oportunidade militar ou imperial. Agora, parece que os católicos precisam abrir espaço para outros cristãos ao seu lado, ou competir com eles.

De volta ao princípio: se a "descoberta" das Américas tivesse ocorrido um século antes, os muçulmanos talvez estivessem em melhor posição do que os cristãos para explorar os continentes. O islã, ou, como preferimos chamar, a islandade como equivalente ao domínio chamado cristandade, viera expandindo-se pelo norte da África e pela Península Ibérica, principalmente onde veio a se formar a Espanha moderna, que foi o primeiro centro de irradiação para as Américas. A Ibéria não era apenas a Espanha e falantes do espanhol. Na costa do Atlântico estava Portugal, onde viviam os exploradores e conquistadores católicos falantes do português. Para minimizar a rivalidade e ajudar a garantir que todos os recursos possíveis pudessem ser destinados à conquista de novas terras, o papa Alexandre VI, que trataria de enriquecer a si e ao trono com a sua parte do Novo Mundo, em 1493, traçou uma linha. Ao leste, o domínio era português, e a oeste,

158 • *O episódio latino-americano*

as terras estavam abertas para a exploração espanhola. O papa não fez isso como uma forma de serviço humilde a um Jesus simples, mas afirmando a autoridade do Senhor glorificado, intitulando-se *Dominus totius orbis*, ou *Vicarius Christi*, Senhor de todo o mundo e vigário de Cristo, pois ele era o "legado da vontade absoluta e universal do Filho de Deus". Pode-se imaginar o ressentimento que esse "presente" para duas nações gerou entre os monarcas e comerciantes das demais.

Os divisores e cartógrafos papais não tinham uma percepção real da geografia do continente, por isso Portugal ficou em desvantagem, uma vez que naquele mapa do continente recebeu apenas uma parte do leste brasileiro para ser conquistado, convertido e "civilizado". Os portugueses chegaram ao Brasil em 1500, quando Pedro Álvares Cabral (1467-1520) tomou posse da terra em nome do rei, com a missão de cristianizar os povos nativos. Em seus navios, havia uma companhia de missionários religiosos. Eles descobriram que o trabalho com os índios era perigoso e a maioria contentou-se com o ministério entre os conquistadores e primeiros proprietários de terras europeus. Considerando a proeminência e influência posterior do Brasil, essa divisão não resultou num mau negócio. Os navios com padres e irmãos portando bandeiras com cruzes regularmente desembarcavam os passageiros para que se estabelecessem, disputassem batalhas, expulsassem as populações e impusessem a cultura católica sobre os nativos sobreviventes das culturas sul-americanas.

Em 1492, ano que os muçulmanos foram expulsos da Espanha, Cristóvão Colombo inspirou o desfile de exploradores e conquistadores em nome de Cristo e do catolicismo. Ele contava com o apoio, arduamente conquistado, da rainha Isabel, que participava dos esforços para chegar à Ásia sem precisar refazer os passos pela velha rota da seda, do Ocidente para a China — ou para evitar a perigosa passagem pelo sul da África. O trabalho católico de Colombo não foi totalmente não planejado. Ele escolheu o nome "Cristóvão" por ser o de um santo que "carregava Cristo", e agora ele faria o mesmo. Ele havia lido a si mesmo e seus empreendimentos na trama e profecias bíblicas, e se considerava um agente da revelação e conquista divinas. A promessa e o prêmio posterior de especiarias e outros produtos cobiçados eram sinais de que Deus abençoava e encorajava a conquista. Como tantos que os seguiram, Colombo avaliou os potenciais novos súditos da Espanha e do papa e decidiu que poderiam ser convertidos.

A ideia de separar a Igreja do Estado, a religião do regime, ainda não fora ouvida na Europa, e simplesmente não entretinha o hemisfério ocidental. Como atrair, subjugar, controlar e usar os nativos que eles se propuseram a converter era um problema tanto físico quanto espiritual. Cada nova invasão era marcada por afirmações agressivas e nem sempre compreensíveis, uma vez que eram feitas em idiomas não compreensíveis aos povos para quem eram lidas. O documento chamava-se *requirimiento*, uma "requisição". Desde o princípio, houve reações dos nativos, por exemplo em San Juan Bautista, no atual Porto Rico. Para colocar os índios em seu devido lugar, o documento espanhol estabelecia os termos: os conquistadores que chegavam em nome do Deus Único descendiam do primeiro par de humanos, criados por Deus. De alguma maneira, desde Adão e Eva, a linha de transmissão seguia até o papa, em Roma, um local de difícil concepção para os americanos, que normalmente ouviam tais palavras em línguas que ignoravam. O papa era o "príncipe, senhor e mestre de todos os povos do mundo". Fora Deus quem doara as ilhas e terras do oceano aos monarcas da Espanha.

A Igreja se saía bem nesse documento, pois era reconhecida como "superior ao universo". Os irmãos religiosos da companhia de Pedro Álvares Cabral estavam autorizados a pregar e tratar com caridade aqueles que obedecessem. Submeter, obedecer, não resistir eram o princípio, mas a advertência também existia: se não aceitarem a fé e a doutrina católica, serão vítimas da guerra e submetidos à Igreja e aos governantes. Parte da vingança contra os resistentes era a ameaça de escravizar a todos, incluindo esposas e crianças. Seguiram-se as políticas de promover ataques e forçar as vítimas à escravidão.

A história da conquista, por si só, é familiar: os católicos descobriram impérios bastante sofisticados, povos que constituíam as civilizações inca, asteca e maia. Com a superioridade das armas, os conquistadores tiveram pouca dificuldade para esmagar as fortalezas, matar os chefes e se dedicar aos banhos de sangue. As culturas que eles sobrepujaram não eram pastorais e pacíficas. Algumas empregavam o sacrifício humano em escalas quase inimagináveis. Num ritual pouco anterior à chegada dos europeus, esti-

160 • *O episódio latino-americano*

ma-se que 80 mil vítimas foram mortas para agradar aos deuses e promover a fertilidade. Independentemente do que fossem os nativos, eram vulneráveis e indefesos até mesmo a longo prazo. Os católicos que chegaram não tinham qualquer interesse em preservar sequer os mais benignos dos seus legados.

Gostaríamos de ter acesso a mais respostas dos nativos, que muitas vezes ficavam fora do alcance da voz, deixados na ignorância devido à língua estrangeira. Poucos se preocuparam em relatar suas reações. Um leitor do *requirimiento* chegou a ouvir uma resposta através de seus intérpretes. Os povos nativos achavam aceitável a ideia de um Deus supremo, mas que esse Deus houvesse doado a terra deles para o rei da Espanha era algo que devia ter sido divulgado por um autor bêbado que não tinha o direito de doar o que não era seu. Eles achavam que faria sentido contra-atacar e buscar a cabeça do papa, em contrapartida às de seus líderes, que haviam sido colocadas em estacas quando foram capturados pelos espanhóis.

Papéis católicos nas Américas do Sul

Em todas as transações, o Estado manteve suas apostas, pois os reis nomeavam os bispos e dominavam a maior parte da vida administrativa da Igreja, enquanto a Igreja enfrentava esse novo desafio com a invenção do sistema de *patronato* — segundo o qual camponeses expulsos se juntavam em torno de uma igreja missionária e, dentro de seus muros protegidos, mas na condição de servos contratados, tinham poucas esperanças de escapar de uma situação semelhante à escravidão. Ali, os padres de diversas ordens religiosas incumbiam-se da tarefa de batizar as massas. Se a atividade significava levar a água da vida, como os católicos a viam, também carregava dois anjos da morte: primeiro, doenças contra as quais os índios não tinham imunidade, e depois a espada, que os conquistadores brandiam impiedosamente. A doença soa como um inimigo natural, mas a disseminação da varíola muitas vezes resultava de um projeto deliberado, como nos casos em que os conquistadores, em ações dissimuladas de aparente generosidade, distribuíram cobertores contaminados pela doença. Brutalidades inacreditáveis frequentemente faziam parte das campanhas espanholas para obter ouro. Eles realizavam experimentos para descobrir formas eficientes de matança, atacando aldeias e cortando as pessoas simplesmente para testar suas lâminas e demonstrar seu poder esmagador. O modelo para seus avanços foi do tipo que moldou o crescimento na Europa por séculos: capturar, converter ou matar os líderes, e então exigir a conversão dos povos ou sujeitá-los à morte. Os padres batizaram dezenas de milhares que não tinham ideia do que estava acontecendo com eles. O ato fez com que os padres se sentissem realizando grandes obras para Deus.

Ao tomarem consciência dos meios da conquista, os papas, para seu grande crédito e por diversos motivos, tentaram abordagens mais humanas, ainda que tardiamente. Por fim, em 1622, o papa Gregório XV fundou a Sagrada Congregação para a Propagação da Fé, uma tentativa de impor alguma ordem na disputa pelo comércio e a colonização. A liderança inicial da Congregação observou as políticas cruéis contra os nativos, a danosa competição entre as ordens religiosas e o papel do comércio e da política sendo estimulado às custas da religião. As autoridades católicas começaram a treinar missionários melhores e a provê-los materialmente. Seus agentes, vigários apostólicos, muitas vezes tinham que se infiltrar num território, pois muitas ordens religiosas desconfiavam e resistiam aos reformadores. Alguns vigários voltaram para casa rapidamente, frustrados e desgostosos.

A nova política estimulava as *reducciones*, uma invenção que privava os povos de suas antigas crenças, rituais e costumes e lhes impunha os padrões católicos. Os eruditos biblicamente informados legitimavam as políticas invasivas, comparando o empreendimento à maneira como os filhos de Israel, no Velho Testamento, migraram para Canaã, na Palestina, e, por meios militares, conquistaram e tomaram as terras dos povos anteriores. Se Deus autorizara aquela agressão nos tempos bíblicos, o mesmo Deus autorizava os invasores e migrantes superiores a repetir agora as políticas e procedimentos.

Desde os primeiros europeus, como Pizarro e Cortés, havia o fascínio pelas histórias sobre o El Dorado, uma cidade de ouro, e suas semelhantes por todo o mapa. A atração cresceu quando os invasores encontraram artefatos de ouro, joias, imagens divinas e até mesmo objetos práticos que abundavam nos tesouros dos governantes e líderes conquistados. Infelizmente para a primeira leva de conquistadores, os suprimentos de ouro co-

162 • *O episódio latino-americano*

nhecidos até 1518 começaram a se esgotar, e a prata, ainda disponível, era um tesouro menos compensador. Para diversificar a economia para além da mineração, os europeus voltaram-se para a agricultura nos solos ricos de muitas regiões. Fizeram plantações que produziam cana-de-açúcar e outros produtos. Os africanos importados e escravizados trouxeram consigo para essas plantações práticas que os espanhóis podiam enxertar na fé cristã, como ensinado pelos missionários. Um conjunto típico de rituais era o "vodu", que proporcionava acesso ao mundo espiritual. Os povos nativos não estavam sozinhos em cena, e não eram os únicos improvisadores. Rejeitadas no século XVI, mas sobrevivendo até o XXI, ocorreram fusões, como a religião baseada em transe que possibilitava o acesso ao mundo espiritual em rituais chamados "macumba". Isso era atraente para muitos escravos africanos, trazidos para as Américas ao sul em maior número do que os posteriormente levados para a América do Norte. Não havia vozes defendendo a abolição e foram poucas as que se manifestaram pela humanização do sistema escravocrata ao longo dos séculos.

No México, território predominantemente asteca, os próprios frades e irmãos relatavam as estatísticas mais terríveis, muitas vezes para o papa. Como exemplo, Cortés precisou de apenas 550 homens equipados com as armas de tecnologia mais recente, instrumentos desconhecidos pelos astecas, para derrotar o Império — tudo em nome de Cristo, de quem Cortés era um cruzado. Alguns compatriotas o viam como um líder espiritual que estava resgatando os astecas do vício e da superstição. Como soldado de Cristo, ele via suas vitórias como milagres da intervenção divina; portanto, ao confrontar os astecas, dizia-lhes que, se viessem a morrer, seria por sua própria culpa.

Suas políticas eram tão agressivas que as notícias sobre elas chegaram a Montezuma II (c. 1466-1520), cuja capital ficava onde hoje está a Cidade do México. Foi lá que, não muito tempo antes da chegada dos conquistadores, o chefe sacrificou milhares de pessoas designadas para o sacrifício e vítimas que ele havia subjugado. Antes do ataque do conquistador, ele queimou os próprios navios para que nenhum homem amotinado ou desertor pudesse tomá-los e navegar para Cuba. Estabelecendo alianças com os inimigos de Montezuma ao longo do caminho, Cortés atacou culturas de povos que adoravam o Sol, construíam pirâmides e estavam determinados a resistir contra ele. Seus homens continuaram cravando cruzes e se convencendo de que faziam conversões ao efetuar batismos em massa ao longo do trajeto. Quando os conquistadores chegaram à capital, ficaram admirados com o que viram e com o tratamento que receberam. Com o odor do sacrifício humano no ar, os padres espanhóis rezaram uma missa, a fim de impressionar o cortejo e a corte de Montezuma. Por mais deslumbrados que estivessem diante da civilização asteca, incluindo sua arquitetura, seu líder ainda desejava destruir tudo. Seus homens atacaram e destruíram as imagens em exibição, provocando uma desconfiança e ira que significavam o conflito e a devastação iminentes. Em resposta, os líderes astecas atacaram, mas, na luta, Cortés capturou e confinou os atacantes. Em 1520, com a cumplicidade do próprio povo, Montezuma foi morto. Quando os conquistadores triunfaram, em 1521, destruíram os sinais de qualquer coisa que contradissesse a fé católica. Sua vitória absoluta foi creditada à causa de Cristo.

O LADO MAIS GENTIL DA CONQUISTA

Raro, quase único entre os defensores dos índios, havia um sacerdote e bispo que veio a ser visto como um quase santo, Bartolomé de Las Casas (1484-1566). Provavelmente o primeiro padre católico a ser ordenado no hemisfério, em 1507, Las Casas cruzou o Atlântico diversas vezes após 1502, a princípio como coletor de impostos e depois como proprietário de terras, mas, com o crescimento de sua fé, cresceu também o compromisso com as vítimas da conquista. Certo dia, convocado a pregar sobre o flagelo com base num texto bíblico, ele viu a si mesmo sendo castigado e converteu-se com seu próprio sermão. Após 1514, devotou-se à defesa dos índios e, um ano depois, foi nomeado "Protetor dos Índios" pelo cardeal Cisneros, ao voltar para a Espanha. Como protetor, fez questão de identificar-se com os pobres, em quem via Jesus Cristo, ao mesmo tempo que fazia inimigos ao divulgar na Europa as atrocidades cometidas pelos espanhóis, seus compatriotas. Como bispo de Chiapas, entre 1544 e 1547, opôs-se energicamente à escravidão dos índios — chegando ao ponto de se recusar a rezar a missa, considerada necessária para o acesso ao paraíso, para alguns senhores de escravos — e quase foi linchado por seus próprios comungantes. Seu principal sucessor na defesa dos índios foi o jesuíta José de Acosta (1540-1600), cuja obra *De procuranda indorum salute*, sobre a salvação dos indígenas, foi um documento de forte impacto, embora paternalista, uma vez que ele esperava que os católicos considerassem os índios como crianças em termos de fé e cultura.

Las Casas tinha o apoio do papa Paulo III, que considerava os "selvagens" como almas a serem salvas e que, em 1537, se manifestou corajosamente em defesa dos direitos indígenas. O monarca espanhol também passou a considerar os índios como súditos e, portanto, povos a serem protegidos. A defesa de Las Casas dos americanos também o levou a ser atacado na Espanha. No princípio de sua carreira, ao fazer suas defesas em território espanhol, ele apresentou uma proposta comprometedora que se tornou uma grande mácula em sua reputação. Permitam que os súditos da rainha sejam livres da escravidão, disse ele, mas, como o trabalho escravo era necessário para manter a economia funcionando, que importassem mouros, escravos negros da África. Las Casas logo se arrependeu de ter defendido essa política, mas ele manifestara a mentalidade dos europeus da época, pessoas incapazes de conceber uma economia sem escravos e que não encontravam objeções à escravidão nas Escrituras ou na prática católica. Seus argumentos apresentados contra Juan Ginés de Sepúlveda (1484-1573), em 1550, incluíram alguns exageros, ainda que pequenos, na descrição das agonias dos índios. Seus relatórios tornaram-se documentos fundamentais quando os protestantes e outros mais tarde denunciaram o catolicismo, acatando todas as críticas e chegando a criar uma "Lenda Negra da Espanha". Também ajudaram a legitimar os empreendimentos das nações protestantes da Europa, que não queriam que os católicos prevalecessem nas terras da América do Norte, que se desenvolveram décadas mais tarde.

Pelo lado mais positivo, diferentemente da maioria dos europeus na América do Norte, muitos dos primeiros colonizadores deram início a famílias, e uma raça misturada resultante, chamada de *mestizos*, tornou-se uma parte substancial da população. Além disso, mais prontamente do que os protestantes que colonizaram boa parte da América do Norte não muito tempo depois, os católicos, embora opondo-se aos rituais e crenças dos nativos, adotaram alguns de seus traços culturais. O melhor exemplo de fusão bem-sucedida ocorreu após 12 de dezembro de 1531, quando um pastor chamado Juan Diego teve uma visão que proclamou ter sido um encontro realista com a Virgem Maria, mãe de Jesus. No encontro, Maria deixou uma impressão de sua face, a imagem de uma Virgem de Guadalupe com traços indígenas num manto que ainda é preservado na enorme basílica de Nossa Senhora de Guadalupe, próxima à Cidade do México. Missionários criativos também aprenderam a utilizar alguns recursos visíveis no catolicismo — objetos como pequenas cruzes — e rituais que absorveram alguns traços dos cultos indígenas. Os trabalhadores ajudaram a construir igrejas e catedrais magníficas, marcos para os séculos do porvir. As missões nas aldeias, nos campos, as grandes praças e largos nas cidades com catedrais tornaram-se deslocamentos visuais dos sítios em que eram realizados os rituais nativos.

Os dominicanos chegaram já em 1510 e foram seguidos pelos franciscanos. Os membros da nova Companhia de Jesus, os jesuítas, chegaram em 1549. Entre eles estava José de Anchieta (1534-1597), que usou as energias academicamente e manifestou seu interesse pela mistura das culturas inventando uma escrita, dicionário e gramática para que os documentos cristãos pudessem encontrar leitores. Adepto da música, ele ouvia as línguas locais e escrevia canções que davam voz à mistura de crenças, pois as melodias e os ritmos eram locais, mas as histórias nos hinos vinham da Ásia e da Europa. Os bispos criticaram essas práticas num esforço de manter a pureza da fé dos conquistadores. Os jesuítas seguiram seu caminho, dando as costas para as dioceses e para os bispos, e assumindo o controle de suas missões e estratégias. Seus esforços certamente eram expressão de uma mentalidade colonialista, e a visão que tinham dos nativos refletia seu próprio senso de superioridade; ainda assim existem relatos de uma crescente simpatia pelos povos que serviam. Ser um padre nas perigosas selvas das Américas não era uma opção atraente para a maioria dos jovens católicos ibéricos, mas as ordens religiosas tinham maneiras de motivar os missionários a estarem prontos para os sacrifícios, até mesmo a morte.

Com o passar do tempo, algumas pessoas dos povos nativos convertidos ganharam destaque, entre elas Isabel de Santa María de Flores y de Oliva, "Rosa de Lima" (1586-1617), que antes dos 20 anos se tornou dominicana. Seguindo uma prática louvada pela ordem, ela puniu a si mesma

166 • *O episódio latino-americano*

como penitência, desfigurando-se para que nenhum homem a achasse atraente. Ela vestia uma camisa de cilício e luvas cheias de urtigas ao caminhar pelas ruas de Lima, no Peru, aceitando ser ridicularizada pelas multidões ao passar. Morreu com apenas 31 anos, um exemplo de vida de fé e sofrimento considerado ideal no catolicismo latino-americano. Foi feita a primeira santa das Américas.

A Igreja estabelecida e ameaçada

Ao longo dos séculos XVI e XVII e depois, a Igreja Católica manteve seu lugar como a religião oficial e estabelecida, na qual os registros de batismos, casamentos e enterros eram feitos logo após os rituais serem realizados. Ainda assim, boa parte da liderança do clero considerava sua posição garantida e pouco se esforçava para usar a imaginação no ministério. Muitas das correntes intelectuais partindo da Europa para o hemisfério ocidental chegaram à América do Sul, incluindo o Iluminismo, o Romantismo, o nacionalismo e outros importantes "ismos" que mudaram o caráter das populações no continente. Um traço do pensamento iluminista mais radical era o anticlericalismo e até mesmo a antirreligiosidade. Dessa forma, quando as revoluções finalmente ocorreram, como a liderada por Simón Bolívar (1783-1830) na América do Sul, o descontentamento e o distanciamento da Igreja Católica eram manifestos. As grandes igrejas barrocas de um século anterior se esvaziaram e as inscrições nos seminários despencaram. Enquanto camponeses e a população comum mantiveram a lealdade à Virgem e ao Cristo, muitos membros das elites se voltaram para pensadores seculares em busca de inspiração. Em algumas nações, as igrejas foram confiscadas e manifestações públicas de fé foram proibidas.

Os eventos na Europa frequentemente afetavam a América Latina. As forças de Napoleão forçaram a família real portuguesa ao exílio no Brasil, e, quando esta retornou a Portugal, deixou um de seus filhos, o imperador Pedro I, encarregado da colônia. Seu governo inspirou atividades contrárias. Um movimento de independência, em 1824, revoltou-se contra um clero exausto. As filosofias e os movimentos seculares na Europa receberam seguidores ainda mais impressionantes na América do Sul, sobretudo no

Brasil, e progressivamente cercaram o clero, privando-o de muitos de seus direitos e privilégios. Uma minoria de religiosos apoiou as revoltas. Movimentos milenaristas conquistaram alguns clérigos, que anteviam uma espécie de utopia cristã, uma vez que as lideranças corruptas fossem derrubadas. Enquanto o Vaticano conquistava maior poder sobre os monarcas da Espanha e de Portugal, que detiveram a maior parte do domínio nos dois primeiros séculos após a colonização, alguns antecipavam mais poder romano nas igrejas latino-americanas.

Então vieram os embates formais entre Roma e os novos governos nacionalistas, alguns dos quais reivindicando a autoridade para nomear o clero. A sobrevivência da Igreja foi autorizada, mas ela deveria se restringir aos domínios da vida privada de orações, deixando de ser uma presença pública ou crítica aos governantes. Governos ocasionais suprimiram as ordens religiosas que por tanto tempo conduziram a Igreja. O Estado não mais iria prestar serviços de tesouraria para as igrejas. Em meados do século XIX, as forças seculares haviam feito tantas conquistas que muitos membros da Igreja reagiram, defendendo que apenas uma Igreja conservadora, aliada às elites econômicas, poderia sobreviver. Os conservadores voltaram a enfatizar a devoção, o sobrenatural, os milagres da Virgem Maria e outros temas populares que podiam ser retomados. Por todos esses movimentos, a Virgem de Guadalupe era invocada pelas forças de esquerda e de direita, e até mesmo os secularistas pensavam duas vezes antes de combater os cultos à Virgem ou às imagens de Jesus, o amigo e irmão dos camponeses.

A América Latina sempre prestou atenção especial à Virgem. O catolicismo de estilo português e espanhol transplantado para o Novo Mundo adotou a dependência das orações e intercessões das mulheres, mães e esposas. Se a teologia e a governança pertenciam aos homens, a devoção era matriarcal, o que significava contar com a intervenção da Virgem e das santas nas questões humanas. Por isso Rosa de Lima foi canonizada, pois trabalhava do lado de fora do convento para atender as necessidades dos pobres. Os objetos litúrgicos e devocionais dessa época e local demonstram a intensidade da devoção da igreja à Virgem nas Américas ao Sul. Num período bem posterior, na segunda metade do século XX, quando muitos latino-americanos devotaram-se à Teologia da Libertação, irmãs religiosas,

REVOLUÇÕES E LIBERTAÇÃO DA AMÉRICA LATINA

Após uma revolução em 1857, o México foi declarado não mais uma nação católica, e, a despeito de uma ou duas restaurações católicas, novas filosofias e revoluções inibiram as expressões religiosas. Com os cidadãos da América Latina mais livres e com a maior prosperidade em algumas nações, a distância entre ricos e pobres tornou-se ainda maior, mais visível e com maior exigência de visibilidade. Nas cidades, novas tecnologias se tornaram populares, fato que favoreceu os já prósperos e equipados. Promessas de desenvolvimento com frequência deixavam os pobres ainda mais para trás e os moderadamente ricos lutando por recursos. Alguns estudos observaram o aumento da pobreza entre grandes populações, registrando mais de 180 milhões de pobres e quase 90 milhões de extremamente pobres. A população cresceu, mas a distribuição da riqueza sempre foi muito restrita.

No início do século XX, alguns católicos começaram a adaptar as lições sociais do papa Leão XIII e seus sucessores às situações na América Latina. Em 1894, Leão publicou uma encíclica papal, *Rerum Novarum*, e, sob seu ímpeto, os líderes católicos apoiaram os direitos à organização dos trabalhadores. Ele estava aberto ao envolvimento do governo nas questões de justiça, embora se opusesse ao socialismo. Os conservadores foram contra essas lições sociais, citando seu predecessor, Pio IX, cuja exigência de que os líderes da Igreja se mantivessem acima da política em geral significava que faziam parte do status quo. Dessa forma, não tinham como se livrar da identificação com as forças opressivas e economicamente conservadoras. Em 1910, uma revolução mexicana, devotada às visões marxistas do futuro, associou seus temas a antigos símbolos indígenas. Embora não tenha levado à mudança revolucionária, foi bem-sucedida na supressão da Igreja na vida pública. Até mesmo os trajes dos padres foram proibidos em público.

Alguns líderes católicos a princípio abraçaram o movimento na tentativa de romper com o sistema. Fizeram de tudo, só não se tornaram seculares. Em vez disso, reapropriaram-se de alguns traços das religiões pré--colombianas do continente, combinando-os com estratégias e motivos bíblicos e católicos. Anunciando que "Deus faz uma opção pelos pobres", e tendo aprendido com os diagnósticos de Karl Marx, eles falavam da Teologia da Libertação com Jesus como o irmão humano com o qual era possível se conectar ou o mediador divino. Jamais encorajados pela liderança católica em Roma e, na verdade, mal tolerados desde o começo, os liberacionistas inventaram novas formas, entre elas as "comunidades de base" que promoviam encontros para estudo bíblico e ensinamento eclesial para então fazer o vínculo com agentes radicais de mudança. Contra os latifundiários e industriais intransigentes, eles desenvolveram uma teologia que identificava o cristianismo com os pobres em oposição às classes dominantes.

Os liberacionistas eram, em certo nível, muito populares por suas políticas sociais, mas, em outro, segundo o padrão da autoridade da Igreja, não podiam ir além disso. O clero radical era visto como inimigo das classes sociais superiores e como líderes benignos e tolerantes entre as mais baixas, com padres servindo de intermediários e até mesmo agentes da revolução em nome de Jesus, cuja nova imagem o mostrava como um encorajador da atividade radical na América do Sul. Nas comunidades de base, leigos dedicavam-se ao ensino das lições que ouviam pelo rádio, de líderes como dom Helder Câmara (1909-1999), um arcebispo que optou por viver e se vestir como pobre. Os fiéis também seguiram seminaristas e freiras que se identificavam com a luta.

Essa face do catolicismo era incômoda, até mesmo repulsiva, para os latifundiários e outros que prosperavam mesmo — ou especialmente — em tempos de crise. Uma conferência de bispos em Medellín, na Colômbia, em 1968, estimulou os movimentos anticoloniais e anti-imperialistas. Isso significava que eles procuraram se distanciar daquelas instituições católicas vistas como muito comprometidas com o establishment político e econômico e com as elites. Em 1971, Gustavo Gutiérrez, um padre peruano, publicou o livro mais conhecido sobre o tema, *Teologia da libertação*, que deu profundidade intelectual ao movimento popular. Nem todos os esforços de libertação econômica resistiram aos ataques dos governos de direita e dos membros conservadores da Igreja. Muitos católicos começa-

170 • *O episódio latino-americano*

ram a imitar os evangélicos protestantes, enfatizando o sobrenatural, o contato com Deus através de grupos íntimos e esforços locais para aliviar a pobreza. Simultaneamente ao Concílio Vaticano II (1962-1965), não apenas laicos comuns, mas até mesmo os bispos colocaram alguns desses ensinamentos em prática. Naturalmente, também despertaram opositores católicos, sobretudo entre as igrejas dependentes e relacionadas aos grandes latifundiários, que acusavam a Teologia da Libertação de ser uma forma disfarçada de filosofia secular e que precisava ser impedida nas igrejas. O Vaticano pode ter considerado a opção divina preferencial pelos pobres como um bom slogan, mas desprezava a filosofia marxista. Uma vez que os teólogos foram silenciados pelo Vaticano, que se opunha às comunidades de base, leigos e sacerdotes tentaram preencher a lacuna com pregações e ações proféticas. Ainda assim, a Igreja continuou a perder membros para as igrejas protestantes, que os acolhiam e ajudavam a encontrar um lugar nas economias emergentes. Em El Salvador, o arcebispo Oscar Romero (1917-1980) foi morto a tiros, muito provavelmente por esquadrões da morte governamentais. Numerosos padres, homens e mulheres em ordens religiosas também foram mortos.

Alguns bispos, após o Concílio Vaticano II, tentaram promover as doutrinas sociais católicas que defendiam uma reforma moderada, mas, onde os defensores da livre iniciativa prevaleciam, muitos voltaram-se para os movimentos evangélicos que lhes eram favoráveis. O público católico respondeu através de diversos movimentos, muitos marginalmente cristãos ou explicitamente vistos como sobreviventes ou revivescentes de crenças que antecediam o catolicismo no esquema latino-americano. Dessa forma, enquanto o catolicismo exibia as marcas de uma diversidade crescente, o Vaticano e os bispos nomeados pelo papa João Paulo II, no final do século, tornavam-se mais conservadores e definiam o cristianismo de forma mais autodefensiva.

Presenças protestante e pentecostal

Talvez tenhamos exagerado o quadro das Américas do Sul, Central, caribenha e do México como católicos, uma vez que os protestantes também estavam presentes há séculos. Por exemplo, alemães que imigraram para a

Argentina e o Brasil criaram uma presença luterana duradoura. Para compreender o protestantismo latino-americano é importante diferenciar entre três termos e três campos. O primeiro deles compreende os legatários do trabalho missionário e imigrantes europeus e norte-americanos. Frequentemente, são considerados a linha principal, mas, embora detenham a lealdade de números significativos, cederam seu lugar historicamente predominante ao evangelicalismo e ao pentecostalismo, os dois outros campos.

Algumas das figuras políticas liberais, reconhecendo que deveriam prestar atenção às necessidades do espírito, favoreceram explicitamente o protestantismo no Brasil, na Venezuela e na Guatemala nas décadas finais do século XIX. Algumas das tensões e oportunidades da época levaram à divisão do protestantismo estabelecido. Foi nesse clima que o evangelicalismo e o pentecostalismo começaram a crescer. Cristãos conservadores prósperos nos Estados Unidos patrocinaram alguns desses movimentos, mas sua grande força veio do apelo ao que alguém já descreveu como a "classe baixa alta e a classe média baixa". A ligação de muitos convertidos à ideologia e à prática do livre mercado complicou ainda mais o quadro do protestantismo na América do Sul. De qualquer modo, os grupos protestantes partiram a imagem do catolicismo monolítico no continente e na América Central.

O evangelicalismo é uma forma de protestantismo conservador que na América Latina, assim como em outros lugares, enfatiza a infalibilidade da Bíblia, leituras literais do livro, impulsos de conversão dos demais e a disposição de testemunhar por conta própria a salvação que os convertidos vivenciaram. O pentecostalismo é um movimento nascido no início do século XX que busca e afirma a experiência da presença imediata do Espírito Santo, como faziam os fiéis nos tempos em que o Novo Testamento foi escrito. Os pentecostalistas cultivam a prática de "falar em línguas", sequências silábicas ininteligíveis que eles acreditam ser manifestações do Espírito Santo. A maioria crê em curas sobrenaturais das doenças e em outros milagres. O evangelicalismo aproxima-se um pouco mais da linha principal histórica do protestantismo, mas seus seguidores também reforçam o envolvimento emocional pessoal com Deus e são testemunhas agressivas no esforço de conversão dos outros. Esses grupos foram tão bem-sucedidos que alguns líderes católicos, a princípio, estimularam a cooperação entre

172 • O episódio latino-americano

eles e os católicos, que, ocasionalmente, "aprenderam lições" com os pentecostais sobre como se tornar mais envolvidos e energizados. Com o passar do tempo, os movimentos pentecostais tornaram-se tão fortes que as rivalidades se desenvolveram e alguns falam em guerras civis espirituais entre esses dois tipos de cristãos.

Em parte, o evangelicalismo e o pentecostalismo prosperaram, pois em muitos lugares as igrejas católicas são passivas, com falta de pessoal e não prestam atenção às necessidades do povo. Alguns estimam que apenas 10% ou 15% dos católicos latino-americanos são frequentadores regulares da missa. Em torno de suas igrejas quase sempre vazias, por todos os bairros, as fachadas dos estabelecimentos evangélicos ou as casas pentecostais pulsam com a música e o culto da consciência divina. Num continente em que o acesso aos "espíritos" e ao mundo espiritual é buscado e afirmado, esses movimentos protestantes prosperam. Embora as previsões sobre a chegada dos pentecostais e evangélicos ao primeiro lugar no continente sejam provavelmente exageradas, esses cristãos continuam a atender necessidades não satisfeitas pelos outros. Quase obsessivamente, enfatizam o Jesus das histórias dos evangelhos como um humano entre eles — e Jesus como o Cristo, o Senhor glorificado, entre eles e dentro deles.

7.

O EPISÓDIO NORTE-AMERICANO

Uma vez que o cristianismo ao redor do globo passou a ser reconhecido por seu nome, seus traços distintivos e seus temas centrais (a partir de Jesus Cristo), sua história é voltada para o que ele significou para os fiéis e como estes se relacionavam com os outros. Esse enfoque pode soar muito simples, e sua escolha por parte de um historiador, óbvia e ingênua. Ainda assim, através dos contos das Cruzadas e da Inquisição, dos credos e tratados, das explorações e dos recuos, sob os símbolos do poder agressivo ou do triunfo da humildade, de alguma forma Jesus Cristo esteve nas raízes e bases do pensamento e da ação. A expressão "de alguma forma" sugere que, em diferentes culturas, recebemos respostas diferentes sobre seu papel. Assim, na América do Norte, com sua diversidade de populações e igrejas, as questões sobre ele e o novo local também precisaram ser: Jesus Cristo *de quem*? *Qual* Jesus Cristo? O que as múltiplas respostas a essas questões têm a ver com os diversos desdobramentos nacionais e cristãos na história do que vieram a ser os Estados Unidos e o Canadá?

Tanto na Europa ocidental quanto na oriental, por mais de um milênio, e na América Latina desde seus primórdios cristãos, as respostas a tais questões seriam algo como "o Jesus dos ortodoxos" ou "o Cristo dos católicos romanos". Outras representações que não essas oficiais estavam nas mãos e vozes de estrangeiros, dissidentes e habitantes estranhos às questões da fé. A maior parte dos primeiros colonizadores da América do Norte, desde 1607 na Virgínia ou 1608 no Quebec, instintiva e intencionalmente deu continuidade aos padrões europeus. Isso significou a preferência natural de uma religião por governo, promovendo uma interpretação da obra e do significado de Jesus Cristo conforme a escolha da igreja predominante e, usualmente, estabelecida em termos legais. A América Latina "pertencia" ao catolicismo, onde a devoção a Jesus Cristo era complementada pela adoração da Virgem de Guadalupe ou de uma miríade de santos. Na América do Norte, excluindo o Quebec, o foco na piedade, teologia e alcance concentrava-se apenas em Jesus Cristo.

Quatro outros continentes abrigam mais cristãos do que a América do Norte, e a lei dos Estados Unidos não estabelece o cristianismo como

176 • *O episódio norte-americano*

sua religião oficial. A maioria dos cidadãos e muitos demógrafos e analistas políticos de todo o mundo consideram o país uma nação cristã. Os colonizadores originais tinham outras coisas em mente e mais o que fazer do que salvar as almas dos nativos americanos que lá estavam quando da chegada dos europeus — e tampouco foram para lá a fim de oferecer conforto. Ocuparam-se com o ordenamento da sociedade, precisaram inventar formas de governo e fazer julgamentos de acordo. Alguns líderes dos pioneiros gostavam de afirmar que estavam realizando uma aliança com Deus em nome de Jesus Cristo. Os problemas surgiram devido a essa insistência. Nos evangelhos, que eles cultivavam, Jesus era citado como tendo dito que seu reino não era deste mundo. Ele tendia a desdenhar das autoridades civis, como aqueles incapazes de compreendê-lo ou tolerá-lo, especificamente o rei Herodes, o governador Pôncio Pilatos ou o imperador romano. Mantinha relações ambíguas com os produtores e detentores da riqueza. Sua mensagem no Novo Testamento também era tão direcionada para o iminente fim do mundo que oferecia pouca orientação ou estímulo ao apoio de códigos públicos ou civis de ética e conselhos comerciais. Dessa forma, para sua tarefa de ordenar a sociedade, os colonizadores apoiaram-se mais nas Escrituras Hebraicas, ou Velho Testamento, do que no Novo. Na maioria dos ambientes públicos, quando tanto, o nome de Jesus como Senhor era muito superficialmente mencionado, sobretudo quando chegou o momento em que os líderes tiveram que reconhecer a diversidade espiritual e o pluralismo religioso. As moedas dos Estados Unidos não poderiam ter usado a expressão "In Jesus Christ We Trust" ["Em Jesus Cristo confiamos"] no lugar do "In God We Trust" ["Em Deus confiamos"], e o juramento de fidelidade à bandeira, revisto em 1954, não diz que a nação "submete-se a Jesus Cristo", mas "a Deus". Que o nome de Jesus ainda pudesse causar desconforto a tantos, que pudesse ofender, era aparente sempre que os conselhos educacionais ou tribunais do século XXI discutiam sobre a escolha de um nome ou presença divinos a ser invocado em eventos públicos.

Deixando-se de lado a questão oficial, Jesus Cristo esteve à frente da missão e no coração da mensagem para a maioria dos cidadãos. Quando, no século XIX, um pequeno mas muito significativo movimento unitarista se desenvolveu, fomentou a devoção ao Deus Único, ou ao Deus Pai, que, em linguagem do século IV, significava a "Primeira Pessoa da Santíssima Trindade". O teólogo H. Richard Niebuhr, no século XX, acusou diversos pretensos evangélicos ortodoxos de serem tão devotados a Jesus que eram culpados de serem "unitaristas da Segunda Pessoa da Santíssima Trindade". O que é interessante é que as pessoas a quem os Estados Unidos chamam de os "pais fundadores" eram devotos do Jesus humano e raramente mencionavam o Senhor glorificado. George Washington, o "pai de sua nação", era um frequentador assíduo da igreja, muito religioso e moralista, mas, em diversas referências à "Providência", evitava termos bíblicos para Deus e mal mencionava Jesus. Outro fundador, Benjamin Franklin, assegurava que algumas pessoas de bem acreditavam na divindade de Jesus e outras não. Algumas pessoas más não acreditavam na divindade de Jesus, outras sim. Ele disse que, sendo um homem de idade que morreria em breve com um piscadela, descobriria a verdade ou falsidade dessas afirmações sobre a divindade de Jesus após a morte. Thomas Jefferson era tão devotado ao Jesus como mestre da moral que em seus anos na Casa Branca recortou de seu Novo Testamento todas as referências sobrenaturais, todos os milagres e todas as defesas da divindade de Jesus, e montou um caderno em quatro idiomas com os ensinamentos e parábolas sobre o Jesus humano. Na mente dos pais fundadores, Jesus Cristo era uma pedra no caminho quando a referência a ele dividia os crentes ou isolava aqueles de credos não cristãos, ou ainda os que não declaravam qualquer fé. Enquanto isso, ao redor deles, em particular e na vida paroquial, a maior parte dos norte-americanos mantinha-se fiel a Jesus Cristo.

Quando o evangelizador católico Matteo Ricci encontrou-se com os chineses no século XVI, ou Bartolomé de Las Casas com os nativos da América Latina, ou, no século XVII, Robert de Nobili foi pioneiro entre os povos da Índia, todos fizeram algumas tentativas para compreender os ritos e crenças dos nativos, mesmo repudiando suas práticas. Entre os protestantes norte-americanos, os colonizadores dominantes em toda parte, menos no Quebec, ou no que se tornou o sudoeste dos Estados Unidos, praticamente não houve qualquer esforço para compreender ou fazer algo que não fosse destruir todos os traços da religião nativa. Enquanto as populações da China e da Índia sobreviveram e dominaram a Ásia, os novos colonizadores na América do Norte portaram doenças, armas e políticas que

178 • *O episódio norte-americano*

praticamente levaram os nativos à extinção em diversos lugares, ou então providenciaram a remoção dos indígenas para reservas distantes. O tratamento dos povos nativos pelo governo e pelos agentes, frequentemente apoiado pelas igrejas, agora é universalmente considerado vergonhoso. O governo descumpriu um tratado após outro e inibiu, ou proibiu, os rituais sagrados dos indígenas, enquanto as maiorias americanas não índias forçavam os nativos para reservas em geral estéreis, sem recursos ou condições.

Entre a chegada dos colonizadores no século XVII e o pluralismo do século XXI, a cena norte-americana no contexto do cristianismo global prosperou e desdobrou-se com riqueza de detalhes. Ao mesmo tempo que as colônias da costa atlântica eram estabelecidas, histórias de horror eram contadas sobre conflitos como a Guerra dos Trinta Anos (1618-1648) no continente europeu e a Revolução Inglesa (1642-1660), na Inglaterra, e os colonizadores não queriam replicá-los. Na maioria dos embates entre brancos e indígenas, as vítimas eram os nativos. No primeiro século americano, foram os conquistadores e colonizadores espanhóis que fizeram a matança no sudoeste e, mais tarde, os colonos ingleses que mataram os indígenas ao longo da Costa Leste. Os herdeiros dos pioneiros brancos no Novo México, na Califórnia e no Arizona gostam de lembrar aos visitantes que a Igreja foi instalada e construída para ter uma oportunidade de prosperar nas regiões de fronteira. Uma igreja em Santa Fé, no Novo México, antecede a instalação dos anglicanos na Virgínia, lembrando uma época em que os católicos, mais do que os protestantes, começaram a fundar missões entre os povos nativos.

No hemisfério ocidental, o islã, uma ameaça ao cristianismo europeu, praticamente não existia. Alguns historiadores especulam que o calendário foi o melhor amigo dos protestantes contra os muçulmanos. Eles sugerem que se a descoberta, exploração e instalação tivessem ocorrido um ou dois séculos antes, provavelmente não faria muito sentido analisar os destinos dos protestantes e católicos na América do Norte. As culturas e sociedades islâmicas, por sua vez, vinham se expandindo. Não há como saber o que teriam feito os exércitos muçulmanos, mas podemos ver muito bem o que eles se propuseram a obter contra a cristandade. Os muçulmanos tinham os exércitos, a ambição para igualar-se, os desígnios imperiais, os recursos e o crescente apetite para forçar os indígenas para o oeste. Mas, felizmente, ou providencialmente, como diriam os protestantes norte-americanos, o islã foi expulso da Espanha antes de 1492, e foram os cristãos que se tornaram capazes de produzir a força militar necessária. Muitos desses protestantes também afirmavam que Deus ocultara seu continente "virginal" favorecido até que a Igreja Católica fosse combatida, enfraquecida e detida nas nações do norte da Europa pela Reforma Protestante.

O NATIVO AMERICANO EM CENA

Os povos a quem os recém-chegados chamaram de indígenas viviam no continente há dezenas de milhares de anos. Nenhum deles era cristão em 1492. Realizavam rituais, tinham crenças, práticas e cerimônias prescritas que a maioria dos recém-chegados da Europa considerou selvagens, precisando ser substituídas pela fé verdadeira em Jesus Cristo. Muitos dos que vieram depois tinham a intenção sincera de transformar os povos que lá residiam em cristãos. Os exploradores e colonos da Espanha e da França promoveram suas conversões sob bandeiras católicas, enquanto os outros, que ocuparam todas as colônias exceto Maryland, brandiam estandartes protestantes. Quase todos, em ambos os lados, concordavam que nada das expressões espirituais dos nativos era válido e que suas próprias versões do cristianismo tinham que prevalecer, ainda que sob as bandeiras nacionais europeias e em detrimento de outros tipos de cristianismo.

Apesar de toda a conversa, parte dela sincera, sobre fazer dos selvagens membros do domínio do evangelho, o esforço fracassou amplamente. As doenças trazidas pelos europeus, sendo a varíola o principal exemplo, varreram a maior parte da população nativa, e as espadas e armas de fato deram conta de boa parte do restante. Mesmo a política de "reservar" os nativos americanos em terras separadas, sempre reduzidas, continuamente monitoradas e cercadas, não resultou em relações saudáveis. No sudoeste, onde hoje ficam o Arizona, o Novo México e o litoral da Califórnia, relíquias arquitetônicas das missões sobrevivem para encantar turistas fascinados. Os padres católicos realizaram incontáveis batismos e proporcionaram novas, ainda que restritas, formas de vida para os povos que sequestraram. Na Costa Leste e no Canadá, os católicos tiveram alguns êxitos na "civilização" dos nativos, mas os protestantes entre eles tinham discursos melhores do que suas práticas. Justificavam suas aventuras como esforços para ampliar o reino de Cristo e levar novos povos para ele, mas poucos colonos apoiaram ativamente tais empreendimentos entre aqueles que estavam expulsando. A Carta de Massachusetts listava entre seus propósitos "conquistar e convidar os nativos daquele país para o conhecimento do Deus único e verdadeiro, Salvador da humanidade, e para a fé cristã". No entanto, entre 1607, na Virgínia, e 1620 e 1630, no que veio a ser a Nova Inglaterra, e o nascimento da nação em 1787, apenas uns poucos assentamentos de "índios fiéis" prosperaram. Acredita-se que havia menos de uma dúzia de ministros protestantes trabalhando na fronteira entre os índios na última data.

Por que um fracasso tão drástico? Primeiro, os recém-chegados tinham prioridades maiores do que a difusão do evangelho. Isso incluía expandir impérios europeus e voltar com riquezas, tais como ouro e tabaco, ou outros produtos em demanda na Europa. Segundo, eles não entenderam e subestimaram o apelo das práticas religiosas dos nativos, e consideraram difícil atraí-los para as únicas formas consideradas válidas pelos europeus. Adicione-se a isso o fato de que os índios sobreviventes dos conflitos não considerariam uma resposta positiva àqueles mesmos cristãos que viam como saqueadores e assassinos. O deus dos brancos era repulsivo. Por fim, a não ser por alguns missionários, poucos conseguiram compreender sequer uma parte da visão de mundo, das culturas e das aspirações dos nativos americanos, em sua maioria resistentes ao cristianismo. Alguns que se converteram misturaram hábitos indígenas e cristãos, o que os missionários achavam repulsivo.

Quando se libertaram da Inglaterra na revolução após 1776, as 13 colônias que se tornaram os Estados Unidos tinham a tarefa de construir uma nação, um ato centrado na aceitação de uma constituição entre 1787 e 1789. No resumo do cristianismo global, o traço mais marcante daquela constituição foi o fato de que, pela primeira vez em 1.400 anos, desde os dias de Constantino e de Teodósio, a religião e o regime foram oficialmente considerados de forma distinta e separados nos documentos constitucionais. Embora a religião influenciasse a política e vice-versa, não deveria ser oficialmente privilegiada. Os cidadãos discutiram sobre as variações dessas políticas pelos dois séculos subsequentes e além, mas, enquanto isso, missionários e evangelistas não ficaram parados. Estavam livres para divulgar seu evangelho, competir entre si e inventar ou desenvolver novas formas de igrejas voluntárias chamadas de denominações. Poderiam produzir uma república na qual o cristianismo prosperou como raramente ocorreu onde a fé se manteve estabelecida pela lei e foi até mesmo objeto de coerção gentil e, com frequência, não tão gentil.

Os escravos afro-americanos e o cristianismo

Adicione à mistura de nativos e colonos brancos europeus outro grupo de pessoas que também estiveram presentes praticamente desde o início. No mito de muitos norte-americanos, o ano de 1620 e a chegada do *Mayflower* da Inglaterra com dissidentes puritanos ("peregrinos") representaram o princípio. No entanto, um ano antes, um navio levara uma carga de africanos para a Virgínia, dando início a um comércio de escravos que manteve os africanos cativos na América do Norte até 1863. Os escravos eram vistos quase universalmente como formas humanas inferiores, não merecedores de liberdade ou oportunidades, e nem sempre candidatos válidos ao batismo. O que pode ser considerado quase um milagre na vida posterior do continente foi o fato de a maioria desses negros, mais tarde chamados de afro-americanos, ter adotado e adaptado a religião dos senhores, mesmo que a Bíblia dos proprietários opressores legitimasse o programa escravocrata. Que tipo de Deus, se perguntariam os negros, concederia privilégios a pessoas de pele branca que brandiam chicotes e condenavam aqueles vindos da África a um mundo infindável de servidão e miséria?

Apesar dos obstáculos que os escravocratas e uma sociedade predominantemente passiva representaram para a interação, a maioria dos africanos tornou-se cristã, adotando práticas e temas especialmente dos batistas e metodistas, mas também improvisando seus próprios rituais e significados. Alguns dos senhores ensinaram a fé e os modos cristãos aos escravos em suas plantações ou casas, pois a história cristã podia ser um instrumento de terror. Quem ousaria violar a vontade do Deus Único, que devia ser maior e mais poderoso do que os capitães dos navios negreiros e dos senhores que adoravam aquele Deus? Outros, com traços mais humanos, começaram a olhar para os escravos como seres humanos, proporcionando-lhes oportu-

182 • O episódio norte-americano

nidades para orar, embora raramente os alfabetizassem. Ainda assim, como já observado, muitos escravos adotaram e adaptaram a fé cristã. Frequentemente, encontraram maneiras dissimuladas de traduzir os símbolos da fé para sua cultura, selecionar as histórias bíblicas que lhes eram mais inspiradoras e enobrecedoras. Suas canções típicas, os *spirituals*, em geral eram cheias de linguagem em código, adotando termos bíblicos que adquiriram novos significados locais e incomodavam os poderosos. Enquanto isso, alguns negros compraram ou conquistaram a liberdade para iniciar suas próprias igrejas bem antes da emancipação, em 1863, e muitos outros desfrutaram de liberdade e descobriram possibilidades de viver criativamente apesar da segregação. Eles cultivavam suas próprias versões do cristianismo, que mais tarde se tornaram visíveis ao público como versões vitais e autênticas. Tratava-se de uma fé centrada em Jesus, e as imagens bíblicas de peregrinações e libertação coloriam tudo o que cantavam ou proferiam a respeito.

Presente tanto no Norte quanto no Sul, na década de 1830 a escravidão passou a ser vista como parte integral da economia nacional, outro fato que tornou o trabalho dos abolicionistas e emancipadores cristãos ainda mais difícil. Pregadores brancos, especialmente no Sul, declaravam que a escravidão era a vontade de Deus. Ainda assim, diante de um sofrimento indescritível, os escravos e aqueles que haviam comprado ou conquistado a liberdade recontaram e viveram de acordo com as histórias bíblicas que melhor descreviam seus sonhos de uma terra prometida. Como modelo e inspiração, eles adotaram as histórias do antigo povo de Deus, que se libertara do jugo egípcio e sofrera como eles, e mesmo assim triunfara no final, como seus hinos e *spirituals* prometiam que aconteceria também com eles. Alguns adotaram a linguagem da libertação tanto das Escrituras Hebraicas quanto do Novo Testamento. Libertos como Richard Allen (1760-1831) inventaram e fomentaram denominações como a Igreja Episcopal Metodista Africana, a Igreja Metodista das Pessoas de Cor ou a Convenção Batista Nacional. Finalmente, após a Segunda Guerra Mundial (1941-1945), na qual tantos participaram, suas igrejas ganharam importância e, algumas vezes, chegaram a predominar em cidades do Norte. Essas igrejas haviam sido criadas por eles e os atenderam fielmente em muitas plantações, instaladas em pequenos barracos para meeiros ou em áreas urbanas pobres.

Quatro séculos após sua chegada, muitos dividiam as áreas superpopulosas dos bairros pobres com pessoas de origem hispânica, a fé cristã representando igualmente um sinal de vitalidade e o mesmíssimo símbolo da cruz que os brancos haviam usado para escravizá-los. Agora, aqueles que tinham sido excluídos de forma tão extrema da sociedade abraçaram algo que poderia lhes servir de sustentação e bandeira para sua vida religiosa.

A herança da Europa ocidental na América do Norte

A maior parte do drama cristão visível e registrado, obviamente, estava nas mãos dos brancos. A partir de 1608, os católicos franceses começaram a chegar ao coração do leste canadense, fundando o que viria a ser o Quebec. Os protestantes ingleses ocuparam o restante do Canadá conhecido pelos europeus na época da guerra colonial entre franceses e indígenas, pouco antes da revolução americana. O Canadá se manteve sob o domínio britânico, uma forma protestante de províncias cercando o território francês. Nos tempos da revolução que produziu os Estados Unidos, os dois Canadás acolheram os lealistas que fugiram dos beligerantes Estados Unidos. Esses refugiados eram predominantemente anglicanos, e mais tarde, metodistas e batistas, mas com o passar do tempo, graças à imigração de escoceses e irlandeses no século XIX, os presbiterianos também encontraram abrigo lá. Embora os anglicanos tenham sido incumbidos da educação das crianças nativas, poucas igrejas se empenharam em trabalhar com seus pais indígenas.

Sem ter passado por qualquer guerra ou revolução que lhes proporcionasse os mitos da fundação nacional, os canadenses, com diferentes graus de lealdade aos monarcas franceses ou à Coroa inglesa, não desenvolveram uma religião elaborada pública ou civil para além da fé e das práticas nas igrejas. As 13 colônias que se tornaram os Estados Unidos passaram por uma revolução, desenvolveram e responderam a um conjunto de mitos de origem e honraram um panteão de líderes militares e outros patriotas. Também vieram a observar a constituição dos Estados Unidos em termos quase religiosos. Antes da revolução e da constituição, no entanto, muita coisa precisou ocorrer para preparar o povo para o sentimento nacional e uma fé civil de origem cristã.

DOIS ESTILOS COMEÇAM A SE FUNDIR

Por séculos, duas histórias das origens dos Estados Unidos prevaleceram. A primeira relata a chegada dos colonos ingleses à área do rio James, na Virgínia, onde, em 1607, foi realizado o primeiro serviço anglicano. A história da Nova Inglaterra alcançou um status quase mítico. A chegada em 1620 dos separatistas — puritanos radicais de visão congregacional que tinham vindo no navio *Mayflower* — e a colônia da baía de Massachusetts, maior e mais influente, que se instalou na área de Boston em 1630, estabeleceram os termos para boa parte da teologia americana e da vida na Igreja por três séculos ou mais. Eles podiam ser dissidentes do establishment anglicano na Inglaterra, mas, na Nova Inglaterra, tornaram-se o establishment. Como tal, prosperaram com o apoio dos impostos, esgarçaram muitos limites entre as esferas civil e religiosa e obstruíram, até mesmo excluíram e perseguiram, os que não compartilhavam a mesma fé. Isso incluía as minorias anglicanas, que foram cercadas quando as colônias, depois de 1775, lutaram contra a pátria mãe com a religião matriz dela e a sua própria. Em algumas outras circunstâncias, puniram os dissidentes que se separaram do congregacionalismo, sendo que alguns estabeleceram igrejas batistas. Por conta própria e sem depender do clero e da liderança das Ilhas Britânicas, os congregacionalistas e presbiterianos fundaram universidades como Harvard e Yale. Os batistas fizeram algo semelhante, fundando a Brown em Providence, no estado de Rhode Island, uma colônia batista que, exclusivamente na Nova Inglaterra, optou por não ter uma igreja estabelecida. Desses centros vieram as elites nativas, clérigos e laicos igualmente. Eles e seus contemporâneos desenvolveram colônias comerciais cujos cidadãos tornavam-se cada vez mais descontentes com o pagamento de receitas para a coroa.

As colônias do meio, vivendo sem uma igreja estabelecida, anteciparam a solução nacional por fim adotada para as questões de relacionamento entre Estado e Igreja. Um caso de interesse especial foi o da Nova Holanda, que mais tarde se tornou Nova York. Líderes entre os colonos tentaram promover uma Igreja amparada pelo Estado nos moldes da reforma holandesa, que iria excluir as demais. O governador Peter Stuyvesant, em 1654, irritou-se e se sentiu ameaçado quando um navio francês, o *Ste.*

Catherine, chegou do Recife, no Brasil. Suas "vinte e três almas, grandes e pequenas", eram refugiados descendentes da comunidade judaica que a Espanha mandara para o exílio em 1492. Alguns tinham vivido na Inglaterra, na Holanda e numa colônia holandesa no Brasil, onde usualmente eram perseguidos. Os portugueses haviam retomado essa colônia e expulsado os judeus. Será que Nova Amsterdã os acolheria? Eles eram pobres agora, mas queriam se assentar e "navegar comercialmente em áreas próximas à Nova Holanda, e lá viver e residir". Na época, Stuyvesant questionou a si mesmo e depois a Companhia das Índias Ocidentais Holandesas se, caso aqueles judeus "trapaceiros" e "muito repugnantes, blasfemadores do nome de Cristo", que ameaçavam "infectar e perturbar" a colônia, fossem autorizados a ficar, ele não teria como excluir os "luteranos e papistas". A companhia, que tinha judeus entre seus acionistas e cujos líderes sabiam os ativos que aqueles judeus vindos do Recife trariam consigo, insistiu para que fossem bem recebidos. Eles foram autorizados até mesmo a fazer cultos domésticos, algo proibido aos luteranos. O comércio e os mercados tornaram-se agências de liberdade religiosa, sem o reforço de muita ideologia ou doutrina.

Enquanto isso, nas cinco colônias do Sul, com destaque para Virgínia e as Carolinas, o anglicanismo, em geral em formas enfraquecidas, se manteve dominante. Pertencer ao clero naquelas fronteiras do Sul não era uma perspectiva atraente para os candidatos a padre na Inglaterra, e a qualidade de vida da Igreja Anglicana no Sul geralmente é descrita como não muito saudável. Ainda assim, naquele solo desenvolveu-se uma geração de líderes políticos, muitos dos quais combinaram o anglicanismo ou a fé episcopal com os ideais iluministas para desempenhar um papel fundamental na modelagem da nação e de sua constituição. Nas quatro colônias do meio, que não tinham uma Igreja estabelecida, europeus não falantes do inglês — luteranos, reformados, anabatistas e morávios, entre outros — encontraram um lar e a liberdade, assim como os quacres anglófonos que se assentaram na colônia de William Penn, na Pensilvânia. A exceção do Sul era a colônia particular de Maryland, adquirida e desenvolvida pela família católica Calvert, mas o domínio católico não durou muito tempo. Na época da revolução, acredita-se que havia apenas 30 mil cidadãos católicos e 3 mil judeus entre o total estimado de 4,5 milhões de colonos brancos livres. As mino-

186 • *O episódio norte-americano*

rias e dissidências logo descobriram que as maiorias não eram flexíveis. Muitos na Nova Inglaterra falavam com nostalgia sobre a piedade nos "velhos tempos" do século XVII e lamentavam a "decadência" do século XVIII.

O Grande Despertamento e seus estilos

Então, começando pelo mapa colonial, ocorreu uma série de eventos que acabaram sendo chamados de "o Grande Despertamento". O início dessas agitações aconteceu na década de 1720 em Nova Jersey, durante o período médio colonial, embora mais evidências tenham surgido tanto no Norte quanto no Sul nas décadas de 1730 e 1740. Subitamente, a religião estabelecida e adotada foi posta na defensiva. Revivalistas como Jonathan Edwards (1703-1758) na Nova Inglaterra, um agente de conversões e o mais conceituado teólogo que o hemisfério já conheceu, e George Whitefield (1714-1770), um viajante entre a Inglaterra e as colônias, atacaram o pecado, pregaram o evangelho de Jesus Cristo e evocaram o Espírito Santo num esforço de aquecer os corações e construir um novo estilo de comunidades de fé em suas congregações e entre o público.

Algumas dessas mudanças ocorreram sob novas formas de calvinismo, o estilo principal de protestantismo no norte, mas que também não deixou de influenciar as colônias do Sul. Se para os críticos o calvinismo parecia ser uma fé fatalista e passiva, cujos adeptos dependiam apenas de um Deus predestinador, agora ele fora renovado, e o Despertamento reforçava a vontade e a intervenção humana: as pessoas deveriam se tornar ativas para "aceitar" o toque de Deus, vendo a si mesmas renovadas, aquecidas e ativas. Ao lado do calvinismo, havia também uma forma de protestantismo frequentemente chamado arminianismo, que enfatizava bem mais o que os humanos poderiam fazer para ser salvos e santificados. A partir dele surgiu o metodismo, um movimento de renovação dentro do anglicanismo na Inglaterra, que só apareceu nas colônias depois da Guerra da Independência, pois os primeiros metodistas tinham que ser fiéis a seus juramentos de lealdade à Coroa e foram lealistas que se opuseram à revolução.

O Grande Despertamento é um movimento difícil de relatar, uma vez que se espalhou entre pastores locais e igualmente pela ação de notáveis evangelistas viajantes. Atraiu os jovens para reuniões gigantes, do parque de Boston Common às plantações da Carolina, dos campi de Harvard e Yale a vilarejos tranquilos, e tanto as elites quanto os cidadãos comuns. Embora as conexões nem sempre tenham sido fáceis de traçar, suas influências tenham sido complexas e cada edição do Despertamento tenha sido debatida desde então, não há dúvida de que o evangelho da liberdade foi pregado nas igrejas onde havia inquietações com as políticas religiosas dominantes. Elas se tornaram um fator nas reivindicações de independência. Os promotores do Despertamento, embora a princípio não fossem líderes politizados, inspiraram os conscritos e voluntários que combateram os ingleses até o desfecho bem-sucedido e a vitória da independência após 1776.

Criar uma nação a partir dessa mistura de colônias e versões da fé cristã não foi fácil, uma vez que nem todas as colônias estavam dispostas a abrir mão de suas religiões oficiais. Sozinhos, os teimosos cristãos não tinham condições de inventar uma república rica como as doutrinas libertárias da Igreja provavelmente prometeram que seriam. No entanto, seus líderes foram influenciados por ideias associadas ao Iluminismo, o bastante para produzir uma constituição que não mencionava Deus ou Jesus Cristo ou permitia testes religiosos para cargos. Os fundadores também cuidaram da produção da Carta de Direitos, que assegurava a liberdade religiosa. Alguns historiadores sugerem que essa criação do que o fundador James Madison chamou de uma linha de separação entre religião e autoridades civis foi a mudança mais radical disseminada na governança desde a era de Constantino, 1.400 anos antes.

O Segundo Despertamento e a formação da Igreja da América

Nas atividades que se seguiram às iniciativas que combinaram o Despertamento e o Iluminismo, assim como as forças pós-estabelecidas ou jamais estabelecidas, tomou forma um conjunto de instituições por vezes chamado de "a Igreja Voluntária". Nem todas as igrejas portavam teologias condizentes com esse conceito, a mais notável entre elas sendo a Igreja Católica. Os católicos começaram a chegar em grande número da Irlanda, Alemanha e outros lugares na década de 1840, trazendo uma doutrina que não incluía a ideia de que a resposta e a iniciativa humanas criaram a Igreja.

Na prática, porém, à medida que padres e missionários trabalhavam entre imigrantes nominalmente católicos, incluindo-os nos registros das paróquias e estimulando-os a construir igrejas, fica claro que tiveram que trabalhar com o que podemos chamar de uma "doutrina da escolha" quase tanto quanto os revivalistas da fronteira apresentavam versões escolhidas de evangelicalismo e protestantismo. As igrejas eram livres para disputar a lealdade dos fiéis e assim o fizeram, em movimentos que as levaram a atrair membros em números sempre crescentes e com medidas para o desenvolvimento da participação e fidelidade.

As igrejas voluntárias, como já foi dito, também inventaram as denominações como seu principal instrumento para conectar as igrejas e transcender a cena local. É possível imaginar esses corpos em três grupos principais à medida que iam ocupando as terras a oeste dos montes Apalache por toda a sua extensão até a Califórnia. Primeiro foram as "três grandes" coloniais do congregacionalismo, com suas ramificações batistas ao norte, o presbiterianismo e o episcopalismo. Um segundo grupo incluía os metodistas revivalistas, cuja política "conexional" lhes permitiu iniciar milhares de igrejas no Oeste; os batistas ao Sul, que esqueceram suas raízes da Nova Inglaterra e se tornaram uma espécie de fruto nativo; e os discípulos de Cristo, um movimento "primitivo" de retorno à Bíblia que também se sentiu em casa na fronteira. O terceiro grupo incluía as tradições dos não falantes do inglês do continente europeu: luteranos, reformados alemães e holandeses, os anabatistas chamados menonitas, morávios e membros da Igreja da Irmandade, entre outros.

O Iluminismo não prevaleceu como força espiritual, embora suas lições sobre liberdade e igualdade tenham germinado na vida nacional posterior e desempenhado um papel importante na religião civil de inspiração cristã. Em vez disso, os herdeiros do Grande Despertamento, renovados após o nascimento da nação e durante a colonização do oeste e do sul, avançaram rapidamente e de forma tão atraente que seus convertidos logo superaram tanto os herdeiros daquelas igrejas do período colonial, que não consideraram o estilo revivalista atraente, quanto os herdeiros das crenças continentais, que jamais foram revivalistas. Isso significou que batistas e metodistas venceram entre os brancos e, curiosamente, entre os negros do sul, fossem escravos ou ex-escravos.

Não apenas as "igrejas voluntárias" se desenvolveram dentro do protestantismo, mas inovações radicais ocorreram ao longo das fronteiras mais radicais do cristianismo. Com terras selvagens e pradarias tão vastas por transformar, é compreensível que alguns líderes espirituais inventivos surgissem com crenças desconhecidas em outras partes da cristandade daqueles tempos. A perspectiva não cristã de colônias utópicas sugeria que a humanidade poderia começar do zero e construir colônias livres dos problemas importados da Europa. A maioria das colônias caiu rapidamente, vítima de sonhos extravagantes e uma ingenuidade considerável. Mais bem-sucedidos foram os movimentos mais próximos do cristianismo convencional. Eles adquiriram um significado mundial.

Assim, a Igreja de Jesus Cristo dos Santos dos Últimos Dias, ou os mórmons, compreendeu o desafio global melhor do que a maioria e instalou-se com sucesso em diversos pontos nos quais o cristianismo comum está enfraquecido. O movimento Adventista do Sétimo Dia se desenvolveu ao mesmo tempo, com planos de alcançar os mórmons na divulgação global do evangelho. Sob a liderança de Mary Baker Eddy, a Igreja da Ciência Cristã levou esperança a muitos que eram ameaçados por doenças. Eles também enfrentaram o antagonismo de membros desafiados de outras igrejas, que percebiam os cientistas cristãos, com seu apelo à cura metafísica, como atraentes para alguns de seus potenciais membros ou mesmo para membros das próprias denominações. Em todos esses casos, o etos do evangelicalismo em desenvolvimento combinava temas aparentemente contraditórios. Eles deveriam competir para poder crescer, mas também cooperar nos esforços para formar grupos laicos que ajudassem na reforma dos Estados Unidos e o tornassem atraente.

Apesar de todo o crescimento desses grupos cada vez mais influentes e com frequência desprezados, o protestantismo e o catolicismo dominantes conseguiram realizar o que alguns projetos e livros chamam de "a formação da Igreja na América". A atração da religião no estilo iluminista limitou-se basicamente às universidades e salões do leste, enquanto prosperava uma devoção "doméstica" robusta, democrática e centrada na experiência, sobretudo entre batistas e metodistas, os vencedores das guerras competitivas para atrair e reter a fé dos sulistas. Eles desenvolveram uma patente informal sobre várias novas formas de reuniões: acampamen-

190 • O episódio norte-americano

tos, semanas de avivamento e atrações para os jovens. Foram bem-sucedidos ao efetuar uma certa "domesticação" da fronteira, mesmo ao introduzir novos conflitos entre membros da igreja mais calmos em diversos estabelecimentos.

Por vezes, o Primeiro e o Segundo Grandes Despertamentos, nomes dados às agitações em meados do século XVIII e durante o primeiro semestre do século XIX, foram descartados como nada além de momentos emocionais e anti-intelectuais. Muita coisa neles pode ter sido arrebatadora, porém, mais notável, as igrejas "estabelecidas", herdeiras das colônias da costa leste, também levaram consigo o ensino na rota para o oeste. Fundaram academias e universidades para onde quer que se deslocassem. Se os currículos dessas instituições as deixavam parecidas com escolas vocacionais para o treinamento de missionários, também deve ser dito que elas mantinham acesa a luz de um estudo mais amplo em condições modestas, exatamente como os mosteiros beneditinos haviam feito mais de um milênio antes. Das escolas, saíram turmas de missionários e professores que partiram apressados de faculdades como Amherst e Brown para as ilhas Sandwich, para a Palestina ou mesmo para a China.

Essas igrejas voluntárias não se satisfaziam apenas com a salvação das almas e seu despacho para o paraíso. Também assumiam a responsabilidade por atividades na sociedade, sendo que algumas eram tarefas dos governos na Europa. Impulsos educacionais inspiraram algumas, como nas escolas dominicais e associações de trato. Outras tinham caráter reformista e moralista, por exemplo ao promover a temperança diante da vida no que alguns chamavam de uma "república alcoólica". Houve ainda aquelas que se voltaram para a caridade entre os imigrantes e pobres, para agências de serviço social e, de maneira mais controversa, para os problemas advindos da escravidão e a própria escravidão. Havia escravos também no norte, o coração da indústria do comércio escravocrata, onde alguns movimentos abolicionistas marcaram suas posições dentro de economias onde a escravidão — mas não o comércio de escravos! — não era essencial para a economia.

No Sul, porém, a escravidão nas plantações e na vida urbana era tão integrada à economia, o escravo era de tal forma um elemento da população e o número de escravos era tão grande que poucos sulistas podiam imaginar o que fazer caso acontecesse o inconcebível — que os cativos fossem libertados. As igrejas do Sul encontraram muitas justificativas bíblicas para apoiar a escravidão ou, ao menos, opor-se aos movimentos antiescravidão. As igrejas batista, metodista e presbiteriana dividiram-se em linhas regionais nos anos 1840. O que se tornou a União, ao norte, e a Confederação, ao sul, por sua vez desenvolveram versões a tal ponto concorrentes da fé e justificativas para seus estilos de vida que mais pareciam representar dois mundos e, com efeito, duas nações diferentes. No Sul, líderes políticos e do clero combinaram sentimentos favoráveis à escravidão e contrários ao norte a ponto de defenderem a separação de seus estados da União. No Norte, embora os movimentos abolicionistas fossem pequenos, eram ruidosos e visíveis nas guerras pelas consciências. O sentimento contra o Sul cresceu enquanto a própria União adquiria uma espécie de status místico, melhor expresso na linguagem de Abraham Lincoln (1809-1865).

Os canhões soaram em 1861, iniciando entre os americanos o conflito mais sangrento e com o maior custo de vidas, propriedades, afetos e futuros. Nos anos intermediários da guerra, o presidente Lincoln lançou a Proclamação da Emancipação, que começou a garantir a liberdade para os negros. A guerra terminou em 1865, com a exaustão de ambos os lados, empobrecidos e com a certeza de estarem servindo a causas divinas. Por um período de 12 anos, o esforço pós-guerra do Sul, chamado Reconstrução, ofereceu às igrejas a oportunidade de interpretar a derrota e combater seus efeitos. As próprias igrejas, enquanto isso, se definiam em linhas raciais. A emancipação e a vitória do Norte de forma alguma produziu o fim da segregação, uma política que continuou a recorrer a defesas teológicas, sempre com representações sulistas e, ocasionalmente, do Norte.

Nas últimas décadas do século XIX, o Oeste se abriu com pioneiros e missionários buscando novos destinos no Oregon e por outros rumos, cruzando planícies e pradarias, superando as montanhas e marcando a paisagem com torres de igreja por todo o caminho até a Costa Oeste. Depois da guerra civil, o presidente Ulysses S. Grant (1822-1885) autorizou uma política em que diversas igrejas foram incumbidas com responsabilidades ou receberam privilégios para "trabalhar" nas diversas reservas indígenas. Novas levas de imigrantes da Irlanda e do continente europeu tomaram as cidades do leste e as planícies do oeste, criando problemas sociais simplesmente por seu grande número, pela disputa por terras e trabalho, pela

192 • *O episódio norte-americano*

disparidade dos costumes entre eles e pelas diferenças teológicas, segundo as quais cada uma afirmava que a sua era a única e verdadeira religião.

NOVOS TEMPOS, NOVAS DIVISÕES

Uma nova divisão, não mais entre Norte e Sul, mas entre ricos e pobres, também se tornou cada vez mais visível. A industrialização ocorreu com grandes fábricas e empresas complexas ocupando o lugar das pequenas fazendas e empreendimentos locais. Entre os líderes, havia empresários chamados de "barões do roubo" pelos críticos, a maioria membros da igreja que usavam uma interpretação própria dos evangelhos para justificar seus métodos. Nomes como Rockefeller, Pullman, Vanderbilt, McCormick e muitos outros simbolizaram as políticas que tornaram os trabalhadores dependentes enquanto os empresários impediam o desenvolvimento dos sindicatos. Eles também representavam a filantropia e a construção de instituições de ensino superior. Andrew Carnegie ajudou a construir bibliotecas em diversas comunidades. John D. Rockefeller concebeu um "Evangelho da Riqueza" para justificar sua abordagem do mercado. O que foi chamado de "darwinismo social" prosperou entre os magnatas como uma representação da sobrevivência econômica do mais apto.

O crescimento dessa economia foi tão rápido que algumas décadas se passaram até que outras vozes e forças fossem ouvidas e organizadas. Quando James Cardinal Gibbons, o mais destacado líder católico da época, manteve-se firme ao ser pressionado a eliminar os sindicatos como sociedade secretas e recusou-se a condenar os Cavaleiros do Trabalho, um protossindicato fraterno, permitiu que os trabalhadores, a maioria dos rebanhos católicos, se mantivessem leais e não entrassem em conflito com a Igreja, como tantos haviam feito na Europa. Para justificar e apoiar suas ações, Gibbons e seus seguidores citaram os ensinamentos sociais do Vaticano, segundo os quais os papas estavam procurando se ajustar à industrialização e à necessidade de organização do trabalho. Enquanto isso, os líderes protestantes, muitas vezes nos seminários e distantes das linhas de frente da classe média frequentadora das igrejas, que consideravam a organização do trabalho uma violação da lei natural, começaram a formular o que vieram a chamar de Evangelho Social.

Esse Evangelho Social, conforme concebido pelo professor batista Walter Rauschenbusch (1861-1918), pelo ministro congregacionalista Horace Bushnell (1802-1876), por defensores episcopais do "socialismo cristão" e outros líderes, ficava do lado dos trabalhadores e defendia os sindicatos trabalhistas como forma de dar voz aos trabalhadores mais pobres. Como fez Rauschenbusch, combinavam a piedade e a oração com teologias liberais e modernistas em apoio à justiça social. Seu símbolo favorito era o Reino de Deus, onde Jesus era o exemplo de justiça. Seus críticos os chamavam de socialistas e tentaram estigmatizá-los como movimentos radicais semelhantes ao marxismo. Outros observaram que eles "não sujavam as mãos", como faziam tantos dos chamados evangélicos. Por exemplo, os evangélicos promoveram o Exército da Salvação, uma reforma voltada para as ruas, mas baseada na igreja e em movimentos de caridade.

A menção a tensões ou divisões entre Norte e Sul, Evangelho Social e movimentos salvacionistas, liberais e evangélicos, ou entre católicos e protestantes, anticatólicos do movimento Know Nothing ["Não sei de nada"] e os criadores de um sentimento e de ações anti-imigração aponta para o fato de que o cristianismo que predominou nos Estados Unidos e no Canadá um século após a independência americana e meio século após a constituição da confederação canadense (1867) nada tinha de unido. Seus elementos eram estrangeiros entre si e rivais de todos os demais. A causa da desunião foi frequentemente comemorada, pois representava a liberdade religiosa e os resultados numéricos da concorrência cristã, sobretudo entre os protestantes. O resultado de todo esse esforço e balbúrdia, no entanto, foi desanimador para muitos. Os defensores das políticas destinadas a fazer algo a respeito disso, agentes da unidade da Igreja num movimento posteriormente chamado de ecumenismo, argumentavam que a desunião violava as imagens do Novo Testamento de uma igreja como o "corpo de Cristo". Era portanto um pecado que demandava arrependimento e a mudança das práticas. Para outros, a desunião era uma questão igualmente prática e espiritual. Nessa época, muitos cristãos americanos estavam enviando missionários para a Ásia e outros continentes, e alguns voltaram com relatos sobre o que a competição nas missões fizera com a credibilidade do cristianismo e como a duplicação dos esforços entre rivais era ineficiente. Combinado a isso, havia também um impulso imperial entre muitos daqueles

194 • *O episódio norte-americano*

que partiram para ampliar o domínio cristão, civilizar a humanidade, assistir ao triunfo dos brancos num mundo não branco e demonstrar a superioridade cristã.

O movimento ecumênico, nascido nessa época, inaugurou um século de invenção de repartições, agências e conexões internacionais: um movimento de fé e ordem vinculado a outro de vida e trabalho combinados para ajudar a formar o Conselho Mundial de Igrejas, em 1948. Ao mesmo tempo, ocorriam fusões em diversos países, como a que levou à Igreja do Sul da Índia ou à Igreja Unida do Canadá, assim como a federações e conselhos, predominantes nos Estados Unidos. Os defensores desses movimentos eram determinados: a unidade deveria estimular as missões. Ironicamente, muitas vezes foram as forças concorrentes e antiecumênicas que atraíram mais conversões ao longo do século XX.

Missões no exterior, missões em casa

A menção das missões remete à formação de um movimento missionário no princípio do século XIX no qual o cristianismo norte-americano, originalmente dependente da Europa para seus próprios impulsos cristãos, começava a se tornar "global". Inspirados pelas visões milenaristas que os instavam às conversões e educação e cura para o mundo não cristão, por todo o século XIX eles conceberam e apoiaram agências para levar o evangelho de Jesus Cristo para a Índia, China e África. Acadêmicos brilhantes e dedicados, muitas vezes com suas mulheres, partiram para postos nos trópicos ou em situações em que estavam cercados de perigos. Suas lápides, abundantes em diversos continentes, testemunhos dos efeitos da doença, sugerem um pouco da sua dedicação. Críticos já disseram que seus esforços missionários eram parte de um esquema imperial. Ninguém pode negar que seu empenho foi combinado com iniciativas comerciais e, às vezes, com interesses nacionais, mas arquivos cheios de cartas, escritos e sermões sugerem que para a maioria dos missionários o cuidado com as almas dos não convertidos era a força motriz. Sequer é preciso dizer que suas atitudes eram, em geral, condescendentes, quando não racistas, mas isso não é tudo o que se pode dizer sobre eles.

De volta às praias norte-americanas, em 1908, o Conselho Federal de Igrejas, constituído por herdeiros dos movimentos dos séculos XVIII e

XIX, mas sem incluir os grupos mais conservadores, foi organizado para ser um instrumento de unidade da Igreja em níveis práticos. Alguns líderes trabalharam para promover fusões reais entre grupos concorrentes, sobretudo dentro das casas denominacionais. No princípio do século XX, a versão luterana do evangelho, por exemplo, era pregada em mais de vinte idiomas e em púlpitos que representavam denominações suecas, eslovacas ou de outras linhas étnicas. Eles começaram a consolidar as igrejas daqueles cujos pais haviam chegado em navios diferentes, vindos de outras terras. Os principais movimentos baseados em conselhos tendiam a negligenciar o evangelismo e enfatizar as boas obras, além das atividades de caridade, educacionais e sociais. Seus líderes mantiveram as denominações, mas com teologias liberais, pois estavam mais interessados em reforçar aquilo que tinham em comum do que aquilo que os separava.

O evangelismo, portanto, tornou-se a atividade predominante de igrejas mais conservadoras, nas quais a crença no fim iminente do mundo e a necessidade de salvar as pessoas às pressas antes que Jesus retornasse para o juízo final atraíam multidões para testemunhar a unidade essencial do cristianismo. Essas igrejas inspiraram-se nas tradições revivalistas dos séculos XVIII e XIX, agora habilmente transpostas dos vilarejos para os ambientes das grandes cidades. Dwight L. Moody (1837-1899), no final do século, e Billy Sunday (1862-1935), na década de 1920, foram geniais em atrair e reter grandes multidões, levando milhares ao arrependimento e compromisso com Jesus Cristo. Negligenciando os ministérios do evangelho social, não necessariamente eram desumanos, mas diziam que os indivíduos salvos que escolhessem ser generosos e ter um comportamento moral seriam os instrumentos para atender as necessidades de um mundo transformado. Os mais rígidos em termos de doutrina também combatiam ideias e práticas que vieram com a modernidade.

Charles Darwin e os darwinistas questionaram relatos bíblicos sobre a criação do mundo e, em especial, dos seres humanos. Os protestantes progressistas criticavam as interpretações literais das visões bíblicas sobre o fim do mundo e a segunda vinda de Cristo. Muitos achavam que os críticos da Bíblia, que tratavam as Escrituras da mesma forma como qualquer outro documento antigo ao pesquisarem como seus livros haviam sido escritos e chamarem a atenção para suas contradições, ameaçavam a verdade de seus testemunhos. Para combatê-los, logo no princípio do novo século, alguns leigos magnatas do petróleo subvencionaram uma série de panfletos que foram enviados pelo correio a todos os sacerdotes protestantes que conseguiram rastrear. Chamados de *Os fundamentos*, eles deram nome a um novo movimento formado em torno de 1920 e tornado público em 1925, quando algumas denominações dividiram-se entre questões "fundamentalistas" versus "modernistas". O famoso julgamento de Scopes, que tratou do ensino da evolução numa escola de ensino médio do Tennessee, chamou a atenção dos cidadãos. O cisma dentro do protestantismo tornou-se óbvio e os dois estilos pouco se comunicavam sobre o abismo que os separava.

ESTILOS PÓS-PROTESTANTES

Se o evangelismo, o novo estilo e o fundamentalismo representaram desafios para as denominações antes estabelecidas, outros movimentos também vieram para esvaziar suas fileiras. De um lado, o catolicismo romano no século XX, retratado como um domínio que aspirava ao controle da América, era uma força galvanizadora que manteve os principais protestantes mobilizados e concentrados. Adicione-se a isso o Pentecostalismo, um movimento que chamou a atenção durante um avivamento na rua Azusa, em Los Angeles, após 1906. Seus defensores acreditavam que sinais dos atos do Espírito Santo dos tempos bíblicos poderiam reaparecer naquele momento. Deus jamais anunciara a partida do Espírito. Assim, os pentecostais, a caminho de se tornarem o movimento de crescimento mais rápido dentro do cristianismo global, "falavam em línguas". Muitos experimentaram e afirmaram curas milagrosas. Embora o Pentecostalismo a princípio tenha sido um fenômeno predominantemente sulista, seus efeitos respingaram no Norte, onde alcançou sucesso especial entre os afro-americanos, como na florescente Igreja de Deus em Cristo, no final do século.

As distrações das duas grandes guerras e as mazelas da grande depressão no século XX dificultaram mais do que antes a promoção de causas liberais e progressistas, e os avivamentos evangélicos, com a mensagem de conversão dos povos do mundo, prosperaram às custas dos liberais após meados do século. A maioria das igrejas baseadas em conselhos carregavam os genes da Igreja dominante de seus sistemas e não se organizavam para converter as pessoas da mesma forma que os evangelistas de massa faziam. Assim, perderam o primado na cena americana. Melhor dizendo: foram obrigadas a compartilhar o poder com todos os demais lados da rica mistura do pluralismo americano. Na era do Evangelho Social, estavam mais interessadas em realizar a mudança dentro dos ambientes político, social e cultural. Um século mais tarde, foi a coalizão de denominações evangélicas, pentecostais, batistas e protestantes conservadoras, vinculadas a certos tipos de católicos sobre certas questões, que demonstrou maiores ambições na tentativa de "cuidar do país", sobretudo em causas como a oposição ao aborto ou aos direitos dos homossexuais.

Uma grande questão na qual o lugar de Jesus e dos profetas figurou com imenso destaque foi a revolução dos direitos civis. A decisão do Supremo Tribunal dos Estados Unidos em 1954, insistindo em instalações "separadas, porém iguais", para os afro-americanos foi insuficiente e ajudou a deflagrar um complexo de respostas que, em 1965, levou a grandes mudanças legais. Com a liderança do clero negro, há muito se preparando para o trabalho de mudança, a oportunidade só surgiu no final da década de 1950. Demonstrações de apoio por negros e brancos, cristãos e judeus e muitos outros ajudaram a promover a mudança, mas não antes de a violência dos opositores do movimento ter cobrado seu preço. Líderes como Martin Luther King, Jr. (1929-1968), com muita habilidade, combinaram dois temas motivadores. De um lado, o pregador tratava a Declaração de Independência e a Constituição dos Estados Unidos quase com fervor religioso, defendendo a conscientização sobre os direitos humanos em suas bases. Por outro lado, o pastor batista abriu os evangelhos e devotava-se a Jesus Cristo não como um simples professor ou exemplo, mas como o agente divino num mundo que precisava de uma mudança radical. As igrejas afro-americanas acabaram por se tornar mais presentes do que antes na consciência do público geral. Apresentações públicas com raízes nas igrejas negras eram agora realizadas em praça pública, onde canções sobre Jesus Cristo como libertador eram parte de festivais marcados por músicas *soul*, *gospel*, *spirituals* e semelhantes.

Os movimentos missionários e ecumênicos fizeram bem ao conscientizar os cristãos americanos sobre o cristianismo global, dar a eles motiva-

198 • *O episódio norte-americano*

ção para lidar com isso e o impulso para buscar a justiça em todos os lugares. No terceiro milênio, os cristãos, tanto católicos como protestantes, tornaram-se fenômenos locais numa era em que o globo, graças ao comércio, empresas, mídia e transportes rápidos, encolheu figurativamente. Obrigados a enfrentar o desafio do islamismo radical, ou, em alguns casos, como na Índia, o hinduísmo radical, os cristãos precisaram refletir sobre suas políticas relativas às missões, decisões sobre continuar ou não a dialogar com outras crenças — incluindo aquelas com números crescentes no Canadá e nos Estados Unidos — e sobre como lidar com o extremismo e o terrorismo. Constataram que precisariam contar com recursos da igreja cristã em outras partes para compreender a época e planejar estratégias em casa.

A mudança é uma constante nas igrejas norte-americanas, e algumas delas eram praticamente impossíveis de prever algumas décadas antes. Quem poderia ter concebido que, após o Concílio Vaticano II, o diálogo entre católicos e protestantes se tornaria urgente e intensamente estimulado? Quem anteviu a ordenação de mulheres na maioria das igrejas não católicas e a grande Convenção Batista do Sul, além da expansão dos papéis femininos na modificação da agenda ou a renovação das vozes que apareceram no final do século XX? O que fazer diante de um episódio no qual os cristãos começam a se conhecer uns aos outros por cima das linhas que separam as denominações e das fronteiras religiosas, embora muitos estejam se afastando e hostilizando ainda mais os demais?

CRISTIANISMO INDETERMINADO COM CONEXÕES GLOBAIS

Hesitamos antes de sair alegremente da cena de um episódio diante de todas essas questões. Todavia, o registro das surpresas numa nação de grandes avivamentos nos leva a olhar o futuro da América do Norte com muita indeterminação. Os defensores desta ou daquela posição teológica ou política em geral parecem ter certeza sobre os rumos da história e de sua participação neles. A complexidade de testemunhos e ações dos cristãos americanos inspira cautela na hora de fazer previsões. Os movimentos têm seu dia. Os católicos se reposicionaram desde o Concílio Vaticano II. No notável documento oficialmente aprovado, *Nostra Aetate*, a Igreja Católica

Romana mostra-se favorável a elementos das religiões não cristãs e busca um novo diálogo com elas. Evangélicos e pentecostais também estão tendo sua vez, e as igrejas afro-americanas são fortes em sua independência, mas fracas por devido à costumeira falta de recursos para subsidiar os movimentos de defesa das causas sociais e raciais. O grande número de mexicanos e de outros povos latinos subitamente está transformando os Estados Unidos numa nação bilíngue, com milhões de novos católicos, evangélicos e pentecostais.

A "América cristã" é estratégica em questões globais quando se trata das relações com duas religiões ou povos em particular. Desde 1654, uma pequena, embora influente, comunidade judaica prosperou ao lado da maioria cristã. Apesar da presença de sinais de antissemitismo, baseado na teologia cristã ou na cultura geral, esse jamais foi um programa patrocinado pelo governo, e os judeus obtiveram medidas ainda mais amplas de liberdade. Muitos líderes judeus disseram ter sido instados a pensar numa nação na qual os judeus fossem mais respeitados ou tivessem mais liberdade. Após o nascimento de Israel em 1948, e progressivamente ao longo do século XX, fissuras se abriram nas comunidades cristãs em relação a essa nação. Curiosamente aos olhos daqueles que lembram do antissemitismo teológico do protestantismo conservador, algumas formas de fundamentalismo, evangelicalismo e pentecostalismo tornaram-se mais amigáveis a Israel. Isso pode ser considerado curioso uma vez que a simpatia dos cristãos "sionistas" baseia-se numa teologia e numa esperança que os judeus não aceitam. Em sua versão bíblica literal, um Estado de Israel deve prosperar como precondição para o retorno de Jesus Cristo à Terra, para completar uma trama na qual os judeus, como tal, terão um papel negativo, se chegarem a ter algum papel.

Enquanto isso, as relações de cristãos com muçulmanos foram mínimas quase até a virada do terceiro milênio. Não havia muitos muçulmanos nos Estados Unidos, e eles eram pouco expressivos ou visíveis nas artes populares, ou no mundo das celebridades e das manchetes. A presença deles cresceu, juntamente com comunidades árabes cristãs maiores, sobretudo após a mudança das leis de imigração em 1965. Quando os movimentos radicais muçulmanos, a maioria deles descritos como fundamentalistas, criaram problemas para os Estados Unidos, mais americanos ficaram

200 • *O episódio norte-americano*

alertas. Constrangidos por um sequestro com reféns no Irã, em 1979, e ameaçados em seu âmago por jihadistas, extremistas inspirados por interpretações seletivas do Alcorão, que atacaram instalações norte-americanas em 11 de setembro de 2001, americanos em geral, e cristãos entre eles, reagiram. Alguns, como William Franklin Graham III, filho do mais notável evangelista do século, Billy Graham (n. 1918), menos tolerante que o pai, atacou todo o islã como uma "religião perversa e cruel". Ao mesmo tempo, milhares de norte-americanos, evangelistas entre eles, trabalharam para melhorar as relações com os muçulmanos locais e as interpretações do islã internacional.

Nas duas situações, Jesus Cristo teve destaque. Os cristãos antissemitas baseavam sua rejeição teológica pelas leituras do Novo Testamento, onde encontravam interpretações de autocondenação pelos judeus. Vinte séculos de tratamento negativo, e até assassino, contra os judeus, em nome de Jesus Cristo, tornavam difícil promover relações teológicas, pessoais e comunitárias, mas muitos judeus e cristãos trabalharam arduamente para estabelecer uma nova relação. O Alcorão, o livro sagrado dos muçulmanos, respeita Jesus, mas o considera um profeta entre os profetas. O diálogo entre cristãos e muçulmanos, quase paradoxalmente, alcança maiores avanços quando o papel de Jesus, em ambas as crenças, é abertamente confrontado e apresentado.

Para um quadro mais amplo, incluindo a chegada de mais asiáticos e africanos — muitos dos quais intensamente cristãos —, é preciso olhar de volta para a mudança nas leis de imigração dos Estados Unidos em 1965. Imediatamente, imigrantes aos milhões vieram do mundo não ocidental, onde a população cristã é pequena. Sua presença forçou uma reflexão pelos cristãos, que tinham a presença de Jesus Cristo como certa nas questões públicas, uma vez que poucos apareciam para protestar contra o monopólio dos fiéis. Agora, tanto no catolicismo quanto no protestantismo, em seus encontros com vizinhos de crenças não cristãs, líderes e laicos precisavam repensar sobre o que Jesus Cristo, como mediador divino, significava para a vizinhança. Retomando a antiga linguagem cristã, Jesus Cristo tornou-se uma referência ofensiva para as minorias nas escolas públicas, cerimônias cívicas e nas datas religiosas. "Quem é Jesus Cristo para nós hoje?" tornou-se uma questão de renovada urgência. Os defensores de uma nova espiritualidade admiravam Jesus como mestre e exemplo, mas resistiam a qualquer afirmativa dos cristãos de que ele era o Senhor glorificado. Portanto, uma série de ajustes a uma nova era se seguiu, com os devotos de Cristo em meio a afirmações pluralistas em debates com aqueles que desejavam que a vida pública fosse oficialmente consagrada a Jesus Cristo. Os argumentos tornaram-se processos judiciais, um padrão que aparentemente vai demorar a ser superado.

A preocupação com novas espiritualidades é forte em boa parte da América do Norte, mas o outro lado da moeda são as novas secularidades, novas formas pelas quais as nações da América do Norte se relacionam com a modernidade. Nos Estados Unidos, a prosperidade e o consumismo não substituíram as vozes do cristianismo e de outras religiões. De alguma forma, seus cidadãos misturam faces francamente sagradas com outras manifestamente seculares. Em anos recentes, um "evangelho da prosperidade", estimulado pela televisão, atrai muitos que não veem contradição entre isso e os chamados do evangelho ao discipulado. Se os Estados Unidos exibem um padrão de secularidade monitorada e controlada, é possível chamar isso, como eu fiz, de "religiossecularidade". O Canadá seguiu mais de perto a carreira das igrejas nas ilhas britânicas, o que significou "diminuir": em número de membros, participação e influência nacional. A Igreja Unida do Canadá, embora encolhendo em tamanho, ainda comanda as tendências dominantes. Quedas súbitas de participação no Quebec e nas províncias marítimas indicam que a cultura secular afasta a religião e a igreja ainda mais. Muitos canadenses, especialmente no Quebec, seguem a trajetória de suas contrapartes no resto do país.

Muitos americanos, incluindo os cristãos, há muito conceberam os Estados Unidos como um exemplo de muitos problemas e questões que afetam o resto do globo. Se as primeiras colônias foram como "uma cidade sobre uma montanha", como John Winthrop concebeu a colônia da baía de Massachusetts em 1630, tornou-se popular adotar essa linguagem e conceito para a nação como um todo. A doutrina Monroe deveria preservá-la das complicações estrangeiras, enquanto o "excepcionalismo" e "isolacionismo" americanos foram invocados pelos cristãos, ao lado de tantos outros, que atribuíam virtudes especiais a essa autoconcebida e recém-escolhida nação. O resto do mundo não via os Estados Unidos dessa forma, mas apontava para as exceções do excepcionalismo e para a intervenção, em vez de isolamento. O envolvimento em duas guerras mundiais e o posicionamento como um agente fundamental da economia global comprometeram a imagem mítica.

Embora a história seja complexa e os registros confusos, é preciso dizer que, graças à chegada constante de imigrantes — com uma espécie de suspensão entre 1924 e 1965 devido a restrições legais — e aos movimentos missionários iniciados nos princípios do século XIX, os cristãos atentos às ações de suas igrejas e associações de voluntários estavam mais bem informados e tinham mais conexões do que a maioria dos outros cidadãos quando a globalização econômica ganhou proeminência no final do século XX. Esse envolvimento não os deixou mais sofisticados em questões de política externa, mas muitos tinham laços estabelecidos de empatia e simpatia, exemplos de ensino e aprendizagem e personalizações dos esforços e agências em terras distantes.

Nos anos 1950, Reinhold Niebuhr havia dito que os Estados Unidos eram um paraíso suspenso sobre um inferno de segurança internacional. O ataque terrorista de 11 de setembro de 2001 em Nova York e Washington significou o corte dessas amarras. Os americanos despencaram num mundo de insegurança que há muito era conhecido da maioria dos povos, na maioria dos lugares durante a maior parte do tempo. Como os cristãos entre eles lidariam com o novo ambiente é decisivo tanto para os americanos quanto para o cristianismo global. De qualquer modo, os cristãos norte-americanos estavam mais bem posicionados do que nunca para serem parceiros de um movimento global do cristianismo numa época em que as mudanças e o crescimento mais explosivos entre os cristãos não ocorriam na Europa nem na América do Norte, mas em terras mais pobres, principalmente ao sul.

8.

O SEGUNDO EPISÓDIO AFRICANO

O caráter episódico da presença do cristianismo nos diversos continentes nunca foi tão aparente quanto na África e na Ásia. O norte da África, cuja história integra os primeiros relatos cristãos, viveu um princípio e um final de igrejas e culturas por toda parte no século VIII, menos na Etiópia e no Egito. Séculos mais tarde veio uma mudança de caráter mais radical com o início de um novo episódio: o cristianismo finalmente se tornara global. Para muitos ouvidos dos países do hemisfério norte, pode soar desorientador alguém indicar a África como um novo centro de crescimento cristão e fonte de inovações. Lá, os pentecostalismos africanos e outras linhas emergentes são ímãs para estudiosos e fiéis vindos de toda parte. A África é o melhor lugar para qualquer um que queira observar como os cristãos vivem diante da pobreza, da doença e de um estado de guerra quase permanente. Todos os sinais indicam que, nas próximas décadas, mais e mais cristãos de outros continentes estarão estudando, apoiando e aprendendo com a África.

Esse conceito é tão espantoso para aqueles que se mantêm distantes espiritual e intelectualmente da África que repetimos a questão como uma pergunta: Como pode a África, especialmente na região subsaariana, ser um novo centro para o mundo cristão? Não por um crescimento radical nos recantos no nordeste do continente. A Igreja Ortodoxa da Etiópia, um legado de Frumêncio e sua corte no século IV, chega a quase 20 milhões de membros, apesar das inibições e restrições criadas após uma ação militar em 1974. Característica dessas perseguições foi a deposição do líder da Igreja em 1975 por um governo de estilo marxista. No Egito, a Igreja Ortodoxa Copta se mantém com independência suficiente para seguir seu próprio caminho, sem jamais ter aceitado a definição do antigo Concílio da Calcedônia sobre a natureza de Jesus Cristo. Apesar de estar cercada e em sofrimento, essa Igreja também é vital. A inimizade e as proibições dos governos muçulmanos após o ano 642 sempre restringiram os cristãos, mas atualmente existe uma versão precária de liberdade religiosa.

Entrada na África subsaariana

Os cristãos, há muito tendo perdido suas bases no norte da África, entraram na África subsaariana em duas levas. Primeiro, no final do século XV, quando Portugal, uma potência marítima e comercial recente, e precisando de recursos, foi encontrá-los na África. Alguns dos esforços dos cristãos portugueses foram abertamente concebidos como uma contracruzada para bloquear os esforços de expansão ainda existentes dos muçulmanos e para conquistar territórios para o domínio católico. Por um tempo, Portugal, com apoio do papa, recebeu o monopólio sobre aquele litoral africano. Por dois séculos, a autorização papal para seus missionários foi uma bênção para os governantes e comerciantes portugueses. Espiritualmente, os portugueses tinham o talento natural para o trabalho religioso naquelas condições. Como católicos, recorriam a santos invisíveis para a cura e proteção com invocações que remetiam ou equivaliam às práticas ganenses. Aqueles cristãos, com a intenção de destruir as religiões tradicionais, fizeram algumas adaptações e conquistaram alguns convertidos. O esforço, no entanto, foi uma missão de cima para baixo, mantendo-se bem mais na parte de cima, o que significa que não tiveram tanto sucesso em chegar aos corações das pessoas comuns quanto na troca mutuamente benéfica entre sacerdotes e reis. Transações similares também eram visíveis no Congo, onde, no final do século XV, o rei recém-cristianizado, mediante favores de Portugal, manteve sua parte da barganha negociando sua melhor safra, ou seja, candidatos humanos à escravidão. Os portugueses precisavam de escravos para trabalhar em seus crescentes territórios, e os chefes do Congo e de outros lugares estavam mais do que felizes em fornecê-los.

A história em Benim foi ainda mais feliz. O rei, recusando-se a entregar o povo para a escravidão, por algum tempo resistiu à expansão católica. Um reino muito pequeno e quase esquecido posteriormente, chamado Warri, também proporcionou conversões, mas seu chefe forneceu pessoas para o mercado de escravos, praticamente o único produto que ele tinha para comerciar. Em locais como Mutapa, a família real se converteu, mas isso não provocou nenhuma virada popular cristã. Aqueles que comemoravam a expansão cristã encontrariam pouco estímulo entre as populações comuns. Portugal não teve como sustentar o próprio Império por mais de dois séculos, e, com o declínio, o mercado de escravos chegou praticamente ao fim. Apenas um pequeno número de católicos se manteve nos portos de lá, e os esforços de conversão de africanos de qualquer condição foram encerrados. O trabalho de dois séculos teve que ser considerado um fracasso, arruinado pelo comércio de escravos.

Quando, já avançados no século XVIII, os europeus realizaram novas tentativas para controlar e converter os africanos demonstraram ter aprendido pouco sobre o coração, mas lembravam-se bastante do poder. Uma vez mais, seu primeiro alvo foram as casas reais, justificando a prática e a estratégia com base na ideia de que as massas seguiriam os soberanos convertidos à fé. Isso fora o que seus próprios ancestrais haviam feito na Europa mil anos antes. No entanto, a nova realeza católica normalmente se convertia apenas em parte e por questões de conveniência, tendo muito a ganhar com a adoção e combinação de seus antigos rituais com as expressões cristãs. Não demorou e os líderes tornaram-se barreiras, e não agentes, para o crescimento dos cristãos.

Tanto entre a realeza quanto no resto das populações, alguns costumes culturais, abominados pelos cristãos europeus, eram tão usuais e seguidos pelos nativos africanos que os esforços da Igreja para extingui-los eram inúteis. A poligamia era o mais visível e, para os cristãos europeus, o mais notório de todos, sendo favorecido pois os reis adotavam há muito tempo a prática de ter várias esposas como forma de construir alianças. Em outra área de conflito, quando os africanos evocavam os espíritos ancestrais, os católicos europeus, sem perceber o quanto essas invocações eram semelhantes à prática católica de evocar os santos, rejeitavam o ritual e mais uma vez não conseguiram se conectar.

A segunda investida: o século XIX

O estágio mais competitivo das missões cristãs na África finalmente aconteceu quando, no século XIX, os europeus passaram a considerar a África um continente pronto para ser espoliado devido à sua riqueza de recursos — a dimensão dessa riqueza era ainda desconhecida no início desse período colonial. Quando havia demanda de escravos nas Américas, os reis africanos, como vimos, negociavam com seus próprios jovens. Justificavam

208 • O segundo episódio africano

isso recorrendo a explicações associadas ao mercado, argumentos que não eram de todo sem sentido. Afirmavam que sua economia e capacidade de alimentar o povo dependia de ter algo para trocar. Desnecessário dizer, essa liderança africana era desumana, seus estilos de vida equivaliam aos dos mercadores de escravos europeus em sua disposição para explorar e desumanizar aqueles que eram negociados. Descobertas posteriores de outros recursos, como diamante e ouro, atraíram mais colonizadores, que competiam para aumentar suas próprias fortunas e as de seus países. Os povos nativos, cientes do que estava acontecendo, tinham bons motivos para não se converterem ao Deus dos exploradores e portadores do terror.

No caso mais notório, o rei Leopoldo II (1835-1909) da Bélgica, após 1876, tornou-se o proprietário pessoal do Congo, determinando suas políticas conforme seus próprios gostos e interesses. Os agentes do rei forçaram os homens congoleses a trabalhar nas plantações de seringueiras para atender as demandas europeias por seus produtos. Aqueles milhares de pessoas que não coletavam matéria-prima suficientemente rápido tinham a mão direita e o antebraço cortados. Algumas pessoas mais conscientes na Europa e nas Américas acabaram por saber disso e denunciaram o barbarismo, o comércio de escravos, a exploração comercial e as bandeiras do imperialismo, mas foram absolutamente ineficazes em suas críticas e respostas. As estimativas de mortos nos empreendimentos de Leopoldo variam de 2 a 15 milhões.

Tipicamente, os evangelizadores de lá e de outros locais ao sul da África chegavam nos navios dos colonizadores e mercadores. Alguns eram, na prática, capeláes dos imperialistas que justificavam as políticas brutais, forneciam os serviços cristãos e asseguravam as boas consciências dos exploradores. A história de sua crueldade e hipocrisia deveria ser familiar, já tendo sido contada por africanos que passaram séculos se libertando dos efeitos devastadores daquelas práticas. Mas também é preciso que seja dito, com uma ênfase também adotada por muitos africanos: muitos desses agentes do cristianismo, enquanto se aproveitavam do transporte, da proteção e, por vezes, dos subsídios governamentais e interesses comerciais, e instintivamente carregando consigo atitudes de superioridade de inspiração racial, geralmente eram levados por sua própria visão do trabalho redentor de Jesus Cristo. A visão motivadora e de inspiração sincera lhes dizia que, a menos que os pagãos africanos fossem tocados, convertidos e batizados, suas almas ignorantes iriam para o inferno. Uma vez tocados, convertidos e batizados, por outro lado, seriam conduzidos ao paraíso, enquanto fossem motivados a realizar boas obras na Terra.

Essas missões provocaram traumas psicológicos quando, nas culturas em que os ancestrais eram reverenciados como presenças sagradas, os missionários, impiedosamente, pregavam que os ancestrais não batizados de sua audiência, sem conhecer a graça de Jesus Cristo, estavam sofrendo no fogo eterno do inferno. Outro lado negativo do trabalho em muitos lugares resultou do fato de que, como qualquer indústria nascente, as igrejas estavam competindo umas com as outras, fossem católicos contra protestantes, seita protestante contra seita protestante ou mesmo altercações teológicas no interior das diversas igrejas. Quando algumas pessoas mais conscientes entre eles refletiam sobre sua participação no que estava acontecendo, começavam a questionar suas políticas nacionais e como as agências de suas igrejas, que os enviavam, concebiam aqueles atos.

A despeito de todas as faltas evidentes, o impulso dos missionários para demonstrar compaixão e servir os africanos pelos quais demonstravam condescendência produziu alguns efeitos positivos. Cartas enviadas para casa da frente africana, missivas de pregadores, professores, enfermeiras e trabalhadores humanitários, médicos ou suas esposas, estão cheias de comentários sobre as escolas, hospitais, agências e sistemas de água que eles desenvolveram. Os agentes do cristianismo chegaram com o fardo de uma vasta ignorância sobre suas novas paragens e tiveram que aprender com os meios de que dispunham a atrair pessoas que já tinham suas próprias fontes de tradições, rituais e padrões de comportamento.

Os registros dos missionários equilibram palavras de generosidade com expressões de preconceito. Tudo isso segue o padrão de suas tentativas de "civilizar" a África seguindo aquelas políticas enraizadas em seu senso de superioridade e paternalismo. Tais atitudes surgiram de um dilema enfrentado até mesmo pelo mais humilde e cooperativo dos missionários. Uma pergunta natural era: por que se dar ao trabalho de converter uma pessoa a menos que se acredite que essa conversão lhe dará algo melhor do que o que ela tem? No entanto, o seu "melhor" também pode subtrair a dignidade dos potenciais convertidos, arrancá-los de ambientes que lhes eram valiosos, deixando-os num estado de confusão.

210 • O segundo episódio africano

DIFERENCIAIS DO CRISTIANISMO AFRICANO

Estamos traçando vinte séculos de uma história sobre uma questão básica em todos os continentes: o que, espiritualmente, diferenciou os cristãos dos demais povos entre os quais viveram, com quem lutaram e os quais converteram ou tentaram converter? Desde os tempos do Novo Testamento, eles deram testemunho de Jesus Cristo de incontáveis maneiras, e adotaram o nome dele como marca. Eles, aqueles que constituíram seu movimento e as pessoas que foram afetadas por eles, descobriram que, de alguma maneira, eram devotos do Jesus humano como o Senhor glorificado. Tratar desse conceito complexo no mundo da cultura grega, como fizeram em Niceia e na Calcedônia em 325 e 451, era uma coisa; enfrentar as culturas africanas era outra. É claro que falar de "culturas africanas", e não de cultura africana, é abrir a porta para uma nova complexidade, pois na África os demógrafos contam mais de 3 mil grupos étnicos e milhares de culturas que, no mínimo, são tão diferentes quanto as culturas do Ocidente.

Os debates sobre como observar, definir, explicar e tratar as opções na África, ou em qualquer outro lugar do mundo cristão, são intensos e jamais serão satisfatoriamente concluídos. Por séculos, os missionários não sabiam o que fazer com os deuses e práticas das pessoas que eles achavam que eram tão simples e ignorantes quanto crianças e tão limitadas quanto deficientes de todos os tipos. Os cristãos chegaram com dogmas, doutrinas, catecismos e confissões, limites e definições. Desembarcaram em meio às culturas africanas cujos povos nada sabiam daquilo e que, em geral, ao descobrirem quem eram os cristãos, ficavam muito pouco interessados. No entanto, a desconexão não foi total e aquelas formas do cristianismo hoje chamadas de indígenas apoiaram-se nos dois aspectos. Assim, tanto os recém-chegados quanto os africanos davam grande importância ao ato divino da criação, mas os africanos tinham uma tendência maior a considerar o mundo natural investido por espíritos com os quais era preciso lidar. Ambos tratavam com a autoridade, embora os católicos e protestantes pudessem produzir gráficos de hierarquias e cadeias de comando enquanto a maioria dos africanos entendia-se com os chefes locais da mesma maneira como lidavam com as divindades locais. Ambos tinham um forte senso de comunidade, mas muitos africanos tendiam a considerar a versão ocidental comprometida pela ênfase na individualidade.

Então surgiu a questão de Jesus Cristo. Muitos povos africanos encontraram formas de traduzir o conceito do Senhor glorificado como a Alta Divindade do chefe tribal. Nomear e o poder dos nomes são preocupações entre aqueles africanos. Seu Jesus podia ser nomeado não apenas como Chefe, mas também como Homem de Cura, Ancestral ou Irmão, mas eles aceitavam o que havia de especial sobre Cristo com tanta ênfase que sua divindade frequentemente era mais destacada do que sua humanidade. Muitos estudiosos consideram que, sem o conhecimento de fórmulas tão antigas quanto as de Niceia e da Calcedônia, muitos africanos expressaram interesses que equivaliam em termos gerais aos dogmas. Os cristãos africanos convertidos precisavam intensamente e sentiam a presença do Jesus humano, o chefe. Enquanto europeus e americanos, usando termos bíblicos, falavam de salvação, muitos na África mais moderna traduziram isso como "liberação", incluindo a liberação de opressores, tão vívidos em sua experiência. Esses novos cristãos, aos milhões, consideraram as histórias dos evangelhos traduzíveis para os contextos de suas próprias histórias, mitos e lendas. Ao mesmo tempo, descobriram ser necessário aparar muitos dos usos das histórias que os ocidentais trouxeram, uma vez que estavam muito vinculadas às estratégias para privá-los de dignidade, poder e comunidade.

CONVENCIONALISMO E EXPERIMENTOS

Dois conjuntos de missionários começaram a dividir o imenso território do sul da África, com os protestantes dominando claramente na África do Sul e ao longo da costa da África ocidental — no território da atual Libéria e arredores — e os católicos com mais força em Timbuktu e em áreas que vieram a constituir o Níger assim como boa parte da região do Congo, embora também tenham sido influentes numa boa parte do sul da África.

Como veremos, no século XX, novas igrejas autóctones, proféticas e com frequência pentecostais, eclodiram tão subitamente e com tamanha força que não africanos interessados no cristianismo precisaram começar a registrá-las. Como em outras partes, as divisões entre os cristãos causaram perplexidade e rivalidade. Os cristãos que chegavam abriram caminho entre culturas amplamente marcadas, como as descrevemos, sobretudo por esforços não só para contar as histórias dos evangelhos, mas também para produzir alguns dos efeitos positivos que pretendiam. Especialmente atraentes eram os remédios e as práticas médicas que sem dúvida curaram muitos. Aos olhos de muitos africanos, havia algo de magia naquilo. Durante essa fase de concorrência cristã, os protestantes recém-chegados foram muitas vezes favorecidos, pois usavam e ensinaram técnicas agrícolas eficientes e introduziram novos remédios. Os que estavam prestes a se converter podem ter pensado que aquilo era obra dos espíritos, enquanto para os médicos devotados da Europa e da América do Norte tratava-se da obra de Deus através da ciência e da medicina. Muitos dos avanços médicos estavam nas mãos dos europeus, que não faziam pregações religiosas sobre eles, mas os aceitavam como conquistas do Deus cristão e dos agentes divinos.

Durante esses séculos, os europeus de fato ajudaram a redesenhar as culturas, por exemplo, através de seus esforços higiênicos e agrícolas, assim como pela disseminação da alfabetização e da tecnologia. Muitos acompanharam seus esforços com pregações e temas de ensino que eram novos e frequentemente confusos na África subsaariana. Entre eles o conceito de pecado, o chamado ao arrependimento, a mudança de modos e também a preparação para evitar o inferno e conquistar o paraíso numa vida por vir. O temor e a crença no amor de um Deus que curava e resgatava ajudou a conquistar convertidos que começaram a compreender a fé de forma separada daqueles que a usavam como instrumento de poder.

Alguns cristãos acabaram por promover a liberação trabalhando pela abolição da escravatura na Europa e nos Estados Unidos. Admiráveis foram os cruzados britânicos, como William Wilberforce (1759-1833), e um africano, nascido na atual Nigéria, que afirmava ter sobrevivido à travessia num navio negreiro, Olaudah Equiano (c. 1745-1797). Conhecido como mercador e abolicionista nos dois hemisférios, Equiano foi muito celebrado e influente entre os abolicionistas brancos. Entre os escritores brancos, o escocês Zachary Macaulay (1768-1838), evangélico assim como Wilberforce, que veio a ser governador de Serra Leoa, em 1799, foi um dos repórteres que efetivamente descreveram os males do comércio. Alguns ex-escravos das Ilhas Britânicas e dos Estados Unidos, que voltaram para a África ao longo do século XIX, criaram algumas verdadeiras estruturas urbanas.

Entre esses, havia escravos que conseguiram a liberdade e moraram em Halifax, na Nova Escócia. Na África, cantavam hinos muitas vezes conhecidos dos convertidos, influenciados pelas missões batistas e metodistas na África, e conquistaram a confiança dos povos nativos, ao contrário de muitos outros retornados dos Estados Unidos. Muitos desses evangelistas negros desfrutavam de vantagens sobre os missionários brancos e, em certas ocasiões, mostraram-se menos vulneráveis do que os evangelistas brancos a doenças e outros problemas relacionados ao clima.

CRISTIANISMO AFRICANO AUTÓCTONE

O cristianismo autóctone finalmente eclodiu, sobretudo pelas mãos de africanos recém-afirmados, cansados das imposições coloniais e dos modelos de cristianismo trazidos por agentes insensíveis aos direitos e à dignidade, ou à imaginação e às habilidades dos africanos. Se fossem católicos, os líderes potenciais há muito haviam sido obrigados a aceitar a condição de servidores sem importância ou catequistas, sabendo que jamais poderiam chegar a ser padres ou bispos. Alguns desses gostavam de ser chamados de "etíopes", pois celebravam a memória e a presença de cristãos que haviam estado na África há tanto tempo quanto outros fiéis na Europa.

Mais tarde, no século XIX, novos modelos surgiram, às vezes chamados de sionistas, inspirados pela afirmação de que a África era a Sião dos africanos. Os sionistas apropriaram-se criativamente de tudo o que podiam das práticas nativas. A mais importante dessas era o pentecostalismo, que envolvia falar em línguas e afirmar que o Espírito Santo, que falava diretamente aos crentes, curava os doentes e expulsava os maus espíritos. Alguns desses grupos tomaram emprestadas práticas europeias e pentecostais de base norte-americana. Outros expressaram o que chamaram de "africanidade", prosperando nas sombras e longe dos altares dos europeus e norte-americanos.

A Igreja Cristã Sionista espalhou-se pelo norte do Transvaal; a Igreja de Nazaré, ao longo da costa de Natal, no sudeste da África; e a Aladura na terra dos iorubás, na África ocidental. Alguns brancos progressistas, trabalhando com os iorubás, estimularam um convertido tomado pelo espírito chamado Samuel Adjai Crowther (c. 1809-1891), achando que o apoio a um homem negro levaria a mais conversões entre seus pares. No entanto, Crowther estava tão à vontade com os costumes ingleses, que havia adquirido em seus anos como estudante, que não era capaz de se identificar plenamente com seu próprio povo. Sua história era dramática. Fora vendido como escravo após deixar um navio negreiro português em 1821, mas, ao se libertar, tornara-se um admirado educador na Universidade de Durham. Traduzindo as Escrituras e os livros sagrados para o iorubá, trabalhou com missionários dos Estados Unidos e da Inglaterra, lugares onde observadores perceberam a criatividade e inteligência disponíveis entre os africanos.

Um esforço associado por um missionário branco também levou à mudança. O missionário Henry Venn (1796-1873) inventou um movimento que promovia a autogestão em três atos, segundo o qual as igrejas africanas deveriam ser "autofinanciadas, autogovernadas e autoexpansivas". O auge de seu trabalho em equipe ocorreu quando o próprio Crowther se deixou nomear bispo no Níger, num evento comemorado entre aqueles que apoiavam e trabalhavam por uma igreja nativa mais formal. Lamentavelmente, Crowther, com seu estilo excessivamente europeu para conquistar a credibilidade entre a maioria dos africanos, também falhou diante de seus apoiadores quando sua igreja no Níger se desintegrou após ele ser acusado por problemas de má gestão.

Enquanto isso, líderes nativos, sobretudo nas emergentes igrejas pentecostais, prosperaram em parte por não precisarem de escolaridade. Alguns sequer eram alfabetizados. Quando epidemias se espalharam, como a gripe no princípio do século XX, médicos ocidentais não conseguiam fazer as rondas com a rapidez necessária ou atender de maneira eficaz, assim os movimentos proféticos ofereceram curandeiros espirituais. Uma geração de líderes carismáticos apareceu, alguns dos quais se tornando internacionalmente conhecidos. Entre os líderes pentecostais estava o "profeta" William Wade Harris (c. 1865-1929), um episcopaliano da Libéria que surgiu como um dos primeiros líderes. O anjo Gabriel, afirmava ele, o visitara numa visão enquanto ele esteve na prisão, por ter participado de um golpe fracassado na Libéria. Libertado em 1913, Harris iniciou uma missão evangelizadora sem igual na história africana, convertendo dezenas de milhares em torno de 1915. Ele dava respostas cristãs simples às perguntas dos novos fiéis. Após se converter, ele se desfez das roupas ocidentais que havia adotado e, junto com suas duas esposas, passou a vestir mantos simples de linho branco enquanto pregava o evangelho. Seguindo o exemplo bíblico, escolheu exatamente 12 apóstolos para darem continuidade ao trabalho. Nos anos 1940, um de seus seguidores, um sacerdote chamado Bague Honoyo, conquistou meio milhão de convertidos na Costa do Marfim.

Em 1921, Simon Kimbangu (1889-1951) criou e batizou com o próprio nome a Igreja de Jesus Cristo na Terra pelo Profeta Simon Kimbangu, um movimento que conseguiria atrair milhões. Como Bonifácio na Europa, que surpreendera as populações locais ao derrubar o carvalho sagrado e não ser castigado, Kimbangu desafiava os convertidos a destruir seus antigos ícones e ídolos. Eles de fato fizeram isso, sempre impunemente, e muitos acharam que ele estava demonstrando a parceria e disponibilidade de Deus com eles, enquanto seus milagreiros e bruxas se retiravam. Kimbangu não mostrou qualquer pretensão de que sua Igreja seguisse o legado europeu. Estavam por conta própria e não precisavam de profetas de fora. As autoridades belgas o prenderam logo após seu primeiro milagre, uma decisão que funcionou contra o cristianismo, sobretudo nas formas favorecidas por ele. No entanto, Kimbangu foi libertado e o movimento cresceu, embora ele tenha sido enviado novamente para a prisão, onde passou boa parte da vida adulta. Autoridades políticas e missionários cristãos trabalharam para bloquear o movimento que crescia rapidamente, mas pouco conseguiram. A Igreja de Kimbangu foi recebida no Conselho Mundial das Igrejas em 1969. Com movimentos similares aos iniciados por Harris e Kimbangu prosperando na África, ficou claro que, a despeito de todo apoio que pudessem receber de fora, as principais iniciativas cristãs dali em diante seriam africanas.

Recessão no Ocidente, avanços africanos

Essas atividades e movimentos sinalizaram para os agentes ocidentais que eles estavam perdendo o controle. Seguidores de seus profetas se reuniram e criaram movimentos, igrejas informais a caminho de se tornarem organizações muito poderosas, que rapidamente superaram as igrejas coloniais contra as quais competiam. Bem mais de 2 mil desses movimentos floresceram apenas na África do Sul. No devido tempo, alguns deles optaram por ser inspecionados por cristãos de outras partes e foram aprovados, aprimorados e se tornaram membros das organizações ecumênicas que desafiavam as antigas bases europeias para a missão e unidade da igreja. Sob qualquer aspecto, podiam ser reconhecidos como cristãos no sentido histórico e manifestamente africanos aos olhos de quem conhecia os fundamentos dos ritos africanos.

Se sugeríssemos que todo o cristianismo africano autóctone substituiu as igrejas históricas, estaríamos dando uma falsa impressão. Milhões de católicos, luteranos, anglicanos, evangélicos e fundamentalistas, mantendo uma longa tradição, atraem e retêm seguidores dinâmicos. Primeiro, na África do Sul, a história do cristianismo remonta ao trabalho iniciado após 1799 por um agente de uma sociedade missionária holandesa, Johannes van der Kemp (1747-1811), que aproveitou sua experiência médica e militar na Cidade do Cabo. Ofendeu a muitos casando-se com uma escrava madagascarense, mas conquistou muitos mais por seu trabalho efetivo contra a escravidão. A Sociedade Missionária de Londres financiou os mais conhecidos missionários europeus, homens como o incansável Robert Moffatt (1795-1883) e o lendário explorador David Livingstone (1813-1873). Esses agentes incomodaram os bôeres, imigrantes de linhagem holandesa, e os britânicos desfavoráveis à liberdade, direitos e uma vida razoavelmente independente para os africanos.

Outro exemplo aconteceu após 1844 na África central, onde católicos portugueses trabalharam por muito tempo antes de os protestantes dominarem a história. Um agente alemão da Sociedade Missionária da Igreja, John Ludwig Krapf (1810-1881), com grande custo para sua família — a esposa e a filha morreram em Mombassa —, juntou-se a outros missionários para evangelizar no Quênia e em Buganda, parte da atual Uganda. Como a maioria dos outros protestantes, eles apoiaram as sociedades bíblicas e trabalharam como tradutores da Bíblia e com pessoas que pudessem converter outras.

No leste da África, entre os pioneiros, estava o controverso bispo anglicano John Colenso (1814-1883), que importou e foi afetado pelas polêmicas da Inglaterra. Considerado um radical por seu apoio ao ensino da evolução darwiniana e o que era chamado de "crítica superior" da Bíblia, ele usou sua versão de Darwin para se opor a outra, que legitimara a colonização, pois, afirmava-se, os europeus, sendo os mais aptos, sobreviveriam, enquanto os africanos, menos desenvolvidos, pereceriam. Embora Colenso tenha provocado a controvérsia ao contrariar a ortodoxia na Inglaterra, conquistou os corações de muitos africanos, demonstrando a dificuldade de fazer justiça aos direitos dos africanos — zulus, no caso — enquanto procurava agradar as organizações inglesas que o tinham enviado. Desnecessário dizer que os debates acerca de Darwin não eram na época uma questão na África oriental, mas quando um missionário que lá estava se tornava controverso "de volta à casa", isso tornava-se uma fonte de distração no que a "casa" chamava de "campo".

Durante todo esse tempo, os católicos estiveram ativos no norte da África, ainda que de forma reduzida, tendo sido levados a retornar ao continente liderados pelo pioneiro Charles Lavigerie (1825-1892), arcebispo de uma pequena colônia católica remanescente em Argel, um líder muito solitário num posto remoto. Ele organizou um grupo impressionante que, devido ao seu garbo, era chamado de "os Pais Brancos", mas oficialmente eram os Missionários de Nossa Senhora da África. Eles não tinham o voto de castidade, mas sim o de fidelidade à África, que eles juraram jamais abandonar em suas vidas. Os Pais Brancos, sem sucesso na Argélia, trabalharam tanto na África ocidental quanto no sul do continente. Depois de 1879, conseguiram algum sucesso em Buganda, após converterem o kabaka, ou rei, Mutesa I. Um triste e surpreendente novo tipo de conflito surgiu lá quando seu herdeiro, Mwanga, enfureceu-se porque alguns jovens cristãos resistiram a suas investidas homossexuais. Em 1885 e 1886, ele mandou que 22 fossem executados. Mais tarde, eles foram canonizados. A história desses "meninos mártires", ao mesmo tempo que inspirou ainda mais trabalho na África, também aterrorizou muitos dos que poderiam ter pensado em ser missionários naquele perigoso território e acharam melhor não.

A poligamia tinha destaque nos diversos conflitos culturais, muitas vezes devido a questões ligadas ao sexo. Colenso esteve no centro de algumas delas. Ele afirmava, contra todos os impulsos das igrejas britânicas, que talvez não houvesse problema em permitir a continuidade da poligamia. Isso porque o final súbito da prática poderia levar as mulheres ao sofrimento, pois seriam subsequentemente devolvidas para suas casas sem chance de se casar e teriam que enfrentar um futuro sombrio. Ele também criou problemas na seleção das histórias bíblicas, desprezando aquelas do Gênesis que considerava impossíveis de serem verdadeiras ou descartando algumas das Escrituras Hebraicas que poderiam ser usadas para legitimar a conquista.

A causa dos direitos dos zulus encontrou defensores depois da morte de Colenso, quando suas filhas juntaram-se a outras pessoas para iniciar escolas onde notáveis líderes africanos foram convertidos, educados e ganharam importância na igreja africana. Muitos líderes liberacionistas africanos posteriores formaram suas ideias nas igrejas e a partir da Bíblia, especialmente instigados pelo impulso e exemplo — além dos chamados e promessas — de Jesus. A veemência com que essa geração reagiu contra os colonizadores surpreendeu a muitos no hesmisfério norte. Alguns deles recusaram o apoio que lhes era oferecido quando as missões ainda permitiam a supremacia e determinação dos brancos.

A África meridional moderna

Após a Segunda Guerra, todas as situações se modificaram durante os tempos anticolonialistas, com as nações europeias se retirando progressivamente da África diante dos movimentos nacionalistas. Sua partida e ausência com frequência revelava efeitos negativos de seu período de um ou dois séculos governando e explorando as tribos e missões. Muitos da primeira geração de líderes africanos, embora treinados por missionários, não atenderam ao próprio povo e governaram eles próprios de forma corrupta e exploradora.

A história do sucesso cristão no século XX pode voltar-se para praticamente qualquer lugar na África subsaariana, pois o crescimento lá foi muito disperso. Um olhar em retrospecto sobre as denominações tradicionais que prosperavam, mas sem explodir, ilustra como o centro de gravidade do cristianismo movia-se para o sul. Os protestantes e católicos das linhas predominantes se mantêm entre os líderes em Uganda, onde, no início do século, o chefe Yohana Kitagana desfez-se de suas honrarias e doou sua propriedade para, dali em diante, servir ao catolicismo e ajudar a

O *mundo cristão* • *219*

reformar a nação que havia produzido os "meninos mártires". Os anglicanos lá admiram Apolo Kivebulaya, que, ordenado sacerdote em 1903, serviu os pigmeus congoleses por trinta anos. Uganda experimentou renovações regulares do cristianismo, muitas vezes graças aos esforços de médicos que distribuíam curas e fé. Essas igrejas sofreram terrivelmente quando, entre 1971 e 1979, Uganda foi governada, ou desgovernada, pelo general Idi Amin, um tirano assassino — ocasião em que a Igreja de Uganda produziu mártires novamente.

O Quênia também assistiu ao crescimento dos protestantes e católicos das linhas dominantes. Mais uma vez, durante reavivamentos, a revolução Mau Mau ocorreu quando o povo kikuyu, depois de 1952, tornou-se notório por sua violência, novamente contra os cristãos. Sabendo que o juramento Mau Mau instava a beber sangue, conta-se que um cristão gritou já ter bebido o sangue de Cristo, não podendo beber nenhum outro. Foi morto no ato.

Os movimentos anticoloniais começaram em meados do século, por exemplo quando, sob Kwame Nkrumah (1909-1972), em 1952, Gana conquistou a independência. O padrão de Nkrumah foi repetido nos anos 1960 nas colônias belgas do Congo, Ruanda e Burundi, enquanto o dominó colonial também caía na Tanzânia, no Quênia, no Malaui e na Zâmbia, nos primeiros quatro anos da década de 1960. Na década seguinte, restos das presenças portuguesas, Moçambique e Angola, libertaram-se. Embora os revolucionários em vários pontos da África em geral fossem seculares ou de perspectiva marxista, muitos de seus líderes eram oriundos de escolas cristãs. Alguns deles, entre os quais Kenneth Kaunda (n. 1924), da Zâmbia, eram filhos de pastores. Sua presença e papel como cristãos não assegurou uma transição segura para o mundo pós-colonial. A Zâmbia, por exemplo, sofreu um trauma pelos efeitos de Alice Lenshina (1920-1978), que formou o movimento "Lumpa", uma causa tempestuosa que usou os cristãos como motivo para rebelar-se contra a religião tradicional. Lamentavelmente, o movimento degenerou e produziu suas próprias cenas de violência em 1964, quando a própria profetisa foi aprisionada.

O drama do cristianismo africano que mais atraiu a atenção dos crentes de outras partes aconteceu na África do Sul, nos últimos anos do apartheid e durante a transição para a liberdade, em certa medida, para todas as raças. A política estabelecida durante o século XX, tinha a África do Sul branca, dominada pela Igreja Reformada Holandesa e apoiada pelos anglicanos, estabelecendo políticas que segregavam e privavam os africanos negros, os de raças mestiças e outros das liberdades civis. A Igreja Reformada Holandesa há muito justificava essa política com base na interpretação da história bíblica da Torre de Babel, segundo a qual Deus dispersara as nações e as línguas. Essa interpretação levou, em 1948, à legitimação pelo regime e pelos cidadãos brancos de uma política de "desenvolvimento separado", que resultou na produção de um sofrimento inconcebível e incontáveis mortes. O interesse nesse conflito demonstrado por cristãos de todos os continentes foi um exemplo do crescimento da consciência global.

Talvez porque os sul-africanos tivessem mais vínculos do que outros com os cristãos brancos de outras partes — originalmente da Holanda e da Inglaterra — e porque vozes de lá tenham colocado a política em questão, alguns líderes brancos puderam surgir. Entre eles estavam o romancista Alan Paton, o clérigo anglicano Trevor Huddleston e o pastor Beyers Naudé, um herdeiro dos privilégios das igrejas brancas que se voltou contra elas e formou um grupo que trabalhou estreitamente com as lideranças negras para derrubar o regime do apartheid no princípio da década de 1990. Entre os líderes africanos mais importantes e proeminentes estavam Nelson Mandela, cujos compromissos religiosos nem sempre eram explícitos, e o arcebispo anglicano Desmond Tutu, da Cidade do Cabo, que deixava clara sua religiosidade. Enquanto servia seus próprios comungantes, ele conseguiu obter apoio em outros continentes. Após o sínodo da Igreja Reformada Holandesa reconhecer publicamente que tanto sua interpretação bíblica quanto as políticas nela baseadas estavam erradas, foi só uma questão de tempo até que o governo separatista branco caísse, como aconteceu entre 1990 e 1994. Depois de tanto tempo sob o governo repressivo branco, ninguém esperava que a transição para a liberdade fosse fácil, mas, em meio ao tumulto, a voz profética de igrejas negras, brancas e mestiças foi ouvida internacionalmente. O programa da Verdade e Reconciliação, liderado pelo arcebispo Tutu, fez muito pelo diálogo entre as raças e pela saúde da nação.

Entre as agruras da África estão aquelas causadas pela guerra. As realidades pós-coloniais alimentaram o caos, com povos há muito reprimidos adquirindo armamentos e frequentemente formando milícias ou grupos insurrectos. Em casos como o do genocídio étnico em 1994 em Ruanda e no Burundi, pessoas que cresceram como cristãs estavam de ambos os lados das explosões de violência. Além disso, muitos milhões morreram como resultado da epidemia de HIV/Aids. Essa miséria priva a Igreja de muitos talentos e lideranças, e cria problemas sociais extremos na forma de pobreza e perda dos pais em incontáveis famílias. A fome endêmica e a má distribuição dos cuidados de saúde significam que a Igreja africana na maioria dos lugares é uma igreja de sofrimento. Muitos cristãos conscientes comemoram o crescimento da Igreja, mas muitos em cena encorajam os novos convertidos a se aprofundarem, para que possam enfrentar os problemas morais, políticos e sociais recorrendo à fé.

O QUE ESTÁ EM JOGO?

O cristianismo global tem muito a perder ou a ganhar com o destino e as escolhas dos africanos. Assim, quando a Igreja Episcopal nos Estados Unidos, no final do século XX, começou a debater a ordenação de homossexuais, encontrou rejeição em muitas de suas irmãs anglicanas da África, especialmente na Nigéria. Enquanto as igrejas na América calaram suas críticas quanto à adaptação dos anglicanos aos costumes africanos — a poligamia se manteve uma prática amplamente aceita —, os anglicanos africanos não pouparam críticas e intervenções sobre a vida das igrejas americanas. Conhecer o histórico dos costumes e da cultura ajuda a interpretar o conflito: onde quer que os cristãos africanos estejam contra a presença de muçulmanos, como na Nigéria, onde as duas crenças disputam o domínio, é fácil para os muçulmanos enfaticamente anti-homossexuais fazerem avanços e conquistar potenciais conversões. Tudo o que precisam fazer é dizer que os anglicanos são vinculados a uma igreja que, em outros lugares do globo, reconhecem os homossexuais — o que resulta em problemas.

Por outro ângulo, os evangélicos nos Estados Unidos, alguns dos mais agressivos defensores das missões, ficaram conhecidos por seu trabalho humanitário e educacional. Alguns dos membros com estilo próprio da direita religiosa e política dos Estados Unidos exportam os problemas sociais americanos, remodelando-os como importações para o cristianismo africano. Enquanto o pentecostalismo africano, inclusive entre os anglicanos, aparenta ter um caráter de formato livre, no que se refere às chamadas "questões morais" é profundamente conservador.

A teologia das igrejas africanas varia amplamente de lugar para lugar e de uma tradição para outra. É comum os laços com as nações de origem se manterem fortes. Sendo assim, os bispos católicos africanos foram muitas vezes destacados no Concílio Vaticano II e em outras reuniões de bispos. Alguns preveem a nomeação de um papa africano no início do novo século, uma vez que essa seria uma estratégia benéfica e um sinal da maturidade católica da região.

Por tudo isso, o cristianismo manteve-se uma extensão da história de Jesus Cristo, mas a história agora foi radicalmente transformada no imaginário cultural. Guerras, fome e doença podem ir e voltar, como fizeram as forças coloniais, mas os visitantes relatam que as histórias de Jesus Cristo são o que mantém a ligação de outra forma tênue e comumente contenciosa entre as igrejas africanas. O historiador David Edwards, convenientemente, catalogou e comentou algumas das imagens vívidas adotadas. O Jesus negro é o que primeiro aparece, uma vez que, embora Jesus fosse judeu, não seria branco como os europeus — as ilustrações nos livros dos missionários, em geral, "embranqueceram" Jesus. Retomando a devoção dos ancestrais, o movimento Milingo evoca Jesus como o Grande Ancestral, que representa "tudo o que nossos ancestrais tiveram e mais, como alguém próximo ao Criador e que mantém a aliança e ora na Terra".

Os africanos que perderam os pais devido à Aids, à fome ou à guerra podem se referir a Jesus como o Irmão Mais Velho, que chama os jovens para si, para protegê-los e ensinar a eles. Edwards também se refere ao Jesus que Cura, uma das principais imagens do pentecostalismo lá e em outras partes. Em terras onde os cuidados médicos são primitivos, raros, caros e, com frequência, até mesmo inacessíveis, os agentes humanos que acompanham os doentes durante o sofrimento e cuidam das necessidades dos moribundos são receptivos à mensagem de cura. Cansados de chefes que têm exércitos e que matam, eles chamam Jesus de Chefe, e como suas próprias famílias são ameaçadas e confinadas, alguns falam de Jesus como o Líder da Grande Família. Enquanto as mulheres, em sua maioria, ainda vivem em condições limitadas e até mesmo mortais, elas podem invocar Jesus como o Libertador das Mulheres, sobre o qual ouviram nas histórias do evangelho. E embora tenham seus próprios profetas — Harris e Kimbangu — e conheçam Elias e Moisés, Jesus é o principal. Alguns outros títulos antigos ainda são invocados. Jesus é o Sacerdote, que sacrifica a si mesmo, ou o Servidor que Sofre, que é humilde. Algumas imagens estão desgastadas pelo tempo, mas aparecem renovadas nas novas circunstâncias. Outras são corolários ou substituições vívidos dos títulos defendidos há muitos séculos, antes dos conselhos de Niceia ou da Calcedônia, em culturas muito diferentes, mas entre pessoas que compartilham necessidades e anseios básicos dos cristãos de todos os lugares.

Duas palavras-chave da teologia africana contemporânea são "identidade" e "contexto". John Parratt, intérprete das teologias do Terceiro Mundo, aponta para a "busca dinâmica da identidade própria, uma identidade que considera seriamente a tradição e a cultura em que está inserida", e acrescenta que "a agenda precisa vir da sociedade em que os cristãos vivem agora". Quanto ao contexto, Virginia Fabella, enciclopedista de teologias do Terceiro Mundo, enfatiza que, hoje em dia, "o foco africano está na africanização do cristianismo mais do que na cristianização da África". Em 1977, o "Final Communiqué" da Conferência Pan-Africana de Teólogos do Terceiro Mundo recomendou: "Nossa tarefa, enquanto teólogos, é criar uma teologia nascida dos povos africanos e que responda a eles." Essa tarefa está avançando bem. Os teólogos de lá falam em ver Cristo em locais, pensamentos, relações e visões de mundo em que ele não era reconhecido antes. Observadores das ações intercontinentais assinalam que as "missões" são um caminho de duas vias e que algumas das maiores congregações da Europa foram iniciadas por africanos e orientadas por eles.

Na impressionante variedade de culturas da África, e com uma miríade de variantes e interpretações, e em termos autóctones, para eles, Jesus continua a ser o Jesus humano e o Senhor glorificado. Acredita-se que alguns picos de conversões, sobretudo ao pentecostalismo, são os mais repentinos e acelerados já vistos entre os cristãos. Que o cristianismo europeu míngue e as crenças norte-americanas sigam seus próprios caminhos; as versões africanas mais do que compensam as perdas. Na perspectiva de longo prazo das igrejas do hemisfério norte, o segundo episódio africano parece estar ainda em seus primórdios.

9.

O SEGUNDO EPISÓDIO ASIÁTICO

Exploradores, colonizadores e missionários europeus, depois de 1568, podiam usar a Projeção de Mercator, um mapa plano do mundo, e, mesmo antes, tinham globos à disposição para ajudá-los em suas viagens e caminhadas. No espaço de meio século, eles chegaram aos dois continentes americanos, navegaram em torno da África, puderam conceber o continente como um todo e chegaram à Ásia tanto pelo litoral leste quanto pelo sul. Todos esses encontros os puseram cara a cara com povos que não tiveram qualquer participação no testemunho de Cristo ou nas controvérsias sobre sua figura central, Jesus Cristo. Por séculos, os cristãos conviveram com dois outros monoteísmos, o judaísmo e o islã. Agora, eles encontravam povos, muitos dos quais não tinham deuses ou eram politeístas, que não se focavam em um deus ou eram, aos olhos cristãos, superabundantes em divindades.

QUANDO DOIS MUNDOS SE ENCONTRAM

Entre missionários incompreensivos, os asiáticos do Oriente foram desprezados como idólatras, pagãos ou sem deus. Os cristãos queriam convertê-los e começaram a fazer isso ao se tornarem uma presença global, finalmente representados nos cinco continentes. A linguagem e as ideias que embasavam a ortodoxia, o catolicismo e o protestantismo teriam parecido alienígenas para os povos recém-encontrados. Nomes dos primeiros concílios cristãos, tais como Niceia ou Calcedônia, poderiam muito bem ter vindo de outro planeta. Mesmo assim, os cristãos continuaram tentando se conectar aos povos que lhes eram estranhos, apoiando-se nas Escrituras, nos mercados e na espada.

Religiosos judeus e muçulmanos sempre se sentiram ofendidos pela afirmação de que Jesus era o mediador entre o mundo humano e o Deus Único. Os missionários nesse novo encontro asiático tinham motivos para questionar que sentido faria falar de um humano como Deus. Agora, os cristãos confrontavam pessoas que reverenciavam muitos deuses ou deus nenhum. Adicionalmente, onde outras religiões eram vitais, a questão pas-

228 • *O segundo episódio asiático*

sou a ser: como poderiam os cristãos espalhar sua fé entre hindus na Índia ou budistas na China? Quando os confrontos entre Leste e Oeste ocorreram, ambos os lados tinham motivos para se mostrarem surpresos e desdenhosos. Assim, os missionários católicos e protestantes na Ásia, que chegaram séculos após o cristianismo mais antigo ter sido esquecido por lá, enfrentaram culturas inesperadas e enigmáticas, completamente estranhas às suas experiências.

Por volta de 1500, o cristianismo, nascido na Ásia, havia sucumbido completamente por lá. O primeiro episódio, no qual eles haviam tido forte presença, há muito estava concluído. Notadamente, palavras como "sucumbido" e "concluído" podem parecer muito enfáticas, uma vez que algumas pulsações de cristianismo podiam ser encontradas entre fiéis de enclaves cercados ou em umas poucas áreas de resistência. Também é verdade que três dos quatro antigos patriarcas do cristianismo oriental ainda tinham seus locais marcados nos mapas da região hoje chamada pelos ocidentais de Ásia Menor ou, em alguns casos, de Oriente Médio. A minoria cristã era impotente na Palestina. Os cruzados, três séculos antes, não haviam conseguido conquistar os territórios que os cristãos diziam ser seus. Eles não retomaram permanentemente locais que, evocando as antigas histórias de Jesus, ao longo de um milênio, motivaram peregrinações daqueles que buscavam a salvação. Os crentes eram estranhos agora em Jerusalém. Uma comunidade de cristãos maronitas sobreviveu no Líbano, onde comunidades fiéis persistiram contra todas as probabilidades.

No que hoje é chamado de Extremo Oriente, mongóis e outros grupos agressivos extinguiram sua presença. Seria preciso um microscópio e muita imaginação para encontrar algum traço significativo de resistência cristã por toda a Ásia ao longo da rota da seda. Quanto às regiões hoje chamadas de subcontinente asiático, onde os cristãos da Índia afirmam remontar a Tomás, discípulo de Jesus, o domínio espiritual estava predominantemente nas mãos de hindus, budistas ou muçulmanos agressivos.

UM NOVO EPISÓDIO CRISTÃO

Embora o Primeiro Episódio Asiático tivesse terminado séculos antes, um novo e surpreendente estava a ponto de começar, com os cristãos que retornavam para criar presenças minoritárias duradouras na Ásia. Eles produziram resultados muitas vezes espantosos. Cinco séculos após os novos contatos, ainda existem 21 milhões de cristãos que correspondem a 2% da população indiana. Eles praticam a religião em meio a hindus, budistas e muçulmanos. Muitos críticos os desprezam simplesmente como resquícios dos dias do Raj (Reino), o agora distante Império colonialista britânico.

O segundo bastião resiste no sudeste da Ásia, incluindo o Vietná e as ilhas do Pacífico, onde franceses e holandeses deixaram suas marcas. A Nova Guiné e algumas das ilhas da Indonésia são lares de populações expressivas de cristãos. Ao norte de lá, estão as Filipinas, muçulmanos ao sul e cristãos predominantes no norte, onde formam comunidades que vivem do legado de uma missão católica iniciada no princípio do século XVI. Ainda mais ao norte está a única história de relativo sucesso dos cristãos na Ásia, a Coreia, antes totalmente fechada à influência cristã, mas, décadas mais tarde, com 12 milhões de membros, o país com a mais forte presença cristã na Ásia, atrás apenas dos Estados Unidos entre os patrocinadores de missionários.

Japão, China e Índia, os países asiáticos mais populosos, demonstraram uma resistência extrema à fé. Hoje, apenas 1% ou 2% dos japoneses são cristãos. A fé cresce clandestinamente entre os chineses e numa igreja católica oficial, aprovada e monitorada pelo governo. As estimativas do número de membros da Igreja nessa condição variam de uns poucos milhões a mais de 50 milhões, incluídos aí diversos cristãos clandestinos. Atualmente, portanto, mesmo que o percentual da população cristã seja pequeno, o enorme tamanho das populações da Ásia assegura que o cristianismo atraia talvez uns 350 milhões de seguidores, o que faz da Ásia o continente com a terceira maior população de cristãos.

A pergunta natural é: como conseguiram se estabelecer na Ásia pela segunda vez? Em torno de 1500, não havia brasas quentes o bastante para serem reavivadas pelo sopro espiritual numa nova fogueira. Estrangeiros e estranhos precisavam invadir, e estavam ávidos por isso. A maioria das histórias do cristianismo na Ásia está vinculada ao comércio e ao colonialismo. A Ásia possuía produtos que o resto do mundo poderia usar, e o resto do mundo oferecia mercados para os bens asiáticos. Em segundo lugar, as forças do Ocidente, fossem de etos católico ou protestante, estavam explorando e conquistando a Ásia, disputando entre si para assumir o domínio de cada território. Para a nem sempre atraente expansão de sua missão, eles consideraram lucrativo enviar agentes de missões cristãs para o estrangeiro, e os missionários estavam ávidos por garantir a própria salvação através de Jesus Cristo oferecendo a salvação para os outros. É possível contar a história do cristianismo asiático como um exemplo da exploração espiritual dos povos nativos, como fizeram os críticos dos missionários. Ou ela pode ser contada pela perspectiva dos agentes cristãos, que achavam estar simplesmente divulgando as histórias do Judeu e conquistando convertidos para a fé na qual ele é o Senhor glorificado, enquanto nem sempre se aventuravam a aliviar as consciências dos exploradores e saqueadores que agiam pelas coroas e principados ocidentais.

RENOVAÇÕES CATÓLICAS INSPIRAM OS ESFORÇOS

As renovações católicas do princípio do século XVI na Europa levaram à formação de novas ordens e agências religiosas para se juntarem às mais antigas. Enquanto muitos de seus devotos se mantiveram isolados nos conventos e mosteiros, uma grande tropa inquietava-se para pôr-se a serviço da causa de Cristo no mundo. Temos relatos desses agentes, muitas vezes treinando em seminários italianos ou espanhóis, estudando os nomes incomuns de lugares em seus globos. Quando chegaram novas informações sobre esses lugares, ou sempre que uma frota militar ou comercial voltava de uma expedição às "Índias", como a Ásia frequentemente era chamada, pregadores e irmãos entravam em ação. Eram estimulados por histórias sobre como os povos pagãos de lá que não conheciam as histórias de Jesus e não tinham fé em Cristo seriam, após a morte, enviados para sofrer no purgatório ou no inferno. Os idólatras e pagãos só seriam poupados se estabelecessem laços com Jesus Cristo e com a Igreja Católica. Missionários ousados, possuídos pela consciência ou pela vontade, e por uma atração incomum pela aventura, encontraram assim formas de representar a Igreja oficial, ao lado dos interesses de seus governantes e mercadores. Eles aceitavam uma passagem para os barcos e frequentemente se aventuravam ainda mais longe pelo interior da Ásia — com a missão de encontrar povos por batizar — do que os comerciantes e investidores que buscavam mercados e que, em termos relativos, procuravam se manter em segurança.

O cristianismo sempre esteve ligado a seus ambientes culturais e agora novamente se esforçava, na figura de seus jovens irmãos ou padres, para romper com os laços familiares e libertar-se para se adaptar às novas culturas. Faziam isso muitas vezes diante das críticas das lideranças da Igreja "em casa", como em Roma. Lá, autoridades desconfiadas e vigilantes não viam necessidade de representantes católicos se adaptarem ou acomodarem, como os missionários sabiam ser preciso para sobreviver e terem sucesso. Certos pioneiros entre eles se destacaram, deixando um legado de instituições. Um dos reformadores católicos, Inácio de Loyola, liderou seus seguidores para criar a Companhia de Jesus. Eles deveriam ser inquestionavelmente leais ao papa quando recebessem as instruções para realizar suas missões. Sem uma família própria, esses homens celibatários, muitas vezes oriundos de famílias nobres, viajavam para longe, sem muita certeza de retornar. As tempestades levaram alguns e as doenças carregaram outros para a morte. Aqueles que sobrevivessem e desejassem se sentir em casa nas novas culturas podiam ser aprisionados pelos povos nativos por transgredirem os costumes, açoitados, encarcerados e até mesmo martirizados, como aconteceu com muitos deles.

Enquanto permanecia na Europa, Inácio podia enviar as almas corajosas — ou tolas, como julgavam seus críticos —, como Francisco Xavier. Ele viajou ao longo das costas meridionais e orientais da Ásia, parando para instalar postos de comércio que, na verdade, eram centros de alfabetização, educação e treinamento para novos "irmãos" ou padres que deveriam continuar com o trabalho. Acreditando, assim como a Igreja, que os filhos sem batismo não iriam para o céu, tampouco para inferno, mas para o limbo, um lugar entre os dois (doutrina que agora é repudiada) Francisco Xavier ia aonde pudesse para derramar a água sobre os nativos e abençoá-los como filhos de Deus, agora livres do pecado original. Os convertidos não mais eram ameaçados pelos terrores do inferno, e seus filhos não seriam enviados para a desolação do limbo, mas para o paraíso prometido.

Após 1542, Francisco Xavier, começando por Goa, produziu batismos em massa entre pessoas que o consideravam exótico, as promessas de batismo tentadoras e seus ensinamentos, incompreensíveis. O jesuíta atacou corajosamente negociantes portugueses inescrupulosos enquanto procurava se aproximar das pessoas comuns. Embora afirmasse ter batizado

232 • *O segundo episódio asiático*

80 mil pessoas, apenas uma delas era um brâmane convertido de alta casta. Quando mais tarde um missionário pioneiro, Robert de Nobili, lá chegou, encontrou-se com hindus e deparou-se com um sistema de castas que impedia seu acesso a muitas classes formais de pessoas. Essa limitação liberou-o para atrair convertidos das classes mais baixas e das intocáveis. Ainda assim, ele persistiu em seus esforços entre as elites, educando aqueles que consideravam os europeus curiosos e atrativos. De Nobili e seus sucessores tiveram que lidar com costumes estrangeiros entre os religiosos hindus, mas insistiram. Até que finalmente ele rompeu as barreiras e, em quatro anos, afirmou ter convertido mais de cem hindus de alta casta. Os críticos católicos acusaram De Nobili de, na verdade, ter se tornado hindu, mas o exame de seus escritos mostra que ele foi um católico rigorosamente ortodoxo acima de tudo, e, ao final, não era muito positivo quanto às dimensões religiosas da cultura hindu, cujos aspectos exteriores adotou.

Aspergir água e proferir uma bênção podem ser atos simples e ricos de significados teológicos, mas, culturalmente, os jesuítas e seus convertidos enfrentaram muitas decisões complexas. O exemplo mais dramático forçou-os a considerar as armadilhas culturais que trouxeram consigo da Europa de onde haviam partido, e o que fazer com elas na Índia, China ou nas ilhas. Quer as pessoas que encontravam fossem animistas, adoradoras dos ancestrais, quer devotas do filósofo Confúcio, jamais tinham ouvido falar de Jesus e dos apóstolos. Certamente não saberiam o que fazer com a filosofia de gigantes como Platão e Aristóteles. Esses pensadores influenciaram a educação e a religião entre a maior parte dos europeus, mesmo aqueles que jamais tinham ouvido falar dos antigos gregos. O conselho que esses ousados cristãos na Ásia davam e recebiam era para se distanciarem dos hábitos ocidentais e apresentarem pensamentos com tons mais leves da filosofia ocidental.

Algumas de suas experiências eram bastante simples. Um missionário protestante usava o cabelo preso numa trança, para se identificar com os chineses. Assim ele demonstrava sua disposição de pertencer à comunidade, mesmo levantando suspeitas de muitos potenciais convertidos na China ou na Índia. Ele opôs-se aos monitores do ensino cristão na Europa. Se Francisco Xavier considerou as culturas indianas problemáticas, a China era a próxima no caminho de sua bússola e era ainda mais fechada e proibida. Tentando alcançar a bagagem cultural do país, ele e outros jesuítas adotaram normas e regulamentos revisados e ofereceram rosários e artigos tangíveis. Isso atraía os nativos que pouca ideia faziam do que aquilo representava. Todos os jesuítas ou franciscanos sabiam que o cristianismo não era uma religião de adoradores de bugigangas, mas, mesmo naqueles extremos, aqueles objetos ajudavam a mobilizar as pessoas a levarem a sério as mensagens e os ritos.

PROBLEMAS DE EMPATIA NA ÁSIA

Por mais empatia que tivessem por diversos artefatos culturais asiáticos, nenhum dos cristãos via muita coisa com que concordar nas religiões asiáticas. Por mais tentadores que fossem seus primeiros apelos pela fé, cedo ou tarde precisavam declarar o que absolutamente todos eles consideravam verdade, com base na Bíblia: que a salvação ocorria apenas em nome de Jesus Cristo. Sempre que percebiam entre os possíveis convertidos algum sinal de resposta ao sagrado conforme o experimentavam, aproveitavam-se disso. Em algum momento nos encontros, tipicamente oravam pelo povo, pelos jesuítas e por todos os cristãos, dirigindo-se ao Deus Único através de Jesus Cristo. Normalmente, nos ritos iniciais do batismo pela água, conectados aos primeiros ensinamentos do catecismo, os convertidos precisavam fechar as portas de seus santuários espirituais anteriores.

No momento da oração, do ensino e da pregação, todos os agentes da fé que chegavam à Ásia enfrentavam um dilema. Se simplesmente enunciassem o nome de seu Deus num contexto estrangeiro, os povos da Ásia escarneceriam, dariam de ombros e se afastariam. Se avançassem demais em nomear e identificar Deus nos termos usados pelas diversas culturas asiáticas, havia o perigo de o cristianismo simplesmente ser absorvido ou posto de lado. Alguns missionários, como Xavier, procuraram explorar medidas de meio-termo, buscando adaptar o que fosse possível, mas insistindo na exclusividade de Jesus Cristo.

Quando os missionários não denegriam as imagens de Buda ou denunciavam os nomes hindus para Deus, eram atacados por seus críticos e autoridades espirituais da Europa. A comunicação era lenta, de forma que o debate era tedioso e prolongado. Eram necessárias algumas estações para que as mensagens de um lado a outro completassem seus percursos. Os

234 • *O segundo episódio asiático*

tagarelas que criticavam aqueles que se adaptavam aos costumes e padrões de pensamento asiáticos de alguma maneira pareciam mais eficientes e velozes do que os admiradores e defensores. Cuidaram para que os que se acomodavam fossem condenados, muitas vezes chamados de volta à Europa ou instruídos a deixar de se dirigir a Deus por nomes semelhantes aos usados pelos nativos. Essas guerras sobre os ritos tornaram mais lentos os esforços de conversão, mas Xavier e seus colegas continuaram navegando, batizando e pregando.

OS AVANÇOS CATÓLICOS

Os católicos que chegaram à Índia assistiram, já em 1519, à expansão posterior de seu mundo. Naquele ano, Fernão de Magalhães deixou a Espanha com a intenção de circular o globo, mas foram seus homens que completaram a iniciativa. Ele chegou às Filipinas em 1521, e ali seu caminho chegou ao fim — foi morto num combate tribal e, segundo os relatos, foi feito em pedaços —, mas seu empenho representou o início da presença católica no local. Os missionários que o seguiram estavam entre os mais bem-sucedidos, como mostram os resultados: nenhuma outra nação asiática tornou-se ou permaneceu tão católica quanto as Filipinas. Cinco séculos após os primeiros encontros com os missionários, o número de todos os católicos batizados na Polônia, Itália, França e Espanha, não equivale aos batismos nas Filipinas.

As ordens missionárias, quase que desde o princípio, competiam entre si, de forma que, para manter a paz entre elas, os monarcas espanhóis delimitaram vários territórios para cada uma. Algumas produziram heróis, como Esteban Marin, "o apóstolo do povo igorote". Marin foi um agostiniano que enfrentou bravamente as montanhas e, por 17 anos, serviu entre os exploradores que buscavam ouro. Apesar de todos os seus esforços positivos, em 1601 foi amarrado a uma árvore, decapitado e queimado até as cinzas por nativos resistentes. Essas histórias, longe de deter seus colegas, serviram-lhes de inspiração. Em 1600, estima-se que metade dos habitantes dos territórios espanhóis nas ilhas filipinas havia sido exposta à mensagem de Jesus Cristo e um terço da população fora batizado em seu nome. Os esforços católicos para instruí-los podem ter sido superficiais, mas o simples peso dos números deu à Igreja uma base para as novas investidas nos séculos vindouros.

Em torno de 1549, liderados por Xavier, os jesuítas chegaram ao Japão, que viria a se tornar o palco do maior dos dramas, antes de acabar no pior dos desastres. Padres e irmãos corajosos conquistaram pontos de apoio no sul do Japão, onde, apesar do desestímulo, oposição e ocasionais perseguições por pessoas que a princípio haviam sido incompreensivas, contaram as histórias de Jesus e administraram os ritos sagrados. Líderes japoneses relutantes sabiam que qualquer compromisso com o que aquelas histórias diziam enfraqueceria as religiões existentes — no caso, budismo e xintoísmo — e imporia um desafio ao imperador, considerado divino. Apesar de tudo isso, a presença cristã cresceu, até chegar, talvez, a 300 mil seguidores em áreas próximas a Nagasaki. Em sua maioria, os sedutores mestres jesuítas e franciscanos eram simpáticos às conquistas científicas e culturais do Japão, assim como haviam sido na China, e muitos tornaram-se populares e sentiam-se em casa.

Essa prosperidade não poderia durar, e como os senhores japoneses perceberam a confusão cultural e a agressão religiosa dos europeus, investiram contra seus esforços. Muitos dos padres e irmãos foram forçados pelas autoridades a voltar para a Europa, deixando para trás devotos e zelosos convertidos. A perseguição intensificou-se após 1612. Em 1622, seus agressores atacaram a igreja franciscana em Edo, que viria a se tornar Tóquio, e mataram 51 cristãos. Os apóstatas cristãos apontaram os fiéis e, por fim, muitos milhares foram mortos. Tornando-se cada vez mais nacionalistas, os japoneses viam Jesus Cristo como um concorrente às autoridades que enfatizavam a divindade do imperador. Um decreto acusou os cristãos de subverter a doutrina correta. A afirmação dizia que "o Japão é o país dos deuses e de Buda". A deserção de Fabian Fukan (Fukansai Habian, 1585-1621) foi devastadora para os católicos, pois tratava-se de um jesuíta capaz de derrotar qualquer budista em uma discussão e que recebera grande apoio. Em torno de 1608, ele desapareceu; alguns disseram que fora viver com uma mulher. Em 1620, retornou como apóstata para escrever "o primeiro livro anticristão do Japão".

Na época em que os membros da Igreja chegaram a 300 mil convertidos, as autoridades começaram a expulsar alguns fiéis por serem europeus

236 • *O segundo episódio asiático*

e a perseguir os cristãos de qualquer origem. Em trinta anos, a maioria dos cristãos identificados havia sido torturada e queimada até a morte. Considerando o tratamento hediondo, não surpreende que muitos tenham renegado sua fé. Relíquias remanescentes daquela era dão testemunho disso. Os católicos haviam distribuído imagens de metal para serem reverenciadas pelos convertidos. Algumas traziam imagens de Maria ou de Jesus. Japoneses furiosos e reativos forçaram os convertidos a renunciar à nova fé. Para provar que as renúncias eram autênticas, eles eram forçados a pisar sobre essas imagens de metal e profaná-las. Alguns desses objetos sobreviveram e evidenciam que muitos milhares de cristãos usaram seus sapatos para deixar marcas que obscureceram as imagens. Os que não pisavam nas imagens costumavam ser condenados à morte. Os padres católicos tiveram que partir quando o Japão fechou suas portas. Ainda assim, uma igreja clandestina, conduzida por laicos, sobreviveu em termos reconhecíveis como cristã por mais de dois séculos, quando o Japão reabriu suas portas levemente.

A China representava outro tipo de desafio, uma cena cultural que exigia a acomodação dos católicos. Os maiores entre os primeiros a se adaptar foi Matteo Ricci, que chegou a Macau em 1582. Vestia-se como um monge budista e passou vinte anos estudando mandarim — antes mesmo de sequer mencionar Jesus. Até o momento em que havia conquistado respeito suficiente para que outros mandarins lhe dessem ouvido. Ricci parecia um acadêmico, aprendeu diversas línguas e dialetos, ensinou ciência pelas fronteiras do Oriente e do Ocidente e sustentou que os chineses se fariam facilmente cristãos, pois seus ensinamentos eram compatíveis com os temas cristãos. Eles encontrariam elementos no cristianismo que os ajudariam a realizar os sonhos de uma república chinesa de paz. Ele foi um enigma para muitos chineses; a maioria daqueles líderes evidentemente achava que todos os ocidentais eram bárbaros, mas Ricci era culto, científico e curioso. Os líderes chineses não haviam sido muito hospitaleiros, mas, ocasionalmente, católicos capazes de se adaptar, como Ricci, conquistaram-nos expressando um respeito genuíno pela ciência, matemática, astronomia e habilidade militar dos chineses.

Ricci chamou a atenção de um chefe chinês dando-lhe algo que ele nunca tinha visto antes: relógios. Ele falava do Senhor do Paraíso em lugar de Deus. Alguns de seus sucessores foram ainda mais longe, optando por transformar Jesus numa espécie de sábio, como Confúcio, para torná-lo aceitável. Para os renitentes chineses, ele poderia ter sido o Jesus humano, mas jamais o Senhor glorificado. Alguns críticos consideraram Ricci um dissimulado e atacaram-no dizendo que sua abordagem era um logro. Outros reclamaram que ele não aprendera verdadeiramente com os ritos chineses ou os respeitara, tendo sido amigável apenas por razões estratégicas. Superando todas as distâncias, algumas autoridades em Roma, que monitoravam Ricci, estavam decididas a disciplinar os padres por demais adaptáveis e proibir certas práticas. Essas autoridades também estavam divididas. Alguns jesuítas conquistaram favores permitindo que os convertidos venerassem os ancestrais, enquanto os dominicanos eram tão rigorosos sobre essas questões que pouco conseguiram realizar. Embora Ricci tenha morrido em 1610, sua abordagem resultou em alguma aceitação do cristianismo, até que finalmente, em 1692, ele se tornou uma fé tolerada.

RETARDATÁRIOS PROTESTANTES BUSCAM O GLOBO

Tudo isso ocorreu enquanto a Europa se fazia em pedaços como resultado dos conflitos entre católicos e protestantes. Nas primeiras décadas dos movimentos protestantes, a partir da década de 1520, quase nada foi dito ou feito entre eles para promover a ideia de expandir a influência cristã por todas as partes do mundo. Frequentemente, os clérigos protestantes não tinham ou não geravam qualquer teologia que justificasse uma aproximação dos asiáticos. Sendo assim, Martinho Lutero acreditava que os apóstolos haviam chegado a todos os cantos do mundo. Os cristãos, afirmavam ele e seus colegas, poderiam ajudar enviando novos pastores e professores para esses lugares e públicos, mas não deveriam fazer novas incursões onde o cristianismo jamais fora ativo. Segundo esse argumento, o clero deveria ser "chamado", e era pouco provável que os católicos chamassem os protestantes para competir com eles. Por esse motivo, e outros entre os demais evangélicos, quase dois séculos se passaram antes que esses protestantes se dispusessem a ir para a Ásia fazer conversões.

Quando eles finalmente embarcaram, entraram com a força de alguns números. Assim como os católicos, muitas vezes conseguiam melhores avanços quando se vinculavam a exploradores e interesses comerciais.

Por vezes, iam como representantes desses interesses, ao custo de esforços cristãos específicos, pois estavam em débito, inibidos pelas forças coloniais com as quais eram, portanto, identificados. Ocasionalmente, rompiam com esses laços por questões de consciência, o que comprometia seus próprios projetos. A abordagem desses protestantes também era diferente das estratégias católicas. Eles não podiam distribuir imagens, objetos e quinquilharias como os usados pelos padres para realçar a história e o esquema cristão. Também não podiam pregar a reverência pelas centenas de santos aos quais os católicos recorriam. Os santos eram figuras que frequentemente constituíam uma espécie de companhia espiritual para aqueles convertidos que estavam deixando seus antigos mundos e famílias para trás. Os povos autóctones achavam os sacramentos dignos de crença e atrativos, uma vez que era comum se vincularem a hábitos de devoção a rituais de suas próprias culturas. O protestantismo, naquele estágio, e posteriormente desde então, não podia se apoiar num líder terreno visível, ou seja, no papa, para representar a autoridade divina e garantir suas credenciais. Seus agentes precisavam reforçar e difundir a história bíblica impressa. Precisavam produzir dicionários, traduções da Bíblia e alfabetizar muitos nativos para poder levá-los a Jesus. Ainda assim, realizaram seus movimentos.

A pergunta que surge, conforme foi aventada antes e em outras partes: por que faziam tudo isso? Os motivos dos missionários tingiram o protestantismo na Ásia e moldaram as teologias, instituições e o etos dos convertidos. Portanto, as questões retornam: por quê? Seriam eles meros capelães dos interesses comerciais e apaziguadores das consciências perturbadas das forças coloniais? Que muitas vezes tenham transmitido essa impressão e que assumiam esses papéis fica óbvio no Raj, da Índia, e em outras partes. As muitas histórias de atritos, inquietações e independência por parte de muitos missionários demonstram que eles tinham outras missões em mente além das questões comerciais e militares. Eles jamais serão compreendidos até que os estudiosos tenham clara a intensidade de sua fé ou de sua conclusão de que os povos aos quais não conseguissem tocar com o batismo, conversão e ritos cristãos estariam separados de Deus e punidos para sempre. A ideia de poder resgatar as almas perdidas era uma noção inebriante para um jovem noviço ou estudante ministerial em busca do trabalho de sua vida.

Adicione-se a essa motivação várias outras, muitas das quais frutos do interesse genuíno pelos chineses, japoneses, coreanos e outros asiáticos. Embora identificassem uma cultura elevada entre muitos asiáticos, admirando suas línguas e literatura, que alguns missionários começaram a traduzir, os agentes do cristianismo mantiveram a convicção de sua própria superioridade cultural e trabalharam para espalhar a iluminação e o aprendizado a partir dessa visão. Essas atividades irritaram alguns interesses comerciais, uma vez que os povos ignorantes e praticamente escravizados não tinham a mesma liberdade para se considerarem independentes e se rebelar, como era o caso daqueles que sentiam ter assumido o controle de seus destinos pela conversão religiosa.

O registro dos pregadores protestantes do evangelho inclui seus próprios heróis, da mesma forma que os registros católicos. Na verdade, esses empreendimentos missionários correspondiam a outro novo interesse de muitos pioneiros protestantes. No século XVIII, desenvolvia-se uma doutrina realmente inovadora sobre o fim do mundo. Os cristãos sempre tiveram que se posicionar em relação ao final da Criação, que teve um começo, e adotaram diversos cenários bíblicos para figurar as alternativas. Uma delas veio a ser chamada de "pós-milenarista". Sustentava que Jesus retornaria para governar por mil anos *após* os cristãos terem sido suficientemente bons, convertido muitas almas e terem deixado a condição humana atraente para o Salvador, que congregaria seus seguidores para um futuro abençoado sob um governo de mil anos.

Curiosamente, em meados do século XIX, outra versão inovadora da história do fim do mundo, denominada "pré-milenarista", inspirou outro grupo de evangelizadores. Recorrendo a umas poucas profecias, em geral ignoradas, em Ezequiel e Daniel, e passagens oníricas do Apocalipse ou Revelação, o último livro do Novo Testamento, os leitores da Bíblia anteviram um mundo que não se tornava melhor ou atraente, mas, pelo contrário, cada vez mais envilecido, a ponto de merecer a destruição divina. O Senhor glorificado retornaria ao mundo humano nesse caos, resgataria seus santos e depois voltaria com eles para estabelecer mil anos de vida utópica. Esses ensinamentos inspiraram os missionários a tentar resgatar tantas almas perdidas quanto possível na Ásia antes do retorno de Cristo. Esses dois aspectos foram incorporados entre dois grupos de convertidos asiáticos.

240 • *O segundo episódio asiático*

Um deles trabalhava com projetos "deste mundo", de educação, higiene, cuidados médicos e questões de justiça. O outro partiu para um projeto urgente de conversões, uma vez que o fim do mundo estava próximo.

PIONEIROS PROTESTANTES E NOVAS ABERTURAS NA CHINA

Os pioneiros protestantes, movidos por visões milenares e humanitárias, chegaram com as forças navais, que a princípio significavam os holandeses dos Países Baixos que estavam desenvolvendo colônias e estimulando o comércio. Cinco navios chegaram em 1601 contendo agentes do capitalismo e precursores quase involuntários de uma nova fase da vida cristã na Ásia. Tais agentes expulsaram mercadores e padres católicos portugueses de muitas das ilhas da Indonésia. Em 1599, começaram a perceber a necessidade e a oportunidade de incluir missões cristãs em suas iniciativas, emitindo um decreto que obrigava todos os mercadores da Holanda a "ensinar os povos que viviam na escuridão sobre a verdadeira religião cristã". A seus olhos, os predecessores católicos obviamente eram falsos. Alguns holandeses, como os luteranos, eximiam-se de aceitar as missões sob a influência daqueles estudiosos bíblicos segundo os quais os apóstolos já tinham obedecido ao comando de Jesus de "ensinar a todas as nações". O trabalho missionário entre eles era em geral relutante e precariamente comunicado à Holanda. A maioria dos acadêmicos considera que os esforços holandeses em relação às missões e conversões foram um tanto superficiais, embora herdeiros do século XVII ainda se mantenham como uma presença particular de cristãos na Indonésia.

Enquanto isso os ingleses desenvolviam seu império global. Embora os capelães ingleses tenham se misturado por décadas com europeus não ingleses, morávios e dinamarqueses, foi só depois de 1792 que seu trabalho se tornou sério. O precursor na Índia foi um sapateiro, professor e pregador batista chamado William Carey (1761-1834), que ainda é homenageado pelos protestantes defensores das iniciativas globais do cristianismo. Ele escreveu um livro desafiando os cristãos a romper com as fronteiras da cristandade ocidental. Incrivelmente preciso em suas estimativas estatísticas, ele demonstrou o provincianismo dos europeus e do mundo cristão e propôs formas de sair da caixa onde resolveram entrar. Sob a insistência de calvinistas radicais para deixar as conversões a cargo de Deus, sem crédito aos esforços humanos, ele os desafiou e pregou que precisavam "esperar coisas grandiosas de Deus" e, portanto, "buscar coisas grandiosas para Deus". Apesar da oposição em muitas frentes, ele e um pequeno grupo partiram em 1793. Carey não recebeu qualquer incentivo das autoridades inglesas e dificilmente poderia ser considerado um colonialista. O curso de sua vida beirou a tragédia. Carregou consigo para uma missão solitária e perigosa uma esposa despreparada, portadora de uma doença mental e que precisa ser descrita como um tanto louca. Um vislumbre da visão de Carey aparece nas palavras de um hino de Isaac Watts, que ele escolheu para sua lápide. "Um miserável, pobre e indefeso verme/ Em Teus braços gentis eu caio." Não temos aqui como seguir o rastro de Carey e de outros que seguiram seu exemplo, mas ele estabeleceu um padrão básico e simples, seguido pelos ingleses e que foi adotado nas igrejas batistas na Índia e além.

Os ingleses tomaram conta da Índia, governando o Raj de 1847 a 1947, quando o país se fez independente. Os agentes do evangelho britânico não eram pessoas ordinárias; muitos foram personalidades memoráveis que inspiraram biografias que, por sua vez, motivaram novos jovens e, curiosamente, mulheres a se juntarem aos grupos missionários. Ao contrário dos padres, a maioria dos homens era casada, e, como Carey, muitas vezes levaram esposas e filhos para climas e ambientes insalubres e ameaçadores. Surpreendentemente, muitas das mulheres se tornaram líderes diante das autoridades da Europa ou dos Estados Unidos, que muitas vezes procuravam seguir os manuais que as restringiam e disciplinavam, de forma a limitar seus ministérios.

O principal entre aqueles que "abriram" a China foi Robert Morrison (1782-1834), um presbiteriano escocês que chegou sob os auspícios da Sociedade Missionária de Londres, em 1807. Por trinta anos, ele combateu a Companhia das Índias Orientais britânica e a China imperial, onde comércio e missionários eram igualmente indesejáveis. Ele decidiu traduzir a Bíblia, um ato que beneficiou todos os agentes do evangelho que vieram depois dele. Por sete anos, foi incapaz de reportar um batismo sequer. Alguns dos primeiros convertidos eram autorizados a ir aonde Morrison e seus colegas não podiam. Ainda assim, interesses imperiais, mercantis e missionários chocavam-se frequentemente numa época de grandes convulsões e guerras, algumas evidenciando a resistência.

242 • *O segundo episódio asiático*

Encerrando um episódio e virando uma página

Assim, por toda a Ásia — apesar dos tumultos — católicos e protestantes vieram a se sentir igualmente em casa. Embora suas religiões não fossem autóctones, conquistaram ao menos pontos de apoio e postos avançados para o trabalho de conversão. Muitos desses postos refletiam seus países e igrejas europeus de origem. Eles erigiram catedrais, seminários, escolas e hospitais, não para deixar legados, mas como entradas para novas culturas. No século XX, o Ocidente continuou a enviar missionários, mas então as igrejas já cresciam de maneira independente e se tornavam autóctones. Quando China, Japão e Coreia iniciaram conflitos armados entre si, os missionários frequentemente sofreram em seus fogos cruzados espirituais. Quando Mao Tsé-Tung assumiu o controle da China em 1949, estabeleceu regimes repressivos que trabalharam incansavelmente para extinguir a influência cristã. A "Revolução Cultural" convocada por ele de fato realizou algumas reformas civis necessárias, mas também produziu inúmeros mártires e inibiu a expressão religiosa. Depois da Segunda Guerra Mundial, na qual o Japão foi um membro importante do Eixo que se opôs aos Aliados, incluindo os Estados Unidos, as missões foram prejudicadas e as igrejas obrigadas a se manterem sozinhas. Depois da guerra, as igrejas ficaram mais livres para a reconstrução no Japão do que na maioria dos países da Ásia, mas mantiveram uma pequena minoria. No princípio do novo milênio, estimou-se a existência de 50 milhões de cristãos na China e mais ainda na Coreia, que fora um reino resistente, mas que, ao assumir o cristianismo, passou a seguir seus princípios zelosamente.

Não é possível fazer paradas em todos os lugares pelos caminhos da Ásia, Oceania e das ilhas do Pacífico, mas algumas indicações do alcance do cristianismo são óbvias para observadores da Austrália e da Nova Zelândia. A primeira tornou-se uma colônia penal onde prisioneiros ingleses foram descartados no século XIX. Eles transformaram a situação e fizeram do país um membro importante do Império britânico, com igrejas favorecidas pelos ingleses, embora a Austrália, mais tarde, tenha se tornado um dos países com menos igrejas entre os territórios tocados pelos ingleses. As igrejas de lá foram bem francas ao reconhecer não apenas a crueldade com que seus ancestrais tiraram as populações nativas de seu caminho, mas também o fato de ainda não lhes terem feito justiça. O povo aborígene inclui muitos cristãos, mas a maioria deles é discriminada devido ao tratamento dos colonizadores. Pesquisadores da situação no Pacífico Sul identificam presenças cristãs nos períodos colonial e pós-colonial na Nova Zelândia, Nova Guiné, Indonésia e Malásia. Presenças cristãs significativas, estabelecidas pelas forças coloniais holandesas ou inglesas, vivem de maneira bastante inquieta em nações cada vez mais muçulmanas, como a Indonésia e a Malásia, mas resistiram e participaram das iniciativas cristãs ecumênicas, assim como receberam movimentos evangélicos ao longo do século XX.

Os cristãos e as nações asiáticas geraram teologias apropriadas ao ambiente. Depois do Concílio Vaticano II em Roma, católicos ousados iniciaram diálogos com hindus e budistas tão abertamente que o Vaticano disciplinou alguns pelo "sincretismo" ou "universalismo", palavras de um código que significavam a mistura de crenças em detrimento das particularidades cristãs, deixando para trás o exclusivismo cristão, um movimento cujo significado para os exclusivistas era a perda da fé cristã. Representantes do cristianismo social autóctone incluíram figuras como Toyohiko Kagawa (1888-1960), que veio a ser conhecido por seu ativismo e esforços para promover a justiça e o pacifismo. Após a conversão, ele estudou teologia no Japão e nos Estados Unidos e passou a ser um crítico das formas dogmáticas e severas do cristianismo. Preso em 1940 por ter sido conciliatório com a China, foi libertado a tempo de ir para os Estados Unidos e empenhar-se em esforços para evitar a Segunda Guerra. Sobreviveu ao conflito e tornou-se um exemplo de ativista cristão em pelo menos dois continentes.

Se o primeiro episódio cristão na Ásia terminou em torno de 1500, o segundo não mostra sinais que apontem para o seu fim. Qualquer expedição pelo cristianismo global precisa incluir a Ásia como uma parada importante, com muitas variedades identificando-se com diversas formas de cristianismo de outras partes. Qualquer um que se sinta assombrado pela questão desconcertante expressa num dos evangelhos — "Quando o filho do homem vier, encontrará ele a fé na terra?" — pode encontrar em milhões de africanos e asiáticos a evidência de que a resposta será "sim".

10.

EPISÓDIOS INACABADOS

"*E* *então?*" é uma pergunta coloquial abrupta que pode servir muito bem para encontrar aqueles que se debatem com o conceito e a realidade do cristianismo global. *Então* o que se diz é que a ambição e a esperança dos primeiros cristãos de ver sua fé alcançar todo o mundo é uma realidade nos dias de hoje. *Então*, como todos podem observar, a modernidade das comunicações, das viagens e das forças econômicas permite aos cristãos de praticamente qualquer lugar terem contato com cristãos de praticamente qualquer outro lugar. *Então*, além disso, as situações políticas e militares expõem os cristãos a desafios comuns, por exemplo, os apresentados pelo militantes do islã, que lhes roubam a segurança e não lhes deixam nenhum lugar onde se esconder. *Então*, o movimento ecumênico e as iniciativas contemporâneas de integração das crenças estão agora disponíveis para ajudar a reduzir as tensões baseadas em rivalidades religiosas. *Então*, os cristãos dos diversos continentes podem aprender uns com os outros e trocar hinos, orações e presentes. *Então*, a consciência da devastação humana causada por desastres naturais ou conflitos humanos pode inspirar os cristãos que têm meios a compartilhar com os que não têm. *Então*, os estilos de adoração e testemunho cristãos numa parte do mundo, como a Ásia, podem informar e influenciar cristãos de outros lugares. *Então*, continuando nosso registro: todas essas e muitas outras evidências de que o cristianismo é verdadeiramente global demandam a interpretação de pessoas que adquiriram uma perspectiva global: *e agora?*

Traçar a história ao longo de vinte séculos e seis continentes é um ato que produz narrativas fascinantes, mas que tipo de compreensão e ações, igualmente entre cristãos e não cristãos, podem surgir disso? As tarefas dos historiadores estão concluídas, uma vez que tenham contado a história. A história do cristianismo em seus segundos episódios africano e asiático possui valor intrínseco. Inevitavelmente, no entanto, historiadores e seus leitores irão além dos interesses da narrativa, de contar e ouvir histórias, e farão perguntas sobre o significado e, incidentalmente, sobre estratégias. Aqui, a riqueza da promessa merece ser garimpada e avaliada. Após algumas pesquisas e análises da história, podemos agora apontar em direção à

África e Ásia, para o que muitos chamam de o mundo do sul, ou o mundo pobre, como novos horizontes e lares renovados para os cristãos.

Uma palavra que vem à mente descreve o empreendimento global dos cristãos como "irresistível". Quando os antigos perseguidores os oprimiram, os sobreviventes cristãos, inspirados pelo exemplo dos mártires, conceberam comunidades cristãs ainda maiores. Quando os primeiros episódios asiático e africano chegaram ao fim, os irresistíveis cristãos dominaram a Europa. Quando os europeus guerrearam entre si por questões de fé, alguns idealistas entre eles ajudaram a disseminar a fé e a viram enraizar-se nas Américas do Sul e do Norte. Quando o cristianismo do norte, ou cristianismo do mundo rico, começou a declinar, África e Ásia tornaram-se locais de renovação de vigorosas expressões cristãs. Quando os totalitarismos modernos tentaram demolir todos os locais cristãos e devastar todas as presenças cristãs, a fé sobreviveu. Assim, na Alemanha, na União Soviética e na China, para nomear apenas alguns gigantescos regimes totalitários, rios de tinta foram usados e oceanos de sangue foram derramados. Ainda assim, quando o tempo de opressão chegou ao fim, o cristianismo sobreviveu, muitas vezes assumindo novas formas. Muitas daquelas que resistiram à perseguição e aos contratempos manifestaram seu entusiasmo em participar dos esforços cristãos globais.

Todos os que falam das ricas promessas precisam qualificar-se imediatamente com uma avaliação de alguns dos problemas enfrentados pela presença cristã na África e na Ásia. No segundo caso, que tratarei como uma espécie de estudo de caso, três continentes hoje têm mais cristãos do que a Ásia, com seus aproximadamente 350 milhões de fiéis. Em duas décadas, esse número provavelmente terá encolhido para apenas dois: África e América do Sul. A presença europeia míngua e a promessa do cristianismo em outras partes cresce. A promessa de crescimentos adicionais é óbvia, mas as forças contrárias também são poderosas. Boa parte da Ásia, a começar pelo coração do cristianismo primitivo, é muçulmana e mostra poucos sinais de abertura para os cristãos. Embora existam talvez 50 milhões de cristãos na China, a maioria deles escondida e sem representação entre as igrejas autorizadas pelo Estado, as agências de repressão oficiais permanecem fortes e eficientes. O que alguns estudiosos chamam de neo-hinduísmo, neobudismo ou neoconfucionismo representa um vigor renovado e muitas vezes agressivo entre as religiões asiáticas que por vezes foram aquiescentes e passivas durante os primeiros séculos modernos de crescimento cristão. A esses "ismos", adicionem-se as ideologias e práticas rivais que comprometem as expressões cristãs em outros lugares: nacionalismo, materialismo, ideologias políticas, secularismo e a adoção de estilos de vida hostis, ou pelo menos indiferentes, ao cristianismo.

Apesar dessas forças e tendências, a promessa para os cristãos se mantém. Um quarto da população sul-coreana é cristão. Lá, uma mistura de pentecostais, protestantes da linha principal, religiosos nativos coreanos e católicos é produtiva e, em alguns casos, capaz e inspirada para enviar missionários para outros continentes. Três quartos da população das ilhas filipinas são católicos, prosperando, mas, como mencionado, também cercados por áreas em que as populações muçulmanas são uma ameaça. O catolicismo filipino também é transportável, seus líderes sendo capazes até mesmo de exportar alguns clérigos e membros de ordens religiosas para outros continentes. Cristãos de outros lugares tomam lições sobre como eles conseguem essas conquistas.

Da mesma forma, os cristãos equipados e motivados a envolver outras das religiões do mundo consideram a Ásia mais promissora do que a África. Esse envolvimento deve ser diferenciado dos esforços de proselitismo e conversão de povos de outras religiões para o cristianismo. Em vez disso, os católicos romanos, em particular, buscam algum tipo de terreno comum com os budistas do Japão ou com os hindus da Índia, sem jamais esperar que o diálogo entre os parceiros possa algum dia levá-los a se mesclar. Em vez disso, esperam encontrar recursos com o outro, como quando os cristãos aprendem técnicas de meditação com os budistas ou hindus. Da mesma forma, esses experimentadores procuram minimizar o potencial de conflito entre as crenças. O diálogo que favorecem é muito mais difícil de ser buscado no mundo islâmico, de modo que a Ásia não muçulmana provavelmente continuará sendo o laboratório das pesquisas entre as crenças.

Quando os cristãos do mundo encontram-se em bases intercontinentais, buscam os dons específicos da cristandade asiática. Tem sido assim desde que o movimento ecumênico moderno nasceu, na conferência missionária de Edimburgo, na Escócia, em 1910. As fusões de igrejas na Índia, por exemplo, levaram-nas para a esfera central dos movimentos pela uni-

250 • *Episódios inacabados*

dade da igreja. Igualmente, sobretudo após o Concílio Vaticano II, na década de 1960, o catolicismo de todo o mundo manteve-se atento às vozes dos diversos líderes católicos, incluindo indianos, vietnamitas e filipinos, entre outros. Um mapa das visitas do papa João Paulo II, no final do século XX, sugere a intensidade alcançada pelos laços entre os bilhões de católicos de todos os continentes.

Traçamos a história do cristianismo pelo mapa e depois ao redor do globo numa série de episódios. Os primeiros episódios asiático e africano foram essenciais para o desenvolvimento do cristianismo primitivo, mas muito antes de 1500 já tinham praticamente chegado ao fim. É difícil, na África do século VIII ou na Ásia do século XIV, imaginar qualquer cristão sobrevivente e frustrado que pudesse vislumbrar os segundos episódios nos dois continentes, episódios que testemunharam o desenvolvimento das comunidades cristãs que agora chegam às centenas de milhões de fiéis. Similarmente, apesar da continuidade da presença cristã na Europa, o primeiro episódio dominado pelo catolicismo e protestantismo ocidentais chegou ao fim. Em seu solo, enquanto numerosos movimentos protestantes alcançaram proeminência em boa parte do noroeste da Europa, em cooperação com fortes testemunhos católicos, poucos observadores em 1500 poderiam ter imaginado o declínio radical da comunidade cristã nos velhos locais perto do ano 2000. Será que os demógrafos e analistas do futuro falarão do segundo episódio cristão como tendo chegado ao fim?

Aqueles que tentam contar os cristãos sugerem que um terço da população do globo identifica-se com o cristianismo, como tem sido por um século, apesar de todas as restrições e libertações, declínios e retomadas. Onde se encontram e que tipo de influência alcançam em diferentes locais são coisas que podem mudar. Em cada continente, os fiéis pelejam com as formas apropriadas de testemunhar o "Jesus humano, o Judeu, como o Senhor glorificado". Alguns entre eles serão assombrados e outros impelidos à ação quando olharem para o futuro, lerem os evangelhos e voltarem a ouvir a pergunta que Jesus apresentou aos primeiros discípulos. Pela natureza do caso, ela deve permanecer sem resposta, mas ainda mantém seu fascínio: "Quando o Filho do Homem vier, encontrará fé na Terra?"

GLOSSÁRIO

agnosticismo Visão de vida que sustenta que os humanos não sabem e provavelmente não têm como saber as respostas para as perguntas mais extremas, tais como a existência de Deus.

albigenses Membros de um grupo religioso rigoroso que discordou do catolicismo na Idade Média; era dualista, o que significa que concebia um deus da luz e um deus da escuridão; os católicos os consideravam subversivos e os perseguiam.

aliança Pode se referir ao "Velho" e ao "Novo" Testamentos, mas também ser associada a qualquer acordo solene entre Deus e os homens, ou entre os homens.

anabatistas Membros de um grupo que se opunha ao batismo de crianças, insistindo que o batismo era para pessoas com idade suficiente para tomar suas próprias decisões sobre a fé. Outros protestantes do século XVI os perseguiam.

anacoretismo Forma de vida monástica na qual os devotos evitavam companhia e viviam como eremitas, buscando uma vida de autopunição.

anglicano O adjetivo que descreve o significado de ser membro da Igreja da Inglaterra; seus participantes consideram-se "católicos" em muitos aspectos, mas em geral são considerados pertencentes ao protestantismo.

Antioquia Cidade que ficava a 30 quilômetros do Mediterrâneo, no noroeste da Síria, e que pode ter sido a terceira em população do Império Romano. Os cristãos de Jerusalém fugiram para Antioquia e foram os primeiros a serem chamados de cristãos. Os bispos de Antioquia eram figuras importantes nos primeiros concílios da cristandade.

arianismo Movimento dedicado aos ensinamentos de um presbítero de Alexandria, no Egito, que teve grande influência nos debates entre os cristãos primitivos, principalmente por seus seguidores negarem que Jesus Cristo era o Filho de Deus desde a eternidade. Foi condenado já no Concílio de Niceia, em 325, e persistiu como uma praga para os ortodoxos.

arminianismo Recebeu o nome a partir do teólogo Jacó Armínio (1560-1609). Era uma crítica ao calvinismo ao sustentar que a salvação pertence àquele que crê em Cristo, que este morreu por todos, que o Espírito Santo permite aos crentes realizar boas obras e se santificar e que os que foram salvos podem perder a fé.

Ascensão Pode ser chamada de "Segundo Ato" da ressurreição de Jesus Cristo; no Livro dos Atos (ou "Atos") (1:4-11), a história mostra Jesus elevando-se diante dos discípulos, levado ao reino como o filho divino de Deus.

Ásia Menor Território ocidental da Ásia, cujos limites são próximos aos da Turquia moderna; foi para onde Paulo, o apóstolo, fez suas primeiras viagens missionárias, e, a partir do século IV, uma área importante de debates cristãos sobre a doutrina.

Axum Antigo nome da Etiópia, reino ao qual Frumêncio (c. 325) levou o cristianismo, mas que foi dominado pelo islã no século VII.

batista Uma das principais forças protestantes que frequentemente produz igrejas nas quais as crianças não são batizadas, em que os templos locais são bastante independentes uns dos outros e os crentes, historicamente, promoveram a liberdade religiosa.

beneditino Forma de monasticismo criada por são Bento de Núrsia, após 529; tornou-se uma expressão mundial. Seus membros são conhecidos pela qualidade da vida comunal e pela capacidade de inspirar a reforma de mosteiros de todos os tipos.

cainitas Seita gnóstica radical que desdenhava da adoração do Criador, a quem consideravam mau, e celebrava Judas, o traidor de Jesus.

Calcedônia Local de um importante concílio em 451, no qual os bispos debateram sobre como as naturezas divina e humana estavam presentes em Cristo; eles professaram que as duas naturezas se encontravam nele "sem se confundirem, imutavelmente, individualmente e inseparavelmente". Essa definição prevaleceu e se manteve influente até o presente.

calvinismo Sua origem foram os ensinamentos e as práticas do reformador João Calvino (1509-1564), de Genebra, com grande influência na Inglaterra puritana e na Nova Inglaterra, nos Países Baixos e em outras partes, e que daí se espalhou para todos os continentes. O mais notável na história da Igreja são os ensinamentos relativos à predestinação e à presciência divinas, que afirmam que Deus é soberano, tem o controle e é sério. Opunha-se aos arminianos e deles sofria oposição.

capelão Clérigo normalmente designado para locais específicos, como instalações militares, instituições de caridade e semelhantes.

Cartago Cidade costeira do norte da África, importante centro dos primórdios do cristianismo no continente e local de vários concílios episcopais.

cenobitismo Forma de vida monástica que enfatiza a vida e a oração em comunidade, sem isolamento.

Cirene Cidade fundada pelos gregos, o mais importante porto do norte da África entre Alexandria e Cartago, mencionado no Novo Testamento, lar de numerosos bispos.

cistercienses Uma das ordens de monges beneditinos mais rígidas e influentes, fundada em 1098, na França.

conciliarismo Movimento baseado no argumento de que os concílios de bispos partilhavam da autoridade do papa, podendo até mesmo superá-la. Inspirou discussões entre papas e concílios por dois séculos até o século XV, mas renasceu no Concílio Vaticano II (1962-1965), embora não na forma de oposição militante entre papas e concílio de bispos.

254 • Glossário

confirmação O mesmo que crisma. Prática cristã — um sacramento no catolicismo romano — dos primeiros tempos do cristianismo, normalmente associada à reafirmação do batismo da criança, como alguns dizem. Implica educação e compromisso sérios.

congregacionalismo Forma de governo eclesial que remonta aos argumentos da Igreja da Inglaterra na era puritana, ativa onde os protestantes enfatizam o controle local das igrejas.

Corinto Antigo porto grego, conhecido como uma cidade tumultuosa e assim vista pelo apóstolo Paulo, que lá se deparou com distúrbios e escreveu duas cartas que foram preservadas, ricas na exposição da fé, mas também interessantes pelos detalhes da vida da Igreja.

crucificação Acredita-se ter sido a forma mais selvagem de punição na Roma antiga. A pessoa condenada era pregada ou amarrada a uma árvore.

deísmo Filosofia popular na Inglaterra do final do século XVII e início do XVIII, com alguma influência entre os pais fundadores dos Estados Unidos. Os deístas defendiam que um Deus impessoal criou o mundo, mas não participa dos assuntos humanos.

denominação Embora o termo existisse na Inglaterra, entrou em uso nos Estados Unidos para designar igrejas de diferentes linhas do cristianismo como organizações voluntárias, independentes do Estado.

Diatessarão Em torno do ano 150, um estudioso chamado Tatiano propôs-se a "harmonizar" os quatro evangelhos para que pudessem ser lidos como uma narrativa contínua.

dieta Assembleia convocada pelos príncipes ou outras autoridades para deliberar questões do Império, especialmente no continente europeu na época do nascimento do protestantismo.

discípulo Qualquer seguidor que procura aderir e propor ensinamentos de um líder; na história cristã, refere-se especialmente às primeiras 12 pessoas escolhidas por Jesus, segundo os evangelhos.

docetistas Acreditavam que Jesus apenas "parecia" ser Deus na forma humana; para eles, a matéria era o mal; portanto, Deus não poderia ser parte da matéria, como são os corpos.

dogma Refere-se a uma doutrina formal da Igreja, dotada de autoridade e que não pode ser levianamente questionada, uma vez que ajuda a definir a fé.

donatistas Criaram um movimento no norte da África no século IV; disciplinavam veementemente aqueles que haviam feito concessões para sobreviver às perseguições. Esses africanos também usaram o movimento em suas regiões para opor-se ao poder de Roma.

ecumenismo Tem origem na palavra *ouikoumene*, "todo o mundo habitado", e sinaliza o esforço de cristãos, principalmente no século XX, para superar as diferenças que os levaram a se colocar em igrejas diferentes e, muitas vezes, conflituosas.

Edessa Cidade em que os cristãos falantes do siríaco reuniam-se na antiguidade; acredita-se ser o local com a mais antiga estrutura de adoração cristã.

Éfeso Cidade na Ásia Menor que veio a ser um centro de devoção à deusa Diana, mas posteriormente ficou famosa pelas visitas e ministérios do apóstolo Paulo; também foi o local de um importante concílio da Igreja em 431.

episkopoi "Supervisores" — é esse o significado da palavra que veio a designar os bispos, encarregados de supervisionar os grupos de fiéis em uma área determinada.

Espírito Santo Refere-se à "Terceira Pessoa da Santíssima Trindade", junto com o Pai e o Filho (Jesus Cristo); Jesus prometeu que esse Espírito confortaria e lideraria os discípulos após sua morte, e o Espírito Santo é considerado ainda ativo pelos cristãos ortodoxos por toda parte.

essênios Comunidade de crentes judeus extremamente piedosos e disciplinados da época de Jesus Cristo. Alguns reuniram-se junto ao mar Morto e muitos estudiosos os associam aos famosos Pergaminhos do Mar Morto, descobertos em meados do século XX.

256 • Glossário

eucaristia Refere-se simplesmente à "ação de graças" e é um dos nomes que os cristãos dão à refeição sagrada que é o ato central da adoração. Para muitos é um termo intercambiável com outros como "Missa", "Ceia do Senhor" ou "Santa Comunhão".

Evangelho Social Refere-se aos esforços dos protestantes liberais dos Estados Unidos do princípio do século XX para estabelecer relações entre o ensino e a ação pelas reformas e causas sociais.

evangelismo Nome dado aos esforços cristãos para divulgar seu "evangelho", ou "boas-novas", e conquistar convertidos para a fé.

excursus Uma digressão, um termo útil neste livro quando foi necessário lidar com movimentos cristãos que podem perfeitamente aplicar-se ao cristianismo oriental e ocidental, mas que não chegam a se encaixar na trama de nenhum deles.

fariseus Seguidores rigorosos da lei judaica, admirados por muitos pelo rigor e santidade, mas, nos evangelhos, normalmente mostrados como opositores de Jesus, que os acusava de hipocrisia e de seguirem falsos padrões.

Fenícia Um antigo Império, mas, na época de Jesus, parte de uma província da Síria no Império Romano; ficava ao norte da Palestina.

fim dos tempos Sinaliza as tentativas dos cristãos de testemunhar a compreensão de que, assim como houve um princípio da criação, haveria algum tipo de final, talvez por um violento apocalipse.

frísios Povo germânico incluído entre os bárbaros pelo Império Romano e por missionários cristãos que os converteram.

Gália Outro nome para a França, parte do Império Romano que foi cenário de muitas atividades dos primórdios do cristianismo na Europa.

gentios Nos contextos bíblicos, eram os não judeus, objeto de interesse nos escritos de Paulo e outros entre os primeiros cristãos que lidaram com o conflito entre judeus e outros.

gnosticismo Refere-se ao "conhecimento" secreto e foi escolhido por numerosos grupos que cercavam e desafiavam a cristandade ortodoxa, que enfatizava a "fé". Por séculos, os cristãos esforçaram-se por se definir contrapondo-se aos movimentos gnósticos.

helenistas Judeus falantes do grego que representaram uma das facções da primeira e da segunda gerações do cristianismo, e se definiram contra a adoração no templo.

hessianos Assim como os frísios, eram povos germânicos considerados bárbaros pelos romanos, muitos dos quais foram convertidos por missionários.

humanismo Nome dado a um movimento de estudiosos da Europa Ocidental que recuperaram textos de antigos idiomas (grego e latim) e contribuíram para reformas essenciais da Igreja.

hunos "Bárbaros" que atormentaram e atacaram Roma e o Império Romano, e que foram objeto de conversão por missionários cristãos.

Iluminismo Na Europa Ocidental, e depois nas colônias americanas, refere-se aos pensadores que valorizavam a razão acima da revelação e dedicavam-se aos avanços científicos e à promoção do progresso dos assuntos humanos.

impressões da memória Expressão usada por alguns estudiosos modernos do Novo Testamento para se referirem ao fato de que, por trás da redação dos evangelhos, havia impressões profundas deixadas por Jesus sobre aqueles que o seguiram.

intercursus Termo inventado aqui para representar uma interrupção da trama, necessária para introduzir traços que informam o enredo.

jacobitas Cristãos sírios que, após o Concílio da Calcedônia, em 451, rejeitaram a definição lá estabelecida de "duas naturezas" — divina e humana — em Cristo e foram condenados num concílio em 787.

jesuítas Membros da Companhia de Jesus, fundada na década de 1530 por Inácio de Loyola. Uma das mais agressivas e eficientes ordens religiosas da Igreja Católica, ativa especialmente na educação e em obras missionárias.

keraitas Pertenciam às tribos mongóis e são interessantes para a história do cristianismo, pois muitos deles mantiveram uma versão nestoriana das doutrinas.

258 • *Glossário*

Logos Significa "palavra" em grego e aplica-se, no evangelho de João, a Jesus como a Palavra de Deus; foi um termo conveniente em discussões com filósofos nos contextos gregos.

lombardos Povo germânico que governou uma região da Itália e criou problemas para o papa Gregório, o Grande, e outros papas e imperadores do Sacro Império.

luteranismo Movimento e Igreja relacionados ao reformador Martinho Lutero (1483-1546); central para o desenvolvimento do protestantismo.

magiares Migraram da Ásia para a Hungria no século IX e representam uma família de línguas distintiva entre o românico, o germânico e outras línguas europeias.

maniqueísmo Decorrente dos ensinamentos de Mani (216-276 ou 277), que teve grande influência entre os persas, mas também alguma participação em diversos desenvolvimentos cristãos. Luz versus Escuridão e Deus e Matéria são eternos; Jesus é um exemplo de Luz, que por um tempo foi mantida aprisionada pela matéria Escura.

menonitas Anabatistas que se estabeleceram na Suíça e nos Países Baixos; o nome vem de Menno Simons, um dos líderes do grupo, perseguido igualmente por católicos e protestantes. Os menonitas enfatizam um modo de vida simples e disciplinado.

***Messias*/Messiah** Palavra do hebraico e do aramaico para "ungido"; nos evangelhos, é aplicada a Jesus e, em alguns casos, por Jesus, para afirmar que ele era o escolhido de Deus para sua missão específica. A maioria dos judeus procurava pelo Ungido para liderá-los e libertá-los da opressão dos conquistadores e governantes.

metodismo Iniciado como um movimento de reforma na Igreja da Inglaterra, especialmente sob o ímpeto de John Wesley (1703-1791), que enfatizava a experiência cristã e um modo de vida santo. Tornou-se um movimento mundial que acentuava o trabalho missionário.

missa Outra palavra para a Ceia do Senhor, Santa Comunhão ou eucaristia; é a refeição sagrada observada pela maioria dos cristãos. O termo vem de *missio*, referindo-se à "demissão" de adoradores não elegíveis a receber o sacramento.

O *mundo cristão* • 259

modernismo No catolicismo, movimento para adaptar as lições católicas ao mundo moderno do Iluminismo; foi condenado pelo papado. No protestantismo, teve vida mais longa, uma vez mais como um esforço para relacionar a Igreja de forma positiva com a ciência e a filosofia moderna.

monofisistas Criaram um partido na Igreja do Oriente e rejeitavam os ensinamentos do Concílio da Calcedônia: sustentavam que, em Jesus, havia apenas uma natureza divina, e não uma dupla natureza divino-humana.

monoteísmo A crença em um Deus único, contra os pan-, poli- e outros teísmos, que defendiam que toda a natureza era "deus" ou que havia muitos deuses. Judeus e muçulmanos compartilham o testemunho monoteísta com os cristãos.

montanismo Desenvolvido na Frígia no século II e disseminado para outras partes graças à energia missionária de alguns de seus seguidores; os montanistas acreditavam que o Espírito Santo operava entre eles de maneira direta, inclusive pelas profecias.

morávios Descendentes espirituais de Jan Hus, um reformador condenado no Concílio de Constança em 1415; em 1722, foram bem recebidos na propriedade do conde Ludwig von Zinzendorf, e de lá sentiram-se chamados ao trabalho missionário nos Estados Unidos e finalmente em diversos lugares do mundo.

mórmon Outro nome para a Igreja de Jesus Cristo dos Santos dos Últimos Dias, fundada na década de 1830 por Joseph Smith, que afirmava ter recebido a revelação divina direta de uma nova aliança, que muitos outros cristãos consideram uma nova tradição distante do cristianismo ortodoxo. Cresce rapidamente em muitas partes do mundo.

nestorianos Não concordavam com os concílios da Igreja que professaram que Jesus Cristo era uma única pessoa, Deus e homem. Em vez disso, viam-no como duas pessoas separadas, uma divina e outra humana. Os seguidores de Nestório (?-451) rejeitavam a referência do concílio à Virgem Maria como *theotokos*, a portadora de Deus. Mantiveram-se como uma presença forte na Ásia por muitos séculos.

260 • Glossário

novacionismo Desenvolvido após uma perseguição em 249-250, foi reforçado por outros grupos que se recusavam a receber de volta na Igreja aqueles que tinham escapado da perseguição. Eram ortodoxos, mas mesmo assim foram excomungados.

Numídia Um reino de berberes que na época do cristianismo primitivo foi submetido ao governo romano.

oikoumene Ver "ecumenismo"; *oikoumene* é um termo grego que se refere a todo o mundo habitado.

pagão Refere-se a alguém oriundo de um distrito rural, mas, em religião, especialmente no cristianismo, passou a significar aqueles que não tinham religião ou que seguiam religiões radicalmente diferentes do cristianismo, judaísmo, islamismo e semelhantes.

Paixão Na linguagem cristã, refere-se ao sofrimento e morte de Jesus Cristo.

parábola Pode se referir a todos os tipos de ditos e histórias, mas, no cristianismo, normalmente é associada aos ensinamentos de Jesus, lembrados e reproduzidos como histórias destinadas a destacar algum aspecto específico do Reino de Deus.

paróquia Uma congregação local de cristãos; em algumas igrejas, as fronteiras dentro das quais os seguidores vivem conforme estabelecido pela autoridade.

patriarcado Originalmente referia-se às cinco bases dos bispos "patriarcas" cristãos — Roma, Alexandria, Antioquia, Constantinopla e Jerusalém —, mas, na moderna Igreja Cristã do Oriente, foram incluídos alguns centros de governo adicionais.

patronato Um direito de "patrocínio" dado pelo papa para os regimes conquistadores, como o espanhol na América Latina; sujeitava os povos dentro dos domínios governados por tais regimes à Igreja e às regras do Estado.

pentecostalismo Fundado nos Estados Unidos entre 1900 e 1906, espalhou-se desde então entre centenas de milhões de seguidores, especialmente na África e na América Latina. Dá o testemunho de dons especiais do Espírito Santo, inclusive o dom da cura.

Pentecostes O quinquagésimo dia após a ressurreição de Jesus Cristo; era um festival da colheita no antigo Israel, mas nos relatos do Novo Testamento passou a ser associado pelos cristãos a um evento no qual o Espírito Santo desce sobre os discípulos.

peregrinadores Monges não enclausurados, ou seja, não confinados num mosteiro fechado, mas livres para peregrinar, circular, liderar peregrinações e atividades semelhantes.

presbiterianismo Linha da Igreja, movimento ou forma de governo que ressalta o governo dos presbíteros, ou mais velhos; pertence à família de igrejas calvinistas ou reformadas e foi fundado na Escócia por John Knox.

profano Refere-se àquilo que não pertence ao santuário.

púnicos Povo do norte da África combatido pelos romanos; os cristãos os consideravam bárbaros que deviam ser convertidos.

purgatório Nos ensinamentos católicos romanos, um lugar (alguns dizem um "estado") no qual os católicos que receberam a graça ainda são punidos por seus pecados após a morte, quando e onde são purgados antes de entrar no paraíso.

quacres Movimento cristão radical fundado por George Fox em meados do século XVII; acreditam no testemunho e na revelação diretos do Espírito Santo.

Reino de Deus O termo comum que, nos evangelhos, Jesus deu à atividade soberana de salvação divina conforme incorporada e proclamada por ele.

sacramento Termo específico para os ritos sagrados do cristianismo, começam com o batismo e com a Ceia do Senhor, ou eucaristia. A maioria dos protestantes considera apenas esses dois, enquanto o catolicismo lista outros cinco sacramentos.

saduceus Opunham-se aos fariseus entre os movimentos judaicos da época de Jesus; tendiam à aristocracia e à riqueza, além de se envolverem com a política.

262 • Glossário

samaritanos Os que viviam na Samaria, ao norte da Judeia e sul da Galileia (as duas principais áreas de atuação de Jesus). Os judeus costumavam desprezá-los, embora os evangelhos mostrem Jesus relacionando-se mais generosamente com eles.

Santa Comunhão Refere-se à Ceia do Senhor, que recorda a Última Ceia antes da morte de Jesus, e que se mantém atualmente como um sacramento, às vezes sob outros nomes, como eucaristia.

Santíssima Trindade A doutrina cristã clássica que dá o testemunho de Deus como Pai, Filho e Espírito Santo. Um termo filosófico não mencionado na Bíblia, deu motivo para inúmeras controvérsias na história do cristianismo.

sassânidas Governantes da última dinastia da Pérsia antes da conquista pelos muçulmanos.

secular Pode significar algo tão simples quanto não estar sob o controle da Igreja. Também pode se referir a um estilo de vida sem interesse pelo cristianismo, podendo até mesmo opor-se a suas explicações e normas.

seita Uma facção, normalmente bem definida, dentro de uma linha cristã mais ampla.

separatistas Grupo de puritanos ou congregacionalistas da Inglaterra e da Nova Inglaterra que nada teria a ver com a Igreja da Inglaterra ou outras igrejas além das locais ou não associadas ao movimento.

sínodo Assembleia da Igreja, talvez de bispos (como no catolicismo) ou presbitérios e congregações; também pode fazer parte do nome de uma linha da Igreja.

sobornost Termo favorecido por filósofos cristãos da Igreja Ortodoxa do Oriente para sugerir a relação orgânica, a "unicidade", em que as coisas teriam relações integrais umas com as outras; foi usado para opor-se ao individualismo cristão e tem raízes profundas no pensamento russo.

testemunho Um conceito forte do cristianismo, quer no Novo Testamento, entre aqueles que "viram" Jesus, ou entre seus sucessores, que carregaram a palavra pessoal de suas crenças.

theantropos Os cristãos ortodoxos do Oriente gostam de usar essa palavra, que combina o termo grego para "Deus" e "Homem", como testemunho do fato de que Jesus é tanto humano quanto divino.

Tours Lar de São Martinho, conhecido como uma parada de peregrinos no vale do Loire.

transubstanciação Termo que reflete influências gregas e latinas sobre as histórias bíblicas a respeito da "substância" do pão e do vinho na Ceia do Senhor; os católicos acreditam que a "substância" do pão e do vinho, apesar da aparência, transforma-se no corpo e no sangue de Jesus no sacramento.

unitarismo Tornou-se um movimento de rejeição à Trindade na época da Reforma (século XVI) e resiste hoje nos Estados Unidos e em partes da Europa.

vândalos Bárbaros que invadiram com sucesso a Espanha e a Itália no princípio do século V.

Velho Testamento Nome dado aos 39 livros das Escrituras Hebraicas, que se tornaram parte do cânone cristão.

visigodos Assim como os vândalos, invadiram o sul da Europa, sobretudo Espanha e Itália; saquearam Roma em 455.

zelotes Grupo revolucionário radical de Israel que, em torno de 66-70, resistiu ao governo romano.

zoroastrismo Proeminente, até mesmo dominante, no Império persa por mil anos antes da invasão muçulmana em 636. É uma religião ética, oposta às religiões populares do Irã.

zuinglianos Reformadores que ajudaram a modelar o protestantismo do século XVI na Suíça; seguidores do caminho de Ulrico Zuínglio.

Agradecimentos

Em um trabalho desta envergadura, críticas dos estudiosos de diversos campos e pontuações dos leitores em geral são sempre bem-vindas. Estou em dívida com os seguintes leitores, e agradeço a todos: Albert Buelow, Mark Edwards, Paul Elbert, Paul Goetting, Stanley Grabarek, Dean Lueking, Joseph Price, Stephen Rowe e Gertrude Stoffregen. Harriet Julia Marty ouviu e leu o original e ajudou com a revisão; sou grato a ela por sua participação e estímulo, como sempre.

Os autores também são beneficiados pelos esforços do pessoal muitas vezes anônimo das editoras. Neste caso, quero citar David Ebershoff, Diana Fox e Vincent La Scala, que foram especialmente atentos às questões editoriais.

ÍNDICE

Abgar IX, 52
Abraão, 56
Acosta, José de, 163
Adventistas do Sétimo Dia, 189
África
    católicos na, 206-207, 209, 210-211, 216, 217, 218-219
    como parte do Império Romano, 72-73
    cristianismo autóctone, 213-215, 216
    cristianismo na, 44, 71-89, 93, 142-143, 205-223
    e a questão da homossexualidade, 221
    e escravidão, 206, 207, 208, 212-213
    influência sobre fiéis em dois outros continentes, 81-84
    invenção do monasticismo, 84-88
    movimentos nacionalistas, 218
    muçulmanos na, 89, 108, 157, 221
    poligamia na, 207, 217, 221
    protestantes na, 209, 210-211, 212, 213, 216, 218-219
    sionismo na, 213-218
    teologia da igreja, 221-223
    ver também Egito; Etiópia
África do Sul, 219-220
afro-americanos
    como escravos, 181-183
    e Proclamação da Emancipação, 179-191
    escravidão e economia, 206, 207-208, 212-213
    igrejas, 182, 196-197
    movimento pelos direitos civis, 196-197
agnosticismo, 150, 251
Agostinho da Cantuária, 106, 107

Agostinho de Hipona, 71, 74, 78, 79, 82, 83-84, 130, 147
Aladura, 213
albigenses, 112, 251
Alcuíno, 105
alemães, 94, 107, 108, 109, 142, 143
Alexandre VI (papa), 158
Alexandria, 54, 64, 72, 76, 77, 82-83, 85, 87, 88, 89
alianças, 25, 36-37, 38, 39, 41, 44, 97, 252
Allen, Richard, 182
Alopen, 54
Ambrósio de Milão, 97-98
América do Norte *ver* Canadá; Estados Unidos
América Latina
    católicos, 143, 155-170
    confrontos nacionalistas com Roma, 166-170
    cristandade na, 143, 155-172
    cultura nativa, 157, 158-159, 162-163, 165, 169
    escravidão na, 162, 164
    primeira consciência europeia, 155
    propagação de doenças, 160-161
    protestantes na, 156, 170-172
Américas *ver* Canadá; América Latina; Estados Unidos
Amin, Idi, 219
anabatistas, 134, 185, 188, 251
anacoretismo, 85, 251
Anchieta, José de, 165
anglicanos
    definição, 251

268 • Índice

e a questão da homossexualidade, 221
e o metodismo, 186
na África, 216, 219-200, 221
na Europa, 125, 135
no Canadá, 183
nos Estados Unidos, 184, 185
reforma dentro das igrejas, 145
anglos (ingleses), 106, 107
Anselmo da Cantuária, 117-118, 120
Ansgário, 107
Antão (monge cristão), 72, 85, 86, 87
Antioquia
  Barnabé em, 50
  como patriarcado da Igreja do Oriente,
    64, 65
  definição, 251
  ênfase em Jesus como totalmente humano,
    51, 52
  Paulo em, 50
  primeiros seguidores de Jesus chamados de
    "cristãos", 33, 49, 50
  quedas para os muçulmanos, 32, 55, 109
  sobre, 50-51
antitrinitários, 125-126
apóstolos ver discípulos
Aquino, Tomás de, 113, 117
arcebispo da Cantuária, 106
arianismo, 84, 94, 98-99, 104, 252
Ário, 60, 62
Aristóteles, 117, 232
Armênia, 52, 53, 56
arminianismo, 186, 252
Arsênio, 87
Artaxes I, 53
Ascensão, 32, 252
Ásia
  antiga, 49
  católicos na, 227, 228, 229, 230-233,
    234-237
  como local de nascimento de Jesus, 49
  cristianismo na, 49-67, 93, 143, 227-244
  invenções do cristianismo primitivo, 49-50
  muçulmanos na, 89, 108, 221, 228
  protestantes na, 227, 228, 237-242
  questão da empatia, 233-234
  retorno dos cristãos para criar uma
    presença minoritária permanente,
    228-230
  ver também China; Índia; Japão; Coreia

Ásia Menor
  definição, 252
  papel no cristianismo primitivo, 49-50,
    63, 93
  patriarcados na, 64, 228
  Paulo na, 40
Atanásio, 60, 62, 71, 82, 86-87
ataque ao World Trade Center, 200
ataques de 11 de setembro, 200
Atenas, 81, 113, 137
Atos dos Apóstolos, 40, 44, 50, 72, 87
Atos dos Mártires, sírio, 53
Aureliano, 57
Aurélio, Marco, 74
Austrália, 242-243
Avignon, 115
Axum, 88, 252

bar Kochba, Simão, 56
bárbaros, 96, 102, 103
Bar-Daisan, 52
Bardesanes, 52
Barnabé, 50
Barth, Karl, 149-150, 151
Basílio, o Grande, 62, 100
batismo, 47, 102, 103, 160-161, 233, 234
batistas, 140, 183, 184, 188-189, 193, 197,
  252
Beda, 106
Beda, o Venerável, 106
Behaim, Martin, 123
Belisário, 63
Belloc, Hilaire, 127
beneditinos, 100-101, 113, 190, 252
Bento de Núrsia, 100
Bento XVI (papa), 152
Bernanos, George, 26
Bernardo de Claraval, 101, 112
Berta (princesa cristã), 106
bispo de Roma, 94-95
  ver também papado
Bizâncio, 58, 59
Bolívar, Simón, 166
Bonhoeffer, Dietrich, 151, 152
Bonifácio (missionário dos hessianos), 107
Bonifácio VIII (papa), 114
Brasil, 166-167, 170
Brígida da Suécia, 112
budismo, 49, 123, 228, 233, 235

Bullinger, Heinrich, 134
Burundi, 221, 222-223
Bushnell, Horace, 193

Cædmon, 107
cainitas, 77, 253
Calcedônia, 62, 64, 95-96, 117, 205, 210, 223, 227, 253
calvinismo, 125, 186, 241, 252
Calvino, João, 132, 136
Câmara, dom Hélder, 169
Canadá, 175, 179, 183, 193, 194, 198, 201
Candace, rainha, 88
Cantuária, 106, 117
capelães, 238, 240, 253
Carey, William, 240-241
Carlos Magno, 102, 105, 106
Carlos, o Grande *ver* Carlos Magno
Carnegie, Andrew, 192
Carpócrates, 76
Cartago, 73, 78, 79-81, 253
Catarina de Siena, 117
Catarina, a Grande, 138
catolicismo romano
  Cavaleiros do Trabalho, 192
  concílios do Vaticano, 143, 150, 170, 198, 199, 200, 222, 243
  na África, 206-207, 208, 209-210, 216, 217, 218-219
  na América Latina, 155-170
  na Ásia, 227, 228, 229, 230, 233, 234-237
  na Rússia, 140
  no Canadá, 183
  nomeado pela primeira vez, 142
  nos Estados Unidos, 185, 187-188, 189, 196, 197, 199
  reforma dentro das igrejas, 133, 145, 146, 150
  resposta à modernidade, 133, 145, 146
  versus outros cristãos, 124
  ver também papado
catolicismo *ver* Igreja do Oriente; catolicismo romano
Cavaleiros do Trabalho, 192
Ceia do Senhor, 41-41, 80, 86, 102, 131, 133, 134
celtas, 95, 105, 106-107
cenobítico, 85-86, 253
China:

cristianismo inicial na, 49, 50, 52, 54, 65, 66-67
cristianismo tardio na, 232-233, 236-237, 242
dinastia Tang, 54
Revolução Cultural, 242
cientistas cristãos, 189
Cipriano de Cartago, 71, 79-80
circuncisão, 38, 40, 44, 88
Cirene, 72, 253
Cirilo (apóstolo para os eslavos), 65
Cirilo de Alexandria, 71, 81-82, 87
cistercienses, 101, 113, 253
civilização asteca, 159, 162-163
civilização inca, 159
civilização maia, 159
Clemente de Alexandria, 87
Clemente V (papa), 115
Clotilde, 104
Clóvis, 104, 107
Cluny, 113-114
Código de Justiniano, 63
Colenso, John, 216-217
Colombo, Cristóvão, 123, 155
colônias utópicas, 189
Columba (príncipe irlandês), 105-106
Columbano (monge irlandês), 107
Companhia de Jesus, 135
  ver também jesuítas
comunhão *ver* Santa Comunhão
conceito de Logos, 52, 57, 58, 258
conceito do Deus único, 123, 233
conciliarismo, 127, 253
Concílio da Basileia, 116
Concílio de Florença-Ferrara, 116
Concílio de Latrão IV, 114-115
Concílio de Trento, 142
Concílio Vaticano, 143, 150
Concílio Vaticano II, 150, 170, 198, 199, 222, 243
concílios
  Basileia, 116
  Calcedônia, 62, 64, 95-96, 117, 205, 210, 223, 227, 253
  Constantinopla, 95
  e o papado, 116-117, 126
  Éfeso, 1-82
  Florença-Ferrara, 116
  Latrão IV, 114-115

270 • Índice

Niceia, 60, 61, 117, 210, 223, 227
produzindo credos, 33-34, 55-56, 57, 60-62, 94, 131
concílios ecumênicos, 56, 60-62
confirmação, 102, 253
confucionismo, 49, 232
congregacionalistas, 184, 188, 193, 253
Conselho Federal de Igrejas, 195
Conselho Mundial de Igrejas, 139-140, 150, 194, 215
Constantino, 58-60, 61, 62, 63, 77, 95, 98
Constantinopla:
    cai sob os turcos muçulmanos, 55, 64, 67, 111, 128
    como patriarcado da Igreja do Oriente, 64, 96
    histórico, 59
    relacionamento com Roma, 64, 95, 96, 103
    torna-se um centro de influência e de organização cristã, 62-64
Convenção Batista Nacional, 182
Copérnico, 140, 1487
Coreia, 229, 242
Corinto, 41, 254
Cortés, Hernán, 157, 162, 163
Crates de Malos, 123
credos, 33-34, 55-56, 57, 60-62, 75, 94
cristandade global, 35, 43-44, 49, 93, 128-129, 149, 150, 189, 199-202, 240, 247-248
cristãos e cristandade:
    afro-americanos como cristãos, 227-243
    como conceito global, 35, 43-44, 49, 93, 141-146, 150, 189, 198-202, 240, 247-248
    como história, 21
    como judeus no primeiro século, 37
    como monoteístas, 33, 57
    como ponte entre católicos e protestantes, 152
    culpando os judeus pela morte de Jesus, 31
    e a cultura americana autóctone, 177-178, 179-180
    Édito de Milão, 98, 103
    em três continentes nos primeiros séculos, 49, 93
    ênfase na caridade, 99-103
    equivalência com o judaísmo e o islamismo, 141

espada como símbolo, 103-104
idiossincrasias acentuadas, 21
medo dos "turcos", 130, 133
na África, 44, 71, 89, 93, 143, 205-223
na América do Norte, 175-202
na América Latina, 143, 154-172
na Ásia, 28-47, 93, 143, 227-243
na Europa, 91-152
o que tinham e têm em comum, 33-35
Oriente versus Ocidente, 64-65, 111, 123, 137
produção de credos, 55-56
relacionamento com os judeus e com o judaísmo, 22, 23-24, 28-29, 44-45, 52, 56-58, 97, 124-125
ruptura no Ocidente do século XVI, 124
versus muçulmanos e o Islã, 67, 119-120, 199-200
visão de Santayana, 21-22
vistos como Unidade por Irineu, 97
Cristo, significado do título, 21
    ver também Jesus Cristo
Crowther, Samuel Adjai, 213-214
crucificação, 30, 254
Cruzadas, 109-110, 115, 116, 228

Damasco, 51, 56, 64
Dâmaso, 95
Dança da Morte, 119
de Nobili, Robert, 177, 232
deicídio, 125
deísmo, 126, 254
delta do Nilo ver Alexandria
Demétrio, 82
denominações, 22, 181, 188, 195-198, 218, 254
Descartes, René, 141
Diálogo com Trifão, 39
Diatessarão, 50, 254
Díaz, Bernal, 157
Diego, Juan, 165
dieta de Speyer, 130
dieta de Worms, 132
dietas, 130, 132, 254
dinastia dos Habsburgo, 128
dinastia Tang, 54
dinastia Valois, 128
Diocleciano, 74, 79, 94
discípulos de Cristo, 188
discípulos, 27, 31-32, 254

O mundo cristão • 271

docetistas, 34, 53, 76, 255
dogma, 210, 255
Domiciano, 51
dominicanos, 112, 113, 117, 165
donatistas, 78, 255
Doutrina Monroe, 201-202

Eckhart, Mestre, 111
ecumenismo, 150, 193, 198, 216, 255
Eddy, Mary Baker, 189
Edessa, 50, 51-53, 56, 255
Édito de Milão, 98, 103
Edwards, David, 222
Edwards, Jonathan, 186
Éfeso, 81-82
Egito
  Alexandria, 54, 64, 72, 76, 77, 82-83, 85, 87, 88, 89
  cristandade no, 64, 85, 205
  fuga de José, Maria e Jesus, 72
  invasão muçulmana, 89
Elias, 22
Engels, Friedrich, 147
Epifânio, 76
episcopais, 185, 188, 193
  ver também anglicanos
episkopoi, 50, 255
Equiano, Olaudah, 212
Escandinávia, 107, 143
Escócia, 142-143, 150
escravidão
  como questão econômica, 190-191
  e África, 206, 207-208, 212-213
  na América Latina, 162, 164
  nos Estados Unidos, 181-183
Escrituras Hebraicas
  Arca da Aliança, 88
  como única Bíblia de Jesus, 32
  como Velho Testamento, 22
  durante a vida de Jesus, 28, 29
  e os cristãos primitivos, 22, 30, 56
  Lutero como acadêmico, 130
  papel entre os colonizadores norte-americanos, 176
  profecias nas, 22, 25
esforços africanos, 206-207
espada, como símbolo cristão, 103-105, 108, 114, 160
  ver também Cruzadas

Espanha, 103-104, 108, 110, 111, 112, 117, 124, 126, 133, 136
  ver também América Latina
Espírito Santo, 33, 62, 77, 145, 186, 196, 255
essênios, 25, 112, 255
Estados Unidos
  como nação bilíngue, 198
  como nação cristã, 176
  Constituição, 183
  cristandade nos, 174-202
  cultura autóctone americana nos, 177-178, 179-180
  desunião entre elementos cristãos, 193
  estilos coloniais, 184-186
  fundação comparada ao Canadá, 183
  fundadores, 177, 187
  guerra civil, 191
  industrialização, 192
  leis de imigração, 200-201, 202
  movimento missionário, 194-196, 198
  primeiros colonos, 175
  revolução dos direitos civis, 197-198
  separação entre Igreja e Estado, 178-179
Etelberto, 116
Etiópia, 72, 88-89, 205
eucaristia, 86, 102, 127 256
Eugênio (papa), 112
Europa
  cristandade na, 91-152
  geografia da expansão em forma de leque, 103-105
  monasticismo na, 99-103
  muçulmanos no terceiro milênio, 126
  nacionalismo na, 140, 142, 143
  vozes da Reforma, 133, 134
Eusébio de Cesareia, 58, 61-62
evangelho da prosperidade, 201
Evangelho de Mateus, 82
Evangelho Social, 193, 195, 197, 256
evangelhos, 23, 24, 26, 27-28, 29, 30-31
evangelismo
  definição, 134, 256
  evangelistas negros, 213-215
  na África, 208-209, 212-213, 214-215, 216, 221
  na América Latina, 157, 170, 171
  na Europa, 145-146
  na Rússia, 140

272 • Índice

nos Estados Unidos, 188, 193, 195, 196, 197, 199, 200
evolução, 143, 147, 196, 216-217
evolução darwiniana, 143, 147, 196, 216, 217
excursus, 137, 256
Exército da Salvação, 193
exploração e conquista do Novo Mundo, 157-158
Extremo Oriente *ver* Ásia
Fabella, Virginia, 223
família Calvert, 185
fariseus, 27, 28 256
fascismo, 151
Felicidade, 74-75
Fenícia, 73, 256
Fernando e Isabel, 111
Filipe, em Atos, 44, 72
Filipinas, 229, 234-235
Filipos, 78, 93
fim dos tempos, 34, 256
França, 104, 105, 111, 126, 136, 141, 142-143
franciscanos, 113, 165, 235
Francisco de Assis, 112-113
Franklin, Benjamin, 177
Frederico, o Sábio, 130
Freud, Sigmund, 147-148
frísios, 107, 256
Frumêncio, 88, 205
Fukan, Fabian, 235
Fulgêncio de Ruspe, 84
fundamentalismo, 196, 199, 216

Gália, 107, 256
Galileia, 29
Galileu, 140, 147
Gana, 219
Genebra, 125, 131, 136
gentios, 37, 40, 44, 56, 75, 256
Geórgia, 52, 139
Gibbons, James Cardinal, 192
gnosticismo, 75-76, 77, 79, 98, 242
Graham, Billy, 200
Graham, William Franklin III, 200
Grande Perseguição, 53, 78
Grandes Despertamentos, 186-187, 188, 190, 198
Grant, Ulysses S., 191
Grécia, 64, 81, 93, 113, 123, 137, 138
Gregório de Nazianzo, 62

Gregório de Nissa, 62
Gregório VII (papa), 114
Gregório XV (papa), 161
Gregório, o Grande (papa), 96, 106
Gregório, o Iluminador, 53
Groenlândia, 108, 145, 146
Guerra dos Trinta Anos, 136-137, 178
guerras santas, 110, 111, 116, 136, 138, 141
    ver também Cruzadas
Gutenberg, Johannes, 128
Gutiérrez, Gustavo, 169

Hagia Sophia, 59, 63
Haraldson, Olav, 108
Harris, William Wade, 214-215, 222
Helena (mãe de Constantino), 59-60, 104
helenistas, 34, 44, 50, 257
Henrique VIII (rei inglês), 129, 135
Herodes, família de reis, 28, 176
hessianos, 107, 257
Hilda (abadessa de Whitby), 107
Hildebrando, 114
Hildegarda de Bingen, 112
hinduísmo, 49, 123, 198, 228, 232, 233
Holanda, 126, 133, 134, 143, 185, 188, 219-220
Honoyo, Bague, 215
Huddleston, Trevor, 220
humanismo, 116, 124, 129, 149, 257
hunos, 94, 257
Hus, Jan, 119
Huxley, Thomas, 148

ícones, 64-65, 67
Idade das Trevas, 101
idolatria, 64-65
Igreja "Grega", 64
    ver também Igreja do Oriente
Igreja Bizantina, 64
    ver também Igreja do Oriente
Igreja Cristã Sionista, 213
Igreja da Ciência Cristã, 189
Igreja de Deus em Cristo, 196
Igreja de Jesus Cristo dos Santos dos Últimos Dias, 189
Igreja de Nazaré, 213
Igreja Episcopal Metodista Africana, 182
Igreja Ortodoxa Copta, 205
Igreja Ortodoxa *ver* Igreja do Oriente

O mundo cristão • 273

Igreja Reformada Holandesa, 185, 188, 219-220
igrejas eslavas, 65, 139
igrejas voluntárias, 187-190
Ilhas Britânicas, 105-107, 126, 134, 135
Iluminismo, 126, 140-141, 143, 166, 185, 187, 188, 189, 257
imprensa, 128
impressões da memória, 26, 29, 257
Inácio de Antioquia, 51
Inácio de Loyola, 135-136, 231
Índia:
  cristãos na, 50, 52, 65, 194-195, 198, 228, 229, 234
  muçulmanos na, 229
  ocupação inglesa, 229, 238, 241
  resistência ao cristianismo, 229
Índias Ocidentais, 145
Indonésia, 229, 240, 243
Inglaterra vitoriana, 146, 148
Inglaterra:
  evangélicos na, 144-145
  missionários na Ásia e África, 148
  muçulmanos no terceiro milênio, 126
  nacionalismo na, 142-143
  vitoriana, 146, 148
Inocêncio III (papa), 112, 114-115
Inquisição espanhola, 111
Inquisição, 111, 115
intercursus, 104, 106, 257
Iona, 105
Irineu, 97
Irlanda, 104, 106
Isabel (rainha espanhola), 111, 132 155
islã ver muçulmanos e o islã
Israel, moderno, 199
Ivan, o Terrível, 138

jacobitas, 55, 257
jainismo, 49
Japão, 229, 235-236, 242
Jardim do Getsêmani, 30
Jefferson, Thomas, 177
Jerônimo, 71, 86
Jerusalém
  como foco espiritual do judaísmo, 28
  como patriarcado da Igreja do Oriente, 64
  cristandade em, 40, 228
  nas Cruzadas, 109-110

Pedro em, 40, 43, 44
queda para os muçulmanos, 32, 55, 109
queda para Tito, 40, 56
jesuítas, 136, 165, 231-232, 233, 235, 257
Jesus Cristo:
  alcance global, 43-45
  como homem negro, 222
  como judeu, 22, 23-24, 27
  como messias, 22, 29-30, 32, 44-45, 56
  como professor, 25-26, 27, 28, 29-31
  crença no seu retorno, 42, 77-78, 142, 199
  e filhos, 26
  escolha dos Doze, 23, 27
  humano versus Senhor glorificado, 33-35, 52, 57-58, 60, 61, 64, 73, 81, 94, 96, 116-117, 123, 124, 125, 131, 139, 150, 201, 205, 210, 211, 227, 237
  morte e ressurreição, 31-32
  relatos das origens e infância, 22-25, 72
  significado do título Cristo, 21
  tratamento pelos judeus, 24, 30
jihad, 110
João (evangelho), 23, 31, 32
João Batista, 25, 50
João da Cruz, 137
João de Damasco, 64-65
João I (papa), 96
João Paulo II (papa), 151, 152 170
João XII (papa), 108
João XXIII (papa), 150
Jonas, 22
José (marido de Maria), 24, 72
judaísmo ver judeus e judaísmo
Judas (apóstolo), 31, 77
Judeia, 28
judeus e judaísmo
  como monoteístas, 123
  como seguidores e apóstolos, 45
  durante a vida de Jesus, 29
  e a Inquisição, 111
  e a morte de Jesus, 31
  e a Segunda Guerra Mundial, 151
  e as duas naturezas de Jesus, 227
  e o Concílio de Latrão IV, 115
  e o Conselho Mundial de Igrejas, 150
  equivalência com o cristianismo e com o islã, 141
  exilados pelos romanos, 56
  Lutero e, 125

274 • Índice

na Rússia, 140
nos Estados Unidos, 184-189, 199, 200
Paulo autoidentifica-se como cristão, 37-38
questão do papel de Jesus, 56, 227
relacionamento com os cristãos e o
cristianismo, 22, 23, 29, 45, 52, 56-58,
97, 124-125
tratamento de Jesus e dos primeiros
cristãos, 22, 29
Juliano, "o Apóstata", 60
Justiniano, 63, 64
Justino Mártir, 39

Kagawa, Toyohiko, 243
Kaunda, Kenneth, 219
Kempis, Tomás de, 112
keraitas, 54, 67, 257
Khan, Gengis, 55
Khan, Kublai, 55
Khomiakov, Aleksei, 139
Kiev, 65, 137
Kimbangu, Simon, 215, 222
King, Martin Luther, Jr., 197
Kitagana, Yahana, 218
Kivebulaya, Apolo, 218
Knox, John, 135
Krapf, John Ludwig, 216

Las Casas, Bartolomé de, 163-154, 177
Lavigerie, Charles, 217
Leão III (imperador bizantino), 64
Leão III (papa), 104
Leão XIII (papa), 168
Leão, "o Grande" (papa), 94-95
Lenin VI, 147
Lenshina, Alice, 228
Leopoldo II (rei belga), 208
Lessing, Gotthold Ephraim, 139-40
Líbano, 228
Lincoln, Abraham, 191
língua latina, 94, 100, 103, 112, 118
Liturgia Divina, 63-66
Livingstone, David, 217
Livro do Gênesis, 76, 77
lombardos, 96, 253
Lucas (autor), 23, 24, 29, 40, 44-46
Lúlio, Raimundo, 120
luteranos
definição, 258

e unitaristas, 125
na África, 217
na América Latina, 170-171
na Ásia, 240
na Rússia, 140
nos Estados Unidos, 185, 188, 195
ver também Lutero, Martinho; morávios
Lutero, Martinho, 125, 130-133, 134, 135, 141

Macaulay, Zachary, 212
Madison, James, 187
Magalhães, Fernão de, 234
Magêncio, 58
magiares, 108, 258
Magna Carta, 115
Malásia, 243
Mandela, Nelson, 220
maniqueísmo, 79, 83, 258
Manuscritos de Nag Hammadi, 75-76
Manuscritos do Mar Morto, 25
Mao Tsé-Tung, 242
Marcião, 56-57
Marcos (evangelho), 23
Maria (irmã de Pacômio), 86
Maria (mãe de Jesus), 24-25, 26, 29, 71, 72,
116, 119, 141, 156, 165, 167, 236
Marin, Esteban, 234
maronitas, 228
Martelo, Carlos, 104
Martinho, 98-99
Marx, Karl, 147, 168, 169, 170
Mateus (evangelho), 23, 43-44, 50, 72, 113
Maximila, 77
Máximo de Tiro, 39
Máximo, o Confessor, 66
Melanchthon, Philipp, 132
menonitas, 188, 258
Mesopotâmia, 50
messias, 22, 29, 32, 44-45, 56 258
Metódio (apóstolo para os eslavos), 65
metodismo, 144, 183, 186, 189, 258
México, 143, 162-163
Michelangelo, 141
Milão, 98-99, 103
missa, 102, 114, 118 163, 164, 258
ver também eucaristia
misticismo, 111-112, 145
modernismo, 143, 149-152, 259
Moffatt, Robert, 216

Moisés, 22, 56
monasticismo
   e Henrique VIII, 135
   invenção na África, 84-88
   misticismo no, 111-112
   mosteiros russos, 139
   reformas no, 113-114
   versões europeias, 99-103
mongóis, 54-55, 67, 119
Mongólia, 49, 50, 228
Mônica (mãe de Agostinho), 83
monofisistas, 64, 66, 82, 118, 137, 259
monoteísmo, 33, 57, 123, 227, 259
montanismo, 77-78, 259
Monte Cassino, 100
Montezuma II, 162, 163
Moody, Dwight L., 195
morávios, 145, 185, 188, 240, 259
More, Thomas, 128
mórmons, 189, 259
Morrison, Robert, 241-242
movimento Milingo, 222
muçulmanos e o islá
   como ameaça ao cristianismo, 104, 105,
      108-110
   como monoteístas, 123
   conquista da Espanha, 104, 108, 117, 157
   e a Igreja do Oriente, 64, 108
   e as Cruzadas, 109-110
   e as duas naturezas de Jesus, 227
   equivalência com o judaísmo e o
      cristianismo, 141
   exércitos e impérios frustrados, 124, 126,
      179
   na África, 89, 108, 152, 157, 221
   na Ásia, 89, 108, 221, 228
   na Europa do século XXI, 126, 151
   no hemisfério ocidental, 178-179
   nos Estados Unidos, 199-200
   queda de Constantinopla para os turcos,
      54, 64, 67, 111, 128
   radicais, 198
   versus cristianismo, 67, 119-120, 199, 200
Mutapa (África), 206
Mutesa I, 217

não violência, 28
Natal, 59, 119
nazismo, 151

Nero, 43, 51, 96
nestorianos, 54, 65, 66, 67, 81-82, 118, 137, 259
Niceia, 60, 61, 117, 210, 283, 227
Niebuhr, H. Richard, 177
Niebuhr, Reinhold, 202
Nietzsche, Friedrich, 148
Nkrumah, Kwame, 219
Noé, 4
Nova Amsterdã, 184-185
Nova Guiné, 229-242
Nova Zelândia, 243
novacionismo, 78, 260
novo teólogo, 66
Novo Testamento
   evangelhos, 23, 25
   hino do Novo Testamento por Paulo, 34
   origem, 32
   sequência dos livros, 36
   Sermão da Montanha, 28
Numídia, 72, 260
Nuremberg, 123

oikoumene, 49, 260
Olav (rei escandinavo), 108-109
Olga, princesa, 65
Olímpia de Constantinopla, 86
Ordem dos Pregadores, 113
Orígenes, 82-83, 87
Oto I, 108

Pacômio, 72, 85-86, 87, 100
pagãos, 102, 103, 107, 118-119, 226
Paixão, 24, 260
Paládio, 87
Palamas, Gregório, 66
Palestina, 93, 109, 228
papado
   adoção do título "papa", 95
   e a infalibilidade, 143-144
   e o purgatório, 129
   fraqueza contra monarcas e invasores, 108
   mudança de Roma para Ravena, 96
   papa como vigário de Cristo, 128, 158
   papa Leão, "o Grande" , 96-97
   papel na conquista da América Latina, 155,
      158, 161
   rivalidades com as coroas, 113-116, 128,
      130, 133, 138
   tratamento por Constantinopla, 95, 96

276 • Índice

parábolas, 26, 260
Paráclito, 77
paróquias, 144, 145, 188, 260
Parratt, John, 223
Páscoa, 32, 119
    como eurasiana, 137-139
    crescimento da, 62-64
    e as Cruzadas, 109-110
    ícones, 64-65, 67
    Igreja do Oriente, 106, 137, 259
    na Rússia, 64, 137-139
    quatro patriarcados, 63-67, 228
    reforma dentro das igrejas, 145
    sofrimento da, 137-139
    unidade versus cismas, 64, 66-67
    ver também Constantinopla
Paton, Alan, 220
patriarcados, 64, 95-97, 137-139, 228, 260
Patriarcas da Capadócia, 62
Patrício, são, 105, 107
patronato, 160, 260
Paulo (apóstolo):
    autoidentificado como judeu, 37
    Carta aos Coríntios, 41
    Carta aos Filipenses, 78, 93
    Carta aos Romanos, 132
    Carta aos Tessalonicenses, 93
    conflito entre cristãos e judeus, 38
    conversão, 37
    crença na volta de Jesus, 42
    e a Santa Ceia, 42
    e o batismo pela água, 42
    em Éfeso, 40
    em Jerusalém, 40
    em Roma, 43, 94
    escritos, 31, 34, 35-37, 40-41, 57, 93
    influência sobre Lutero, 131-132
    na Ásia Menor, 40
    no final da vida, 43
    relação com Pedro, 44
    relatos da última ceia, 31
    viagens para além de Jerusalém, 40-43
Paulo de Samósata, 57-58
Paulo III (papa), 142, 155
Paulo, o Simples, 84
Pedro (apóstolo), 31, 39, 43, 44, 94
Pedro I (imperador do Brasil), 166
Pedro, o Grande, 138
pelagianos, 84

Península ibérica, 103-104, 108, 109, 157
Penn, William, 185
pentecostalismo:
    definição, 171-172, 260
    disseminação do, 152
    falar em línguas, 171, 213
    na África, 205, 211, 214, 221, 223
    na América Latina, 157, 171-172
    nos Estados Unidos, 196, 197, 199
Pentecostes, 31, 261-261
Pepino, 104-105
peregrinações, 118, 119
peregrinadores, 99-100, 261
Perpétua, 74-75
Pérsia, 50, 52, 62, 66-67, 79, 96
Peste Negra, 119, 120, 136
Petrarca, 116
pietismo, 137
Pilatos, Pôncio, 30, 31, 176
Pio IX (papa), 143 168
Pio XI (papa), 113
Pizarro, Francisco, 155, 162
Platão, 232
politeísmo, 227
Polo, Marco, 123
Polônia, 125, 151
Portugal, 16-17, 120, 133, 157-58, 166-67, 206
presbiterianos, 135, 183, 184, 188
presbíteros, 80
Primeira Guerra Mundial, 149-150
Primeiro Concílio do Vaticano, 143
Prisca, 77
Proclamação da Emancipação, 191
profano, 26, 236, 261
Projeção de Mercator, 227
protestantes:
    como elementos de divisão, 136
    e o Evangelho Social, 193, 195
    igrejas voluntárias, 187-190
    limites para a liberdade religiosa, 133-135
    linha dominante, 171, 189
    na África, 209, 210-211, 212, 213, 216,
      218-219
    na América Latina, 156, 157, 170-172
    na Ásia, 227, 228, 237, 242
    na Rússia, 140
    no Canadá, 183
    nos Estados Unidos, 186, 188, 189-190,
      196, 197

O mundo cristão • 277

origem do nome, 130
renovações dentro das igrejas, 143-144
resposta à modernidade, 149-152
púnicos, 73, 261
purgatório, 102, 129, 261
puritanismo, 136, 137, 181, 184

quacres 185, 261

Radegunda, 104
Rafael, 141
Rainha de Sabá, 88
Rastislau da Morávia, 65
Ravena, 96, 103
refeição sagrada *ver* Ceia do Senhor
Reformada *ver* Igreja Reformada
  Holandesa
Reino de Deus, 193, 261
religião popular, 118-120
religiões, visão de Santayana, 22-23
Renascença, 140, 141
ressurreição, 31
revivificação, 34
Revolução Francesa, 141, 143
revolução industrial, 147
revolução inglesa, 178
Revolução Russa, 139, 143, 147
Ricci, Matteo, 177, 236-237
Rockefeller, John D., 192
romanos e Império Romano:
  conquista de Jerusalém, 56, 94
  declínio e queda de Roma, 94, 96-97, 103
  expansão para oeste, 94
  papel da África, 72-73
  papel na morte de Jesus, 31
  Paulo em Roma, 42-43, 94
  Pedro em Roma, 43, 94
  perseguição aos cristãos, 51, 96-97
  primeiros cristãos em, 38, 93, 94-95, 103
  Roma versus Constantinopla, 64, 95, 96, 103
  tratamento dos judeus, 23-24, 28, 29, 30, 37-38, 44, 56
Romero, Oscar, 170
Rosa de Lima, 166-167
Rota da Seda, 49, 54, 228
Roterdã, Erasmo de, 124-125, 129-130
Ruanda, 219, 220-221
Rússia, 64, 137-140, 151

Sabélio, 58
sacramentos
  batismo, 41, 102
  confirmação, 102
  definição, 261
  divulgação da palavra, 102
  eucaristia, 86, 102, 127
  visão donatista, 78
  visão geral, 101, 102
Sacro Império Romano, 114, 130, 136
saduceus, 29, 261
Sagrada Congregação para a Propagação da
  Fé, 161
Sagrado Coração de Jesus, 146
Saladino, 109
Salomão, 88
samaritanos, 44, 262
Santa Comunhão, 102, 262
Santayana, George, 21
Santíssima Trindade, 33, 60, 62, 78, 97, 124-125, 139, 262
São Petersburgo, 137
Sapor II, 53
sarracenos, 115
sassânidas, 51, 53, 55, 62, 262
Saulo de Tarso *ver* Paulo (apóstolo)
Savanarola, Girolamo, 119
saxões, 105, 107, 130, 133
Schleiermacher, Friedrich, 147
secular, 148, 166-167, 169, 170, 201, 262
Segunda Guerra Mundial, 150-151, 182, 242
seitas, 138, 209, 262
separatistas, 184, 262
Sepúlveda, Juan Ginés de, 164
Sermão da Montanha, 28
Servet, Miguel, 125
Sérvia, 65, 139
Severo, Sulpício, 99
sikhismo, 49
Simeão, são, 66
sínodo de Arles, 78
sínodo de Whitby, 107
sínodos
  definição, 262
  em Arles, 78
  em Cartago, 73
  em Whitby, 107
  montanismo condenado, 78
  russos, 138

278 • Índice

sionismo, 199
Síria
    Atos dos Mártires, 53
    como local estratégico, 50
    cristianismo primitivo na, 49, 50-51, 93
    influência no mundo asiático, 50
    Tarso, 35, 36, 50
    ver também Antioquia; Damasco; Edessa
sobornost, 139, 262
Sociedade Missionária de Londres, 217, 241
Sozomeno, 53
Stuyvesant, Peter, 184-185
Suetônio, 94
Sunday, Billy, 195

Taciano, 50
Tadeu (apóstolo), 51
Tai-tsung, 54
Tamerlão, 55
Tanzânia, 203
taoismo, 49
Tarso *ver* Paulo (apóstolo)
Temujin *ver* Khan, Gengis
Teodora, 63-64
Teodósio I, 60, 62-63, 98
Teófilo de Antioquia, 39, 51, 56, 57
Teologia da Libertação, 168, 169-170
Teresa de Ávila, 120
Terra Santa *ver* Palestina
Tertuliano, 71, 73, 74, 74, 77, 80, 81, 85, 113
Tessalônica, 93, 98
testemunho, 32, 50, 56, 100, 150, 210, 250, 262
theanthropos, 83, 263
Thor, 107
Tiago (irmão de Jesus), 40, 44
Timur, o Grande, 55
Tirídates III, 53
Tito, 391, 94
Tomé (apóstolo), 32, 55, 228
Torre de Babel, 220
Tours, 99, 104, 263
trabalhos científicos, 140, 147
Trajano, 51
transubstanciação, 114, 263
Trento, 142
Trindade *ver* Santíssima Trindade

Tryggvvason, Olav, 108
Turquia, 140

Uganda, 218-220
unitaristas, 125-126, 150, 1176-177, 263
Urbano II (papa), 109

Valentino, 76
Valeriano, 81
van der Kemp, Johannes, 216
vândalos, 84, 94, 263
Velho Testamento, 22, 45, 263
Venn, Henry, 214
    ver também Ásia Menor
    ver também Escrituras Hebraicas
    ver também Santa Comunhão
Vera Cruz, 59, 104, 119
Vespasiano, 94
Vietnã, 229
vigário de Cristo, 128, 158
vikings, 107, 108
Virgem de Guadalupe, 156, 165, 167, 175
visigodos, 104, 108, 263
Vladimir (filho da princesa Olga), 65, 66
Voltaire, 143
vozes da Reforma, 133

Washington, George, 177
Watts, Isaac, 247
Wesley, João, 145
Whitefield, George, 186
Whitehead, Alfred North, 130
Wilberforce, William, 212
Willibrord, 107
Winthrop, John, 201
Wittenberg, 147-150
Woden, 106
Wycliffe, John, 119

Xavier, Francisco, 155, 231-232, 233, 234, 235
xintoísmo, 49, 235

Zâmbia, 219
zelotes, 28, 29, 263
zoroastrismo, 53, 263
Zuínglio, Ulrico, 132, 134, 263

Conheça mais sobre nossos livros e autores no site
www.objetiva.com.br
Disque-Objetiva: (21) 2233-1388

Este livro foi impresso na
LIS GRÁFICA E EDITORA LTDA.
Rua Felício Antônio Alves, 370 – Bonsucesso
CEP 07175-450 – Guarulhos – SP
Fone: (11) 3382-0777 – Fax: (11) 3382-0778
lisgrafica@lisgrafica.com.br – www.lisgrafica.com.br